成本会计

主　编　李　莉　陈　娜
副主编　张　理　张　振
　　　　牟文华　赵子坤

山东人民出版社
全国百佳图书出版单位　国家一级出版社

图书在版编目(CIP)数据

成本会计/李莉,陈娜主编.—济南:山东人民出版社,2013.6

ISBN 978-7-209-07239-7

Ⅰ.①成... Ⅱ.①李...②陈... Ⅲ.①成本会计-教材 Ⅳ.①F234.2

中国版本图书馆CIP数据核字(2013)第128853号

责任编辑:袁丽娟

成本会计

李莉 陈娜 主编

山东出版集团

山东人民出版社出版发行

社 址:济南市经九路胜利大街39号 邮 编:250001

网 址:http://www.sd-book.com.cn

发行部:(0531)82098027 82098028

新华书店经销

日照报业印刷有限公司印装

规 格 16开 (184mm×260mm)

印 张 18.25

字 数 230千字

版 次 2013年6月第1版

印 次 2013年6月第1次

ISBN 978-7-209-07239-7

定 价 32.00元

如有质量问题,请与印刷厂调换。(0633)8221365

前　言

2006年，财政部正式颁布了新的企业会计准则体系。它标志着我国会计在与国际会计接轨的进程上又迈出了一大步，成为我国会计发展史上一个新的里程碑。与此同时，也对我国会计人员的知识水平和业务素质提出了更高的要求，对会计专业的教学也提出了新的挑战。为了适应形势发展和高职、高专会计教学的要求，我们及时组织优秀老师编写了这本教材。

本教材体现了以下特点：

第一，本教材以新企业会计准则及其他经济法律、法规为依据，全面论述了成本会计的基本理论、基本方法。

第二，由于工业企业的费用、成本业务具有很强的代表性，因此本教材以工业企业的成本核算与分析为重点，较为详细地介绍了工业企业在成本核算与成本分析等方面的特点和具体的核算程序。

第三，高职高专教育对实践性教学有很高的要求，本教材特意提供了一套成本会计的模拟实践教学资料。通过模拟训练，学生可以很好地掌握成本核算的一般程序和方法。

第四，成本会计内容繁多，本教材重点论述了成本核算和成本分析的方法，避免与《管理会计》和《财务管理》的内容重复。

本教材由李莉、陈娜担任主编，共分为十四章，各章的具体编写分工如下：第一章、第二章由张理编写，第三章、第四章由李莉编写，第五章、第六章由张振编写，第七章由牟文华编写，第八章由王勇编写，第九章、第十章由毕研勤编写，第十一章、第十二章由陈娜编写，第十三章、第十四章由赵子坤编写，模拟实训由王琳编写。最后，本教材由张宝清教授进行了总审。

本教材在编写过程中参阅了国内外许多优秀的教材、著作，在此表示衷心的感谢。虽然编写组的老师们为使本教材更加完善做出了极大的努力，但由于水平有限，教材中难免存在缺点和错误，恳请读者批评指正，以便改正和提高。

《成本会计》编写组
2013年5月

目　录

CHAPTER 1 第一章 总论

第一节 成本的经济内涵和作用

一、成本的经济内涵

成本作为一个价值范畴，是商品经济发展到一定阶段的产物，在社会主义市场经济中也是客观存在的。加强成本管理，努力降低成本，无论是对提高企业的经济效益，还是对提高整个国民经济的宏观经济效益，都是极为重要的。

在社会主义市场经济中，产品的价值仍然由三个部分构成：(1) 已耗费的生产资料所转移的价值 (C)。(2) 劳动者为自己劳动创造的价值 (V)。(3) 劳动者为社会劳动创造的剩余价值 (M)。按照马克思的成本理论，商品产品的成本是指产品生产过程中所耗费的物化劳动和活劳动的货币表现，即 C＋V；成本是企业维持简单再生产的补偿尺度。成本的这一经济内涵，是一种高度的理论抽象和概括，称为理论成本。

应当指出，在实际工作中，成本的开支范围通常是由国家有关法规、制度来加以界定的。为了促使企业加强经济核算，减少生产损失，对于劳动者为社会劳动所创造的某些价值，如财产保险费等，以及一些不形成产品价值的损失性支出，如工业企业的废品损失、季节性和修理期间的停工损失等，也计入成本，这种成本称为现实成本。可见，实际工作中的成本开支范围与理论成本包括的内容是有一定差别的。就上述的废品损失、停工损失等损失性支出来说，从实质上看，它们并不形成产品的价值。它们不是产品的生产性耗费，而是纯粹的损耗，按其性质并不属于成本的范围。但考虑到经济核算的要求，将其计入成本，使之得到补偿，还是很有必要的。当然，对于成本实际开支范围与成本经济实质的背离，必须严格限制；否则，成本的计算就失去了理论依据。

二、成本的作用

成本的经济实质决定了成本在经济管理工作中具有十分重要的作用。

（一）成本是补偿生产耗费的尺度

为了保证企业再生产的不断进行，必须对生产耗费，即资金耗费进行补偿。企业是自负盈亏的商品生产者和经营者，其生产耗费是由自身的生产成果，即销售收入来补偿的。而成本就是衡量这一补偿份额大小的尺度。企业在取得销售收入后，必须把相当于成本的数额划分出来，用以补偿生产经营中的资金耗费。这样，才能维持资金周转按原有规模进行。如果企业不能按照成本来补偿生产耗费，企业资金就会短缺，再生产就不能按原有的规模进行。成本也是划分生产经营耗费和企业纯收入的依据。在一定的销售收入中，成本越低，企业纯收入就越多。可见，成本起着衡量生产耗费的作用，对经济发展有着重要的影响。

（二）成本是综合反映企业工作质量的重要指标

成本是一项综合性的经济指标，企业经营管理中各方面工作的业绩，都可以直接或间接地在成本上反映出来。例如，产品设计的好坏、生产工艺的合理程度、固定资产的利用情况、原材料耗费节约与浪费、劳动生产率的高低、产品质量的高低、产品产量的增减以及供、产、销各环节的工作是否衔接协调等，都可以通过成本直接或间接地反映出来。

成本既然是综合反映企业工作质量的指标，因而可以通过对成本的计划、控制、监督、考核和分析等来促使企业以及企业内各单位加强经济核算，努力改进管理，降低成本，提高经济效益。例如，通过正确确定和认真执行企业以及企业内部各单位的成本计划指标，可以事先控制成本水平和监督各项费用的日常开支，促使企业以及企业内部各单位努力降低各种耗费。

（三）成本是制定产品价格的一项重要因素

在商品经济中，产品价格是产品价值的货币表现。产品价格应大体上符合其价值。无论是国家还是企业，在制定产品价格时都应遵循价值规律的基本要求。但在现阶段，人们还不能直接计算产品的价值，而只能计算产品的成本，通过成本间接地、相对地掌握产品的价值。因此，成本就成了制定产品价格的重要因素。

当然，产品的定价是一项复杂的工作，应考虑的因素很多，如国家的价格政策以及其他经济政策、各种产品的比价关系、产品在市场上的供求关系以及市场竞争的态势等，所以产品成本只是制定产品价格的一项重要因素。

（四）成本是企业进行决策的重要依据

努力提高在市场上的竞争力和经济效益，是社会主义市场经济条件下对企业的客观要求。而要做到这一点，企业首先必须进行正确的生产经营决策。进行生产经营决策，需要考虑的因素很多，成本是主要因素之一。这是因为，在价格等因素一定的前提下，成本的高低直接影响着企业盈利的多少，而较低的成本可以使企业在市场竞争中处于有利地位。

第二节　成本会计的对象

一、成本会计的形成与发展

成本会计的理论和实务随着社会经济的发展而不断深化，因而不同时期成本会计的含义也就不尽相同。

第一阶段：早期成本会计时期（1880～1920）。在这一时期，成本会计仅被认为是一种汇集和分配费用、用以计算和确定产品成本的会计制度。成本核算是成本会计的核心内容。许多有效的成本核算技术和方法已经被设计出来并广泛传播，例如订单成本计算法和分步成本计算法。

第二阶段：近代成本会计时期（1921～1945）。这一时期的突出特征是美国会计学家提出的标准成本制度的运用。这种成本制度将标准成本作为贷记在产品账户的基础，突出了例外管理的功能。也就是说，只在实际成本与标准成本出现不符时，管理人员才会关注成本问题并采取必要的措施，从而做到以较低的成本完成成本会计工作。实行标准成本制度还为进行日常的成本控制和定期的成本分析提供了重要依据。

第三阶段：现代成本会计时期（1945 年以后）。在这一时期，美国会计学家在近代成本会计的基础上，吸收管理会计的一些专门方法，使管理会计与成本会计密切结合，形成了新型的、着眼于管理的成本会计。

现代成本会计是企业在生产经营活动中，对企业经济资源的利用进行筹划、核算的原理、方法、制度的综合。它以能经济有效地运用资源为最基本的着眼点，对生产经营过程中的耗费进行核算，并根据成本核算其他资料，采用现代数学和数理统计的原理和方法，对企业复杂的生产经营活动进行预测、决策、控制、考核，以达到企业生产经营活动实现最优运转的目的。

二、成本会计的对象

成本会计的对象是指成本会计反映和监督的内容。成本会计是会计的一个分支；同样，成本会计的对象也就是会计对象的一部分，即涉及有关成本、费用的那一部分，而不是会计对象的全部。下面以工业企业为例，说明成本会计反映和监督的内容。

工业企业为了进行生产经营活动，要从外部购入各种物资，以备生产所需。在这一过程中，企业成本会计需要反映和监督各项物资的采购成本情况。企业把购入的这些物资投入生产过程，把机器设备等劳动资料和工人的活劳动结合在一起，生产出新的产品。在这一过程中，一方面，制造出新的产品；另一方面，要发生各种生产耗费。生产耗费包括劳动资料和劳动对象等物化劳动的耗费以及工人活劳动的耗费。由于劳动资料（包括各种机器设备、运输设备、管道设备等）在生产过程中长期发挥作用，其价值随生产的使用而磨损，通过计提折旧的方式逐渐地、部分地转移到所生产的产品中去，构成产品生产成本的一部分。原材料、燃料等物资作为劳动对象，在生产过程中被消耗掉或改变其实物形态后构成产品实体，其价值也随之一次全部地转移到所生产的产品或劳务中去，也构成产品生产成本的一部分。劳动者为自己劳动创造的那部分价值，则以工资的形式支付给劳动者，用于个人消费。这部分工资同样也构成产品生产成本的一部分。因此，在产品生产过程中发生的劳动资料的耗费、劳动对象的耗费以及活劳动的耗费就构成了工业企业在生产产品过程中的全部生产费用。将这些生产费用分配计入一定种类和数量的产品中，就构成了产品的生产成本。上述产品生产过程中发生的各种生产费用的支出和产品生产成本的形成，是成本会计应反映和监督的主要内容。

产品完工后入库待售或直接对外销售。在销售过程中收回的货款，部分用于补偿，因而需要确定销货成本和存货成本，以便正确确定其补偿价值，保证再生产得以顺利进行。

企业为销售产品，在销售过程中需要发生各种费用，如广告费、运输费、业务费等。所发生的各项费用称为产品销售费用。企业行政管理部门为组织和管理企业的生产经营活动所发生的各项费用，如管理部门的办公费、管理人员工资及福利、管理部门的固定资产折旧等称为管理费用。企业为筹集生产经营所需资金而发生的各项费用，如借入资金的使用成本、筹资手续费等称为财务费用。以上各项费用与企业产品生产并没有直接的联系，按规定不计入产品成本，而列为期间费用，直接计入当期损益。但是，这三项费用同样是企业生产经营过程中发生的耗费，需要用已实现的产品销售收入进行补偿，因而这三项费用也应成为成本会计所反映和监督的内容。

综上所述，按照工业企业会计制度的规定，可以把工业企业成本会计的对象概括为：工业企业生产经营过程中发生的产品生产成本和期间费用。

商品流通企业、交通运输企业、施工企业、农业企业等其他行业企业的生产经营过程虽然各有其特点，但按照现行会计制度的有关规定，从总体上看，他们在生产经营过程中所发生的各种费用，同样是部分形成企业的生产经营业务成本，部分作为期间费用直接计入当期损益。因此，从现行企业会计制度的有关规定出发，可以把成本会计的对象概括为：企业生产经营过程中发生的生产经营业务成本和期间费用。

第三节　成本会计的职能和任务

一、成本会计的职能

成本会计的职能，是指成本会计在经济管理中的功能。成本会计作为会计的一个重要分支，其基本职能同会计一样，具有反映和监督两大基本职能。

（一）反映职能

反映职能是成本会计的首要职能。成本会计的反映职能，就是从价值补偿的角度出发，反映生产经营过程中各项费用的支出，以及生产经营业务成本和期间费用等的形成情况，为经营管理提供各种成本信息的功能。就成本会计反映职能的最基本方面来说，它是以已经发生的各种费用为依据，为经营管理提供真实的、可验证的成本信息，从而使成本分析、考核等工作建立在有客观依据的基础上。随着社会生产的不断发展、经营规模的不断扩大、经济活动情况的日趋复杂，成本管理越来越需要加强计划性和预见性。因此，对成本会计提出了更高的要求，需要通过成本会计为经营管理提供更多的信息，即除了要提供反映成本现状的核算资料之外，还要提供有关预测未来经济活动的成本信息资料，以便作出正确的决策和采取有效的措施，达到预期的目的。由此可见，成本会计的反映职能，从事后反映发展到了分析预测未来。只有这样，才能满足经营管理的需要，才能更好地发挥其在经营管理中的作用。

应当指出的是，反映过去同预测未来是密切联系的。要进行成本预测，首先必须了解能够反映成本水平现状和历史的各项指标以及它们之间的内在联系。只有这样，才能据以分析未来的成本状况，以及为实现预期的成本管理目标而应具备的条件和应采取的措施。因此，为实际发生的生产经营耗费的反映提供实际的成本资料，是成本会计提供成本信息的基础。

（二）监督职能

成本会计的监督职能，是指按照一定的目的和要求，通过控制、调节、指导和考核，监督各项生产经营耗费的合理性、合法性和有效性，以达到预期的成本管理目标的功能。

在社会主义市场经济中，企业为了达到自己预期的经营目标，不仅要制订计划、分配资源和组织计划的实施，而且必须进行有效的监督，以使各项经济活动符合有关规定的要求。成本会计的监督是会计监督的重要组成内容，是对经济活动进行监督的一个重要方面。

成本会计的监督包括事前、事中和事后监督。首先，成本会计应从经济管理对降低成本、提高经济效益的要求出发，对企业未来经济活动的计划或方案进行审查，并提出合理化建议，从而发挥对经济活动的指导作用；在反映各种生产经营耗费的同时，进行事前监督，即以国家的有关政策、制度和企业的计划、预算及规定为依据，对有关经济活动的合理性、合法性和有效性进行审查，限制或制止违反政策、制度和计划、预算等的经济活动，支持和促进增产节约、增收节支的经济活动，以实现提高经济效益的目的。其次，成本会计要通过成本信息的反馈，进行事中、事后的监督，也就是通过对所提供的成本信息资料的检查分析，控制和考核有关经济活动，及时从中总结经验，发现问题，提出建议，促使有关方面采取措施，调整经济活动，使其按规定的要求和预期的目标开展。

成本会计的反映和监督两大职能是辩证统一、相辅相成的。没有正确、及时的反映，监督就失去了存在的基础，就无法在成本管理中发挥制约、控制、指导和考核等作用；而只有进行有效的监督，才能使成本会计为管理提供真实可靠的信息资料，使反映的职能得以充分发挥。可见，只有把反映和监督两大职能有机地结合起来，才能更为有效地发挥成本会计在管理中的作用。

二、成本会计的任务

成本会计的任务是成本会计职能的具体化，也是人们期望成本会计应达到的目的和对成本会计的要求。具体说来，成本会计的任务主要有以下几个方面：

（一）正确计算产品成本，及时提供成本信息

进行产品成本计算，是成本会计的基础。企业只有正确计算产品成本，及时提供成本信息，才能保证盈亏计算和存货计价的正确性，有效地考核成本计划的完成情况，为成本预测、决策和成本目标的规划，以及财务报表的编制提供成本信息。为此，企业要严格遵守成本开支范围的规定，依据会计准则、企业会计制度和成本管理规定的有关要求，根据企业生产特点采用相应的成本计算方法，正确、及时地计算产品成本。这也是做好成本会计工作的最基本要求。

（二）开展成本预测，进行成本决策

做好成本预测和决策工作，是成本会计适应社会生产发展而承担的新任务。成本预测和成本决策有着密切的联系：加强成本预测是优化成本决策的前提，而优化成本决策是加强成本预测的结果。把二者有机地结合起来，可以为企业挖掘降低成本的潜力、提高企业经济效益指明方向。

开展成本预测，不仅要在生产过程中，而且要在产品投产前进行。要充分占有资料，并采用科学的计算方法，提高成本预测的准确程度。

进行成本决策，要收集有关信息资料，通过经济评价，合理判断，作出正确决策。决策的结果必须是经济上合理，技术上先进，资源上充足，并有具体行动规划作保证。

（三）制定目标成本，加强成本控制

目标成本是企业在一定时期内为保证实现目标利润而制定的成本控制指标。目标成本制定得正确与否，直接影响着成本控制的有效性。因此，目标成本的制定，必须以可靠的数据为依据，必须切实可行，既能激发职工的积极性，又是经过主观努力可以实现的。这样制定的目标成本才能真正起到成本控制的作用。

成本控制是在目标成本分解的基础上进行的，是目标成本的实施过程。加强成本控制，必须对目标成本的分指标进行归口分级控制，从人力、物力和财力的使用效果出发，立足于成本效率的提高。

（四）做好成本分析，严格成本考核

成本分析是在成本核算的基础上进行的。将实际成本与计划成本、上期实际成本、本企业的历史先进成本水平等进行对比，可以确定差异，分析原因，以便采取措施，消除不利差异，扩大有利差异，保证成本目标实现。

现代企业应建立成本责任制，把成本责任指标分解落实到各部门、各层次和各相关人员，实行责、权、利相结合，以提高全体职工降低成本的责任心和积极性，从而增强企业活力。成本考核是成本责任制顺利进行的保证。通过考核，可以分清责任，正确评价各责任单位工作成绩，起到鼓励先进、鞭策落后

的作用。只有通过成本考核，把成本管理的好坏同每个人的切身利益紧密结合起来，才能使企业全员改进工作，降低成本，不断增加效益。

第四节 成本会计的工作组织

成本会计的工作组织，主要包括设置成本会计机构，配备必要的成本会计人员，制定科学、合理的成本会计制度等。

一、成本会计工作组织的原则

（一）成本会计工作必须与技术相结合

成本是一项综合性的经济指标，它受多种因素的影响。其中，产品的设计、加工工艺等技术是否先进，在经济上是否合理，对产品成本的高低有着决定性的影响。为了在提高产品质量的同时不断降低成本，提高经济效益，在成本会计的工作组织上应坚决贯彻与技术相结合的原则。不仅要求工程技术人员要懂得相关的成本知识，树立成本意识，成本会计人员也必须改变传统的知识结构，掌握与正确进行成本预测、参与经营决策相适应的生产技术方面的知识。

（二）成本会计工作必须与经济责任制相结合

为了降低成本，实行成本管理上的经济责任制是一条重要的途径。由于成本会计工作是一项综合性的价值管理工作，涉及面广，信息灵，因此企业应摆脱传统上只注重成本会计事后核算作用的局限，充分发挥成本会计的潜在优势，将其与成本管理中的经济责任制有机地结合起来，这样可以使成本管理工作收到更好的效果。例如，在实行成本分级归口管理的情况下，应使成本会计工作处于中心地位，由其具体负责组织成本指标的制定及分解落实，日常的监督检查，成本信息的反馈与调节，成本责任的考核、分析、奖惩等工作，从而使成本会计渗透到企业生产经营的各个环节，更好地发挥其监督促进的作用。

（三）成本会计工作必须建立在广泛的群众基础上

不断挖掘潜力，努力降低成本，是成本会计的根本性目标。但各种耗费是在生产经营的各个环节中发生的，成本的高低取决于各部门、车间、班组和职工的工作质量，而且也只有他们最熟悉生产经营状况，最了解问题的关键所在。因此，要想加强成本管理，实现降低成本的目标，成本会计人员必须做好成本管理方面的宣传工作，经常深入实际，了解生产经营过程中的实际情况，与广大职工群众建立起经常性的联系，吸收他们参加成本管理工作，以便互通信息，及时掌握第一手资料。

二、成本会计机构

企业要开展成本会计工作，必须有一定的组织活动和与之相适应的组织机构。成本会计机构设置的合理与否，足以影响成本会计工作乃至整个会计工作的开展。企业的成本会计机构，是在企业中直接从事成本会计工作的机构。一般而言，大中型企业应在专设的会计部门中，单独设置成本会计机构，专门从事成本会计工作；在规模小、会计人员不多的企业，可以在会计部门中指定专人负责成本会计工作。另外，企业的有关职能部门和生产车间，也应根据工作需要设置成本会计组或者配备专职或兼职的成本会计人员。成本会计机构内部，可以按成本会计所担负的各项任务分工，也可以按成本会计的对象分工，在分工的基础上建立岗位责任制，使每一个成本会计人员都明确自己的职责，每一项成本会计工作都有专人负责。

企业内部各级成本会计机构之间的组织分工，有集中核算和分散核算两种基本方式。

在成本会计工作中，如果采用集中核算的形式，厂部的成本会计部门要集中处理全厂的成本会计工作。也就是说，成本会计的成本预测、成本决策、成本计划、成本控制、成本核算、成本分析以及成本考核都由厂部成本会计机构集中处理；车间等二级机构的成本会计人员只负责登记原始凭证，汇总原始凭证，为厂部的成本会计工作提供资料。如果采用集中核算方式，厂部成本会计机构可以比较及时、集中地掌握全厂的成本信息，便于使用计算机处理成本资料，可以减少核算层次和核算人员。但此种方式不便于实行责任成本核算，不便于基层单位掌握和控制成本，不便于调动全体职工降低成本的积极性。

分散核算方式，也叫非集中核算方式，是指企业的成本计划的编制、成本控制、成本核算和成本分析均由车间成本会计组或成本会计核算员进行。厂部的成本会计机构除对车间成本会计工作进行指导以外，还负责成本数据的汇总和成本预测、成本决策等工作。成本考核工作由上一级成本会计机构对下一级成本会计机构逐级进行。分散核算方式会相应增加成本会计人员，但能使车间等基层单位的领导、会计人员，甚至职工都了解和关心本部门的成本水平及其变动情况，从而促使全厂从领导干部到职工群众“人人关心成本、个个降低成本”。

究竟选用何种方式比较好，应视企业具体情况而定。企业应根据其规模大小、内部各单位经营管理的要求，以及这些单位成本会计人员的数量和素质，从有利于充分发挥成本会计工作的作用、提高成本会计工作的效率出发，确定采用哪一种核算方法。一般来说，大中型企业应采用分散核算方式，中小型企业应采用集中核算方式。为了扬长避短，也可以在一个企业中结合采用两种方式，即对某些单位采用分散核算方式，而对另一些单位则采用集中核算方式。

三、成本会计人员

在企业配备必要的能胜任成本会计工作的会计人员，是顺利进行成本会计工作、发挥成本会计职能作用的关键。

随着社会主义市场经济的建立，企业已成为独立的商品生产经营者，企业应以市场为导向开展经营活动。成本会计工作也要更新，以适应社会主义市场经济的要求。因此，成本会计人员要放眼市场，树立强烈的经营意识、竞争意识、技术进步意识和效益意识，积极参与各项经营活动，在维护全局利益的基础上把成本降下来，有效地保证企业经济效益的提高。

现代成本会计工作不仅限于计划、核算和考核，同时还要进行成本技术经济分析和成本效益分析，尤其是要把预测和决策放在重要地位。所以，成本会计人员要熟悉并掌握现代成本会计的理论和方法，学会分析、预测和决策，具备过硬的岗位本领，跳出过去只管记账、算账的狭窄圈子，使成本会计工作在企业的发展中发挥参谋作用。

为了充分调动和保护会计人员的工作积极性，国家在有关的会计法规中对会计人员的职责、权限、任免、奖惩以及会计人员的技术职称等，都做了明确的规定。这些规定对于成本会计人员也是完全适用的。

四、成本会计制度

成本会计制度是组织和从事成本会计工作必须遵循的规范和具体依据，是企业会计制度的一个组成部分。建立和健全成本会计制度对规范成本会计工作，保证成本会计信息质量具有重要意义。

企业成本会计制度必须符合社会主义市场经济的要求，体现国家有关方针、政策和法规，与国家颁布的《会计法》、《成本管理条例》、《企业会计准则》保持一致。企业成本会计制度应从实际出发，适应企业生产经营的特点，满足内部经营管理的需要，符合简便易行、实用有效的原则。

【思考与练习】

一、思考题

1. 如何理解成本的经济内涵？

2. 成本的作用是什么？降低成本的途径有哪些？

3. 成本会计工作组织应遵循哪些原则？

二、选择题

1. 成本会计组织工作主要包括（　　）。

A. 设置成本会计机构　　B. 配备成本会计人员

C. 建立成本会计制度　　D. 正确进行成本核算

2. 成本会计的任务有（　　）。

A. 成本预测、决策　　B. 成本计划

C. 成本控制、核算　　D. 成本分析、考核

3. 成本会计制度设计必须考虑（　　）等法规和制度。

A.《会计法》　　B.《成本管理条例》

C.《企业财务通则》　　D.《企业会计准则》

CHAPTER 2 第二章

成本核算的原理

第一节 成本核算的基本要求

成本核算就是按照国家有关的法规、制度和企业经营管理的要求，对生产经营过程中实际发生的各种劳动耗费进行计算，并进行相应的账务处理，提供真实、有用的成本信息。成本核算不仅是成本会计的基本任务，同时也是企业经营管理的重要组成部分。因此，为了充分发挥成本核算的作用，在成本核算工作中，应贯彻落实以下各项要求：

一、算管结合，算为管用

所谓算管结合，算为管用，就是成本核算应当与加强企业经营管理相结合，所提供的成本信息应当满足企业经营管理和决策的需要。为此，成本核算不仅要对各项费用支出进行事后核算，提供事后的成本信息，而且必须以国家有关的法规、制度和企业的成本计划及相应的消耗定额为依据，加强对各项费用支出的事前、事中的审核和控制，并及时进行信息反馈。也就是说，对于合法、合理、有利于发展生产和提高经济效益的开支，要积极予以支持；否则就要坚决加以抵制。当时已经无法制止的，要追究责任，采取措施，防止以后再次发生。对各项费用的发生情况，以及费用脱离定额（或计划）的差异，要进行日常的计算和分析，并及时进行反馈。对于定额或计划不符合实际发生的情况，要按规定程序予以修订。计算产品实际成本时，既要防止片面追求简化，导致其不能为管理提供必要的信息，也要防止搞烦琐哲学、为算而算、脱离成本管理实际需要的做法。

二、正确划分各项费用的界限

为了正确地进行成本核算，必须严格划分以下五个方面的费用界限：

（一）正确划分应否计入产品成本、期间费用的界限

工业企业的生产经营活动是多方面的，其支出的用途不尽相同。用于产品生产和销售、生产经营活动组织和管理，以及为筹集生产经营所需资金而发生的各种支出，即企业的日常生产经营活动中的各项耗费，应计入产品成本和期间费用。企业应按照国家对于成本开支范围的有关规定，正确地核算产品成本和期间费用。凡不属于企业日常生产经营方面的支出，均不得计入产品成本或期间费用，即不得乱挤成本；凡属于企业日常生产经营方面的支出，均应全部计入产品成本或期间费用，不得遗漏。乱挤成本，会减少企业利润和国家财政收入；少计成本，则会虚增利润，使企业成本得不到应有的补偿，从而影响企业生产经营活动的顺利进行。而且无论是乱挤还是少计成本，都会导致成本不实，从而不利于企业的成本管理。因此，企业必须正确划分应否计入产品成本、期间费用的界限，防止乱挤成本和少计成本的错误做法。

（二）正确划分生产费用与期间费用的界限

工业企业日常生产经营中所发生的各项耗费的用途和计入损益的时间是有所不同的。用于产品生产的费用形成产品成本，并在产品销售后作为产品销售成本计入企业损益。由于当月投产的产品不一定当月完工，当月完工的产品也不一定当月销售，因而当月的生产费用往往不计入当月产品销售成本。而本月发生的销售费用、管理费用和财务费用，则作为期间费用直接计入当月损益。因此，为了正确计算产品成本和期间费用以及企业各月份的损益，必须正确地划分产品生产费用和各项期间费用的界限，借以调节各月产品成本和各月损益的错误做法。

（三）正确划分各月份的费用界限

按照企业会计准则的规定，企业要按月份反映其财务状况及经营成果。为

此，成本核算必须划清各个月份的费用界限。本月发生的成本、费用，应在本月入账，不得延至下月。企业不应在月末提前结账，变相地把本月成本、费用的一部分作为下月成本、费用处理。企业应贯彻权责发生制原则的要求，正确核算费用的归属期间。

（四）正确划分各种产品的费用界限

为了满足企业成本考核和成本管理的要求，为企业的成本预测和决策提供依据，应该分别计算各种产品的实际成本。因此，对于计入本月产品成本的生产费用，还应该在各种产品之间进行划分。属于某种产品单独发生、能够直接计入该种产品成本的生产费用，应该直接计入该种产品成本；属于几种产品共同发生、不能够直接计入某种产品成本的生产费用，应采用适当的方法，分配计入各种产品成本。

划分各种产品的费用界限时，应特别注意划清盈利产品与亏损产品、可比产品与不可比产品之间的费用界限，防止在盈利产品与亏损产品之间、可比产品与不可比产品之间任意调节生产成本，以盈补亏、掩盖超支、弄虚作假、粉饰业绩。

（五）正确划分完工产品与在产品的费用界限

月末计算产品成本时，如果某种产品已经全部完工，那么已归属到这种产品中的生产费用，均为这种产品的完工产品成本；如果某种产品月末全部尚未完工，那么已归属到这种产品中的生产费用，均为这种产品的月末在产品成本。但是，当产品生产周期与会计期间不一致时，往往会出现月末某种产品一部分已经完工，另一部分尚未完工的情况。这时应当采用适当的分配方法，把这种产品的生产费用在完工产品与月末在产品之间进行分配，分别计算出完工产品成本与月末在产品成本。要防止通过月末在产品成本的升降来人为调节完工产品成本的错误做法。

三、正确确定财产物资的计价和价值转移方法

工业企业的生产经营过程，同时也是各种劳动的耗费过程。在各种劳动耗费中，财产物资的耗费占有相当大的比重。因此，这些财产物资的计价和价值

转移方式是否恰当，会对成本计算的正确性产生重要的影响。企业财产物资计价和价值转移方法主要包括：固定资产原值的计算方法、折旧方法，固定资产与低值易耗品的划分标准，材料成本的组成内容、材料按实际成本进行核算时发出材料单位成本的计算方法，材料按计划成本进行核算时材料成本差异率的确定，低值易耗品和包装物价值的摊销方法、摊销率的高低以及摊销期限的长短等。为正确计算成本，对于各种财产物资的计价和价值的结转，都应采用既较为合理又较为简便的方法。对于国家有统一规定的，应采用国家统一规定的方法。各种方法一经确定，应保持相对稳定，不得随意改变，以保证成本信息的可比性。

四、做好各项基础工作

为使成本核算工作顺利进行，提高成本信息的质量，企业还需做好以下几项基础工作：

（一）做好定额的制定和修订工作

定额是指企业在一定的生产技术和设备条件下，对生产经营过程中消耗的人力、物力和财力所制定的消耗标准和应达到的水平。产品的各项消耗定额，既是编制成本计划、分析和考核成本水平的依据，也是审核和控制成本的标准。而且在计算产品成本时，往往要用产品的原材料和工时的定额消耗量或定额费用作为分配实际费用的标准。因此，为了加强生产管理和成本管理，企业必须建立和健全定额管理制度。凡是能够制定定额的各项消耗，都应制定先进、合理、切实可行的消耗定额，并随着生产的发展、技术的进步、劳动生产率的提高，不断修订消耗定额，充分发挥其应有的作用。

（二）建立和健全材料物资的计量、收发、领退和盘点制度

成本核算是以价值形式来核算企业生产经营管理中的各项费用的。但价值形式的核算是以实物计量为基础的。因此，为了进行成本管理，正确地计算成本，必须建立和健全材料物资的计量、收发、领退和盘点制度。凡是在材料物资的收发、领退时，在产品、半成品的内部转移，以及产成品的入库时，均应填制相应的凭证，办理审批手续，并严格进行计量和验收。库存的各种材料物

资、车间的在产品、产成品均应按规定进行盘点。只有这样，才能保证账实相符，保证成本计算的正确性。

（三）建立和健全原始记录工作

原始记录是反映生产经营活动的原始资料，是进行成本预测、编制成本计划、进行成本核算、分析消耗定额和成本执行计划情况的依据。因此，工业企业对生产经营过程中材料的领用、动力和工时的耗费、费用的开支、废品的发生、在产品及半成品的内部转移、产品质量检验及产成品入库等，都要有真实的原始记录。成本核算人员要会同企业的计划统计、生产技术、劳动工资、产品物资供销等有关部门，认真制定既符合成本核算需要又符合各方面管理需要，既科学又简便易行、讲究实效的原始记录制度。还要组织有关职工认真做好各种原始记录的登记、传递、审核和保管工作，以便正确、及时地为成本核算和其他方面提供资料和信息。

（四）做好厂内计划价格的制定和修订工作

在计划管理基础较好的企业中，为了分清企业内部各单位的经济责任，便于分析和考核企业内部各单位成本计划的完成情况和管理业绩，以及加速和简化核算工作，应对原材料、半成品、厂内各车间相互提供的劳务（如修理、运输等）制订厂内计划价格，作为企业内部结算和考核的依据。厂内计划价格要尽可能符合实际，保持相对稳定，一般在年度内不变。在制订了厂内计划价格的企业中，各项原材料的耗费、半成品的转移，以及车间与部门之间相互提供的劳务等，都要首先按计划价格计算（这种按实际生产耗费和计划单价计算的成本，称为计划价格成本）。月末计算产品实际成本时，再在计划价格成本的基础上，采用适当的方法计算各产品应负担的价格差异（如材料成本差异），将产品的计划价格成本调整为实际成本。这样既可以加速和简化核算工作，又可以分清内部各单位的经济责任。

五、按照生产特点和管理要求，采用适当的成本核算方法

产品成本是在生产过程中形成的，产品的生产工艺过程和生产组织不同，所采用的产品成本计算方法也应有所不同。计算产品成本是为了加强成本管

理，因而还应该根据管理要求的不同，采用不同的产品成本计算方法。因此，企业只有按照产品的生产特点和管理要求，选用适当的成本计算方法，才能正确、及时地计算产品成本，为成本管理提供有用的成本信息。

第二节 费用的分类

费用是一项重要的会计要素，也是成本会计核算的主要内容。由于计入产品成本的费用种类繁多、用途各异，为了科学地进行成本管理，便于归集、分配、计算各项费用，正确分析和考核生产费用计划和产品成本计划的执行情况，有必要对这些费用进行合理分类。费用可以按不同的标准分类，其中最基本的是按费用的经济内容和经济用途进行分类。

一、费用按经济内容的分类

企业在产品生产经营过程中，必然要消耗劳动对象、劳动手段和活劳动。因此，工业企业发生的各种费用按其经济内容划分，主要有劳动对象方面的费用、劳动手段方面的费用和活劳动方面的费用三大类。前两方面是物质消耗，也称物化劳动消耗；后一方面是非物质消耗，也称活劳动消耗。这三类费用可以称为工业企业费用的三大要素。这种按费用的经济内容进行的分类，在成本会计中称为费用要素。为了更详细、具体地反映工业企业各种费用的内容及消耗水平，还应在此基础上，将工业企业的费用进一步划分为九个费用要素。

第一，外购材料。指企业为进行生产经营而耗用的一切从外部购进的原料及主要材料、半成品、辅助材料、包装物、修理备用件和低值易耗品等。

第二，外购燃料。指企业为进行生产经营而耗用的一切从外部购进的各种燃料，包括固体、液体和气体燃料。

第三，外购动力。指企业为进行生产经营而耗用的一切从外部购进的各种动力。

第四，工资。指企业应计入产品成本和期间费用的职工工资。

第五，其他职工薪酬。除工资以外的给予职工的其他形式的报酬及相关支出。

第六，折旧费。指企业按照规定的固定资产折旧方法计算提取的折旧费用。

第七，利息支出。指企业应计入财务费用的借入款项的利息支出减利息收入后的净额。

第八，税金。指企业应计入管理费用的各种税金，如房产税、车船税、印花税、土地使用税等。

第九，其他费用。指不属于以上各类要素费用，但应计入产品成本或期间费用的费用支出，例如邮电费、差旅费、租赁费和外部加工费等。

按照费用的经济内容进行分类，可以反映出企业在一定时期内发生了哪些耗费、数额是多少，据以分析企业各时期各种费用的结构和水平。这种分类反映了外购材料、外购燃料及工资等的实际支出情况，便于编制企业的材料采购资金计划和劳动工资计划。这种分类所提供的物化劳动耗费的数额，还可以为企业核定储备资金定额和考核储备资金周转速度提供资料。

工业企业费用的这种分类也有不足之处，主要表现在：这种分类不能反映各种生产经营费用的经济用途，不便于分析各项费用的支出是否合理。因此，在此分类的基础上，还必须进一步按其经济用途进行分类。

二、费用按经济用途的分类

工业企业在生产经营过程中发生的费用，首先可以分为计入产品成本的生产费用和直接计入当期损益的期间费用两类。下面分别讲述这两类费用按照经济用途的分类。

（一）生产费用按经济用途的分类

应计入产品成本的生产费用在生产过程中有的直接用于产品生产，有的间接用于产品生产。因此，为具体反映计入产品成本的生产费用的各种用途，有必要把这些用途不同的生产费用进一步划分为若干个项目，即产品生产成本项目，简称产品成本项目或成本项目。它是多数企业计算成本时进行费用分类的依据。通常情况下，工业企业一般应设立以下几个成本项目：

第一，直接材料。也称原材料。指直接用于产品生产，构成产品实体的原料、主要材料以及有助于产品形成的辅助材料费用。

第二，燃料及动力。也称直接燃料及动力。指直接用于产品生产的各种燃料和动力费用。

第三，直接人工。指企业在生产产品过程中，直接从事产品生产的工人的职工薪酬。

第四，制造费用。指间接用于产品生产的各项费用，以及虽直接用于产品生产，但不便于直接计入产品成本，因而没有专设成本项目的费用（如机器设备的折旧费用）。制造费用包括企业内部生产单位（分厂、车间）管理人员的职工薪酬、固定资产折旧费、修理费、租赁费（不包括融资租赁）、机物料消耗、低值易耗品摊销、采暖费、水电费、办公费、运输费、保险费、设计制图费、试验检验费、劳动保护费、季节性或修理期间的停工损失以及其他制造费用。

企业可根据生产特点和管理要求对上述成本项目做适当调整。对于管理上需要单独反映、控制和考核的费用，以及产品成本中比重较大的费用，应专设成本项目；否则，为了简化核算，不必专设成本项目。例如，如果废品损失在产品成本中所占的比重较大，在管理上需要对其进行重点控制和考核，则应单设"废品损失"成本项目。如果工艺上耗用的燃料和动力不多，为了简化核算，可将其中的工艺用燃料费用并入"原材料"成本项目，将其中的工艺用动力费用并入"制造费用"成本项目。

（二）期间费用按经济用途的分类

工业企业的期间费用按照经济用途可分为销售费用、管理费用和财务费用。

1. 销售费用

销售费用是指企业在销售产品过程中发生的费用，以及为销售本企业产品而专设的销售机构的各项经费。包括运输费、装卸费、包装费、保险费、展览费和广告费，以及为销售本企业产品而专设的销售机构（含销售网点、售后服务网点等）的职工薪酬、业务费等经营费用。

2. 管理费用

管理费用是指企业行政管理部门为组织和管理企业的生产经营活动所发生的各项费用。包括企业的董事会和行政管理部门在企业的经营管理中发生的，或者应由企业统一负担的公司经费（包括行政管理部门职工薪酬、修理费、机物料消耗、低值易耗品摊销、办公费和差旅费等）、工会经费、待业保险费、劳动保险费、董事会费（包括董事会成员津贴、会议费和差旅费等）、聘请中介机构费、咨询费（含顾问费）、诉讼费、业务招待费、房产税、车船税、城镇土地使用税、印花税、技术转让费、矿产资源补偿费、无形资产摊销、职工教育经费、研究与开发费、排污费等。

3. 财务费用

财务费用是指企业为筹集生产经营所需资金而发生的各项费用，包括利息支出（减利息收入）、汇兑损失（减汇兑收益）以及相关的金融机构手续费等。

三、生产费用的其他分类

（一）生产费用按与生产工艺的关系分类

计入产品成本的各项生产费用，按与生产工艺的关系，可以分为直接生产费用和间接生产费用。直接生产费用是指直接由生产工艺本身引起的、直接用于产品生产的各项费用，如原料费用、主要材料费用、生产工人职工薪酬和机械设备折旧费等。间接生产费用是指与生产工艺没有关系、间接用于产品生产的各项费用，如车间的机物料消耗、辅助工人职工薪酬和车间厂房折旧等。

（二）生产费用按计入产品成本的方法分类

计入产品成本的各项生产费用，按计入产品成本的方法，可以分为直接计入费用（一般称为直接费用）和间接计入费用（一般称为间接费用）。直接计入费用是指可以分清是哪种产品所耗用的、可以直接计入某种产品成本的费用。间接计入费用是指不能分清是哪种产品所耗用的、不能直接计入某种产品成本，而必须按照一定标准分配计入有关的各种产品成本的费用。

生产费用按与生产工艺的关系分类和按计入产品成本的方法分类之间既有区别又有联系。它们之间的联系表现在：直接生产费用大多数情况下是直接计入费用，如原料、主要材料费用大多能够直接计入某种产品成本；间接生产费用在多数情况下是间接计入费用，如机物料消耗大多需要按照一定的标准分配计入有关产品的成本。但它们毕竟是对生产费用的两种不同分类，直接生产费用与直接计入费用、间接生产费用与间接计入费用不能等同。例如，在只生产一种产品的企业（或车间）中，直接生产费用和间接生产费用都可以直接计入这种产品的成本，因而均属于直接计入费用。又如，在用同一种原料同时生产出几种产品的联产品生产企业（或车间）中，直接生产费用和间接生产费用都要按照一定的标准分配计入有关的各种产品成本，因而均属于间接计入费用。

第三节　成本核算的一般程序

工业企业的成本核算涉及的内容多，按照不同的工艺过程和不同的成本管理要求，采用的核算方法有所不同，是一项复杂的工作。但各种不同的成本核算方法都遵循着一个基本程序，即确定成本计算对象，确定成本项目，确定成本计算期，设置成本明细账，对生产费用进行审核与控制，归集和分配生产费用，计算完工产品和月末在产品成本，编制成本计算单并计算完工产品的总成本和单位成本。

一、确定成本计算对象

成本计算的最终目的是要将企业发生的成本费用归集到一定的成本计算对象上，计算出该对象的总成本和单位成本。因此，要进行成本计算，首先必须确定成本计算对象。由于企业的生产工艺特点、管理水平和管理要求、企业规模大小各不相同，成本计算对象也不相同。对于工业企业，成本计算对象有产品品种、产品批别、产品生产步骤三种，企业应根据自身的生产经营特点和管理要求选择适合本企业的成本计算对象。

二、确定成本项目

成本项目是生产费用按照经济用途划分成的若干项目。它可以反映产品生产过程中各种资金的耗费情况，便于分析各项费用的支出是否节约、合理。因此，企业在成本核算中，应根据自身的特点和管理的要求，确定成本项目。一般可确定直接材料、直接人工、制造费用三个成本项目。如果需要，可做适当调整，还可以单设废品损失、停工损失等成本项目。

三、确定成本计算期

成本计算期是指每次计算成本的时间间隔，即多长时间计算一次成本。企业应根据产品生产组织的特点确定各成本对象的成本计算期。成本计算期分为定期和不定期两种。通常在大量、大批生产的情况下，每月都有一定的产品完工，应定期按月计算产品成本，即成本计算期与会计期间一致。在单件、小批生产的情况下，一般不要求定期按月计算产品成本，而是等一批完工后才计算该批产品成本，所以成本计算期与生产周期一致。

四、设置成本明细账

为了进行成本核算，企业一般应设置“生产成本”总账科目。为了核算基本生产成本和辅助生产成本，还应在总账科目下分别设立“基本生产成本”和“辅助生产成本”两个二级科目。生产车间还要设立“制造费用”科目，用来归集车间所发生的间接费用。另外，为正确核算企业的期间费用，还应设立“销售费用”、“管理费用”、“财务费用”等账户。如果需要单独核算废品损失，还应设置“废品损失”账户。

五、对生产费用进行审核与控制

对企业的各项支出进行严格的审核和控制，并按照国家的有关规定确定其是否应计入产品成本、期间费用，以及应计入产品成本还是期间费用。也就是说，要在对各项支出的合理性、合法性进行审核、控制的基础上，做好前述费用界限划分的第一和第二两个方面的工作。

六、归集和分配生产费用

将应计入本月产品成本的各种费用在各有关产品之间，按照成本项目进行归集和分配，直接或间接计入产品成本。一般为产品生产直接发生的生产费用作为产品成本的构成内容直接计入该产品成本。对于那些为产品生产服务的间接计入费用，可先按发生地点和用途进行归集汇总，然后分配计入各受益产品成本。产品成本计算的过程也就是生产费用的归集和分配过程。

七、计算完工产品成本和月末在产品成本

将生产费用计入各成本计算对象后，对于既有完工产品又有月末在产品的产品，应采用适当的方法，把生产费用在其完工产品和月末在产品之间进行分

配，求出完工产品和月末在产品的成本，计算出产品的总成本和单位成本。

【思考与练习】

一、思考题

1. 在成本核算中如何贯彻"算管结合，算为管用"的要求？

2. 正确计算产品成本时应该划分哪些费用的界限，防止哪些错误的做法？

3. 何为成本项目？为什么要设置成本项目？

4. 简述成本核算的一般程序。

二、选择题

1. 为了正确计算企业产品成本，必须正确划分的费用界限是（　　）。

A. 生产费用与经营管理费用　　B. 制造费用与期间费用

C. 管理费用与销售费用　　D. 管理费用和财务费用

2. 下列不能计入产品成本费用的是（　　）。

A. 生产用厂房折旧费　　B. 形成产品直接材料

C. 外购燃料、动力　　D. 房产税、车船税

3. 原材料按实际成本计价，其价值结转的方法有（　　）。

A. 先进先出法　　B. 后进先出法

C. 加权平均法　　D. 个别计价法

4. 下列项目中属于产品成本项目的有（　　）。

A. 直接材料　　B. 外购燃料、动力

C. 直接人工　　D. 制造费用

CHAPTER 3 第三章

各项要素费用的归集与分配

要素费用的归集与分配，就是对企业在生产经营管理过程中发生的各项要素费用进行审核、控制并加以归集，然后按谁受益谁负担的原则在有关产品和部门之间进行分配的过程。要素费用的核算是计算各种产品成本和各项期间费用的基础，是整个成本核算工作的第一步。要素费用核算的正确与否，直接影响着整个成本核算结果的真实性和可靠性，是成本核算的重要内容。

第一节　材料费用的归集与分配

一、材料费用的归集

材料费用的归集就是按材料品种和规格计算确定本期耗用的材料总成本、进行材料发出的核算。正确计量各种材料的发出数量及发出材料的单位成本是保证材料费用归集顺利进行的基础。实际工作中，材料的日常收发有按实际成本计价和按计划成本计价两种核算方式。因此，各期发出材料成本的归集计算也分以下两种情况：

（一）按实际成本计价材料发出的核算

材料发出按实际成本计价时，其实际成本即为材料的采购成本或自制完工入库材料的生产成本。如果同一种材料因为采购地点、采购数量、生产批次不同等原因造成实际单位成本不一致，发出材料的实际单位成本可按先进先出法、一次加权平均法、移动加权平均法、个别计价法等方法加以确定，然后根据各种材料的发出数量计算本期发出材料的总成本。

发出材料的总成本＝发出材料数量×发出材料的单位成本

在材料日常收发按实际成本计价方式下，应设置“原材料”账户，对材料的收入、发出进行核算：账户的借方登记验收入库材料的实际成本，贷方登记发出材料的实际成本；期末的借方余额，表示库存材料的实际总成本。该账户应按材料品种、规格设立明细账以对材料进行明细核算。明细账的格式一般采用数量金额式，以随时反映库存材料的收入、发出和结存的数量及金额。

实际工作中，为了简化核算手续，对于材料的日常收发可不必逐笔登记“原材料”明细账，而于月末（或定期），根据收、发料凭证分别汇总编制收料凭证汇总表和发料凭证汇总表，据以登记原材料明细账并根据发料凭证汇总表汇总计算当期的材料费用。

某企业4月份编制的发料凭证汇总表见表3-1。

表3-1　发料凭证汇总

20××年4月

领料部门	用　途	金额（元）
基本生产车间	产品生产	20 000
基本生产车间	一般耗用	3 400
厂部管理部门	一般耗用	2 500
销售部门	产品包装	1 000
合计		26 900

（二）按计划成本计价材料发出的核算

1. 账户设置

在材料日常收发按计划成本计价时，材料的收入、发出及结存都按材料的计划单位成本计价。在此方法下，除应设置“原材料”账户，按计划成本反映库存材料的增减变动及结存情况外，还应设置以下账户：

“材料采购”账户：借方登记购入材料的实际采购成本，贷方登记验收入库材料的计划成本。如果已验收入库材料的实际成本大于计划成本的差额，为材料采购成本的超支差异，应从该账户的贷方转入“材料成本差异”账户的借方；如果已验收入库材料的实际成本小于计划成本的差额，为材料采购成本的节约差异，应从该账户的借方转入“材料成本差异”账户的贷方。期末余额在借方，表示已付款但尚未收到或尚未验收入库材料的实际采购成本。

“材料成本差异”账户：借方登记入库材料的超支差异，贷方登记入库材料的节约差异；发出材料应负担的材料成本差异若为超支差异，借记“生产成本”、“制造费用”等科目，贷记本科目；若为节约差异，做相反会计分录；期末借方余额为库存材料实际成本大于计划成本的超支额，贷方余额为库存材料实际成本小于计划成本的节约额。

2. 发出材料实际成本的计算

材料日常收发核算按计划成本计价。平时，发出材料的成本都按计划成本核算；月末，为了正确归集本期材料费用，需将发出材料的计划成本调整为实际成本。具体计算公式如下：

发出材料的实际成本＝发出材料的计划成本＋发出材料应分摊的成本差异

发出材料应分摊的成本差异＝发出材料的计划成本×材料成本差异率

$$材料成本差异率=\frac{月初结存材料成本差异+本月收入材料成本差异}{月初结存材料计划成本+本月收入材料计划成本}$$

上列各计算公式中的材料成本差异，如为超支差异，则用正数表示；如为节约差异，则用负数表示。

【例 3-1】某企业材料按计划成本核算。4 月初，“原材料”账户借方余额 50 000 元，“材料成本差异”账户有贷方余额 100 元。本月增加材料的计划成本 100 000 元，材料成本差异 1 600 元（超支差异）。则本月材料成本差异率计算如下：

材料成本差异率＝（－100＋1 600）÷（50 000＋100 000）＝1％

本企业 4 月份发出材料汇总如下：基本生产车间领用 10 000 元，其中用于产品制造 7 000 元，车间一般耗用 3 000 元；机修车间领用 1 000 元；厂部管理部门领用 5 000 元；销售部门领用 1 500 元。则月末企业编制的发料凭证汇总表见表 3-2。

表 3-2　发料凭证汇总

20××年 4 月

领料部门	用途	金额（元）		
		计划成本	材料成本差异	实际成本
基本生产车间	产品生产	7 000	70	7 070
	车间一般耗用	3 000	30	3 030
机修车间	机物料消耗	1 000	10	1 010
厂部管理部门	一般性消耗	5 000	50	5 050
销售部门	包装产品	1 500	15	1 515
合计		17 500	175	17 675

二、材料费用的分配

对于企业生产消耗的各种材料，若是能够明确材料是哪种产品耗用的，应根据领料凭证，分产品加以归集，计入相应成本项目中。若是几种产品共同耗用一种材料，则应按一定的标准在有关产品之间进行分配，再分别计入各产品的有关成本项目。

对于多种产品共同耗用材料分配标准的选择，要求合理、简便。所谓合理，是指这种分配标准与待分配的费用大小有较密切的关系。所谓简便，是指作为分配标准的资料比较容易获得。我们常用的分配标准有：定额消耗量，产品的产量、重量、体积等。在材料消耗定额比较准确的情况下，常用的分配方法是定额消耗量比例法和定额费用比例法。

（一）定额消耗量比例法

某种产品材料定额消耗量＝该种产品实际产量×单位产品该材料消耗定额

$$材料消耗量分配率=\frac{该材料实际消耗总量}{各种产品该材料定额消耗量之和}$$

某产品应分配的材料数量＝该产品材料定额消耗量×材料消耗量分配率

某产品应分配的该材料费用＝该产品分配的材料数量×该材料单价

【例 3-2】某企业生产甲、乙两种产品，共同耗用材料 4 410 千克。每千克实际单位成本 10 元，共计 44 100 元。甲产品产量 1 000 件，单位消耗定额为 3 千克；乙产品产量 300 件，单位消耗定额为 5 千克。

采用定额消耗量为分配标准，分配计算如下：

方法一：（1）甲产品原材料定额消耗量＝1 000×3＝3 000（千克）

乙产品原材料定额消耗量＝300×5＝1 500（千克）

（2）原材料消耗量分配率＝4 410÷（3 000＋1 500）＝0.98

（3）甲产品应分配的原材料数量＝3 000×0.98＝2 940（千克）

乙产品应分配的原材料数量＝1 500×0.98＝1 470（千克）

（4）甲产品应分配的原材料费用＝2 940×10＝29 400（元）

乙产品应分配的原材料费用＝1 470×10＝14 700（元）

这种方法可以考核材料消耗定额的执行情况，分析材料实际消耗量与定额消耗量的差异对产品成本的影响，但计算比较复杂。为了简化核算，我们也可以直接分配原材料费用。

方法二：（1）原材料费用分配率＝44 100÷（3 000＋1 500）＝9.8（元/千克）

（2）甲产品应分配的原材料费用＝3 000×9.8＝29 400（元）

乙产品应分配的原材料费用＝1 500×9.8＝14 700（元）

该种方法计算出的分配率表示的是单位定额消耗量应承担的实际原材料费用，计算分配比较简单。但是，这种方法不能提供各种产品原材料实际消耗量的资料，不利于加强原材料消耗的实物管理。

（二）定额费用比例法

$$\text{材料费用分配率}=\frac{\text{各种材料实际费用总额}}{\text{各种产品材料定额费用之和}}$$

某产品分配的材料费用＝该种产品所耗各种材料定额费用合计×材料费用分配率

【例 3-3】某车间生产甲、乙两种产品，共同耗用 A、B 两种材料总额44 000元，本月有关资料见表 3-3。

表 3-3　材料定额资料

产品名称	实际产量(件)	材料名称	单位产品材料消耗定额(千克)	材料计划价格（元）
甲	300	A 材料	2	2
		B 材料	2	1

续表

产品名称	实际产量(件)	材料名称	单位产品材料消耗定额(千克)	材料计划价格（元）
乙	200	A材料	5	2
		B材料	3	1

根据上列资料，按材料定额费用比例法分配材料费用计算如下：

甲产品定额材料费用＝300×（2×2＋2×1）＝1 800（元）

乙产品定额材料费用＝200×（5×2＋3×1）＝2 600（元）

材料费用分配率＝44 000÷（1 800＋2 600）＝10（元/千克）

甲产品应分配的材料费用＝1 800×10＝18 000（元）

乙产品应分配的材料费用＝2 600×10＝26 000（元）

在各种产品共同耗用原材料的种类较多的情况下，采用此法分配材料费用可简化分配计算工作，但不能同时考核材料消耗定额的执行情况。

各种材料费用的分配是通过编制材料费用分配表进行的。在编制材料费用分配表时，应先将领退料单按领用部门进行归类、汇总，然后计入相关的费用中。材料费用分配表的格式及举例见表 3-4。

表 3-4　材料费用分配表

20××年 4 月

应借科目	直接计入金额（元）	分配计入		材料费用合计（元）
		定额消耗量（千克）	分配金额（分配率：9.8 元/千克）（元）	
生产成本——基本生产成本				
——甲产品	10 600	3 000	29 400	40 000
——乙产品	5 300	1 500	14 700	20 000
小计	15 900	4 500	44 100	60 000
生产成本——辅助生产成本				
——供电	8 500			8 500
——供水	6 000			6 000
小计	14 500			14 500
制造费用	6 800			6 800
管理费用	2 000			2 000
合计	39 200		44 100	83 300

根据材料费用分配表编制会计分录，据以登记有关明细账。

根据表 3-4 编制会计分录如下：

借：生产成本——基本生产成本——甲产品　　40 000
　　　　　　　　　　　　　　——乙产品　　20 000
　　生产成本——辅助生产成本——供电　　8 500
　　　　　　　　　　　　　　——供水　　6 000
　　制造费用　　6 800
　　管理费用　　2 000
　　贷：原材料　　83 300

上述材料费用分配表是基于材料按实际成本进行计价的方式。若材料按计划成本进行计价，在材料成本差异率是−1%的情况下，材料费用分配见表 3-5。

表 3-5　材料费用分配表

20××年 4 月　　单位：元

应借科目	直接计入金额（元）	分配计入		计划成本合计	材料成本差异（节约差异）	实际成本
		定额消耗量（千克）	分配金额（分配率：9.8 元/千克）（元）			
生产成本——基本生产成本						
——甲产品	10 600	3 000	29 400	40 000	400	39 600
——乙产品	5 300	1 500	14 700	20 000	200	19 800
小计	15 900	4 500	44 100	60 000	600	59 400
生产成本——辅助生产成本						
——供电	8 500			8 500	85	8 415
——供水	6 000			6 000	60	5 940
小计	14 500			14 500	145	14 355
制造费用	6 800			6 800	68	6 732
管理费用	2 000			2 000	20	1 980
合计	39 200		44 100	83 300	833	82 467

根据表 3-5 编制会计分录如下：

借：生产成本——基本生产成本——甲产品　　40 000
　　　　　　　　　　　　　　——乙产品　　20 000
　　生产成本——辅助生产成本——供电　　8 500
　　　　　　　　　　　　　　——供水　　6 000

是指企业为获得职工提供的服务而给予职工的各种形式的报酬以及其他相关支出，包括工资及其他职工薪酬。

一、工资的计算

工资是根据职工劳动的数量和质量，以货币形式支付给劳动者的劳动报酬。各单位在一定时期内直接支付给全部职工的劳动报酬总额，称为工资总额。为保证国家对工资进行统一的统计核算和会计核算，加强工资的管理，工资总额的组成内容是由国家统一规定的，包括六项内容：计时工资、计件工资、奖金、津贴和补贴、加班工资、特殊情况下支付的工资。

工资的计算就是根据企业的工资制度分别计算每一职工的应得工资额。它是工资费用归集和分配的基础，也是企业与职工之间进行工资结算的依据。

（一）计时工资的计算

计时工资是根据考勤记录和规定的工资标准计算每一职工应得的工资额。按具体的计算方法不同，计时工资的计算又分为日薪制和月薪制两种。

1. 月薪制

采用月薪制，不管各月日历天数多少，职工每月的全勤工资相同。每位职工当月应得工资额按下式计算：

月工资额＝月标准工资－缺勤工资

缺勤工资＝缺勤天数×日工资率

上式中日资率的计算通常有两种方法：（1）每月固定按30日计算，则日工资率＝月标准工资/30。按这种方法计算，法定节假日应计付工资，但事假、病假等缺勤期间的节假日应按缺勤处理，扣发工资。（2）每月按年日历日数365天减去104个双休日和11个法定节假日，再除以12个月算出的月平均工作天数20.83天计算，日工资率＝月标准工资/20.83。按这种方法计算，法定节假日不付工资，因此缺勤期间的节假日不扣工资。

【例3-5】某职工甲月标准工资2 100元，12月份出勤20天，病假2天，事假1天，缺勤期间无法定节假日，公休8天，其病假工资按80%计发。则月薪制下该职工本月应得工资额计算如下：

（1）每月按30天计算：

日工资率＝2 100÷30＝70（元）

缺勤工资＝1×70＋2×70×（1－80％）＝98（元）

月应得工资额＝2 100－98＝2 002（元）

（2）每月按 20.83 天计算：

日工资率＝2 100÷20.83＝100.82（元）

缺勤工资＝1×100.82＋2×100.82×（1－80％）＝141.15（元）

月工资额＝2 100－141.15＝1 958.85（元）

2. 日薪制

日薪制是根据职工每月实际出勤天数和日工资率计算其应得工资额的方法。在日薪制下，由于各月日历天数不同，各月全勤工资也不同。每位职工当月应得工资额可按下式计算：

月工资额＝出勤天数×日工资率＋非工作时间工资

其中，日工资率可按月标准工资除以 30 天计算，也可按月标准工资除以 20.83 天计算。但日工资率的计算方法不同，当月的出勤天数的计量方式也不同：如果日工资率按 30 天计算，则节假日应视为出勤，计发工资；缺勤期间的节假日视为缺勤，不发工资。如果日工资率按 20.83 天计算，则节假日不视为出勤，缺勤期间的节假日也不扣工资。

【例 3-6】上例中日薪制下该职工本月应得工资额计算如下：

（1）按 30 天计算日工资率（日工资率 70 元）：

月工资额＝（20＋8）×70＋2×70×80％＝2 072（元）

（2）按 20.83 天计算日工资率（日工资率 100.82 元）：

月工资额＝20×100.82＋2×100.82×80％＝2 177.71（元）

通过以上计算可以看出，采用不同的工资计算方法，其计算结果不同。具体采用哪种方法，可由企业自行确定，但方法一旦确定，为保持会计资料的可比性，不得随意变动。

（二）计件工资的计算

计件工资是根据有关产量记录和规定的计件单价计算的工资额。按照结算对象不同，可分为个人计件工资和集体计件工资两种。

1. 个人计件工资的计算

个人计件工资的计算应根据产量记录中每一职工个人完成的产品产量分别

按下列公式计算：

应付工资额＝产品产量×计件单价

上式中的产品产量包括合格品产量和不是由工人本人过失造成的不合格品数量（如料废产品数量）。对于后者，如未完成整个加工过程，则应按生产工人完成的定额工时计算计件工资。由工人本人过失造成的不合格品，不应计付工资，有的还应由工人赔偿损失。

【例 3-7】某职工本月加工完成 A 产品 100 件，均为合格产品。完成 B 产品 200 件，其中合格品 190 件，工废 2 件，料废 8 件。料废 8 件中，完工后发现 5 件，其余 3 件是在加工过程中发现的。3 件产品共完成定额工时 60 分钟。A 产品的定额工时为 20 分钟，B 产品的定额工时为 40 分钟。标准小时工资率为 15 元/小时。则该职工应得工资额计算如下：

A 产品计件单价＝15×（20÷60）＝5（元）

B 产品计件单价＝15×（40÷60）＝10（元）

该职工应得工资额＝100×5＋（190＋5＋60÷40）×10＝2 465（元）

2. 集体计件工资的计算

生产小组等集体计件工资的计算方法与上述相同。不同之处是：集体计件工资还要在集体内部各工人之间按照贡献大小进行分配。由于工人的级别或工资标准一般体现工人劳动的质量和技术水平，工作时间一般体现劳动数量，因而集体内部的工资大多以每人的工资标准和工作日数（或工时数）的乘积为比例进行分配。

【例 3-8】某生产小组由甲、乙、丙三人组成，完成某项工程后获得集体计件工资 18 000 元。该三人的工资标准分别为 15 元/小时、20 元/小时和 25 元/小时，出勤时间分别为 140 小时、150 小时和 156 小时。三人计件工资分配计算如下：

$$分配率=\frac{18\ 000}{15\times140+20\times150+25\times156}=2\ （元/小时）$$

甲工人应得工资额＝140×15×2＝4 200（元）

乙工人应得工资额＝150×20×2＝6 000（元）

丙工人应得工资额＝156×25×2＝7 800（元）

合计　　　　　　　　　　　18 000（元）

(三) 奖金的计算

奖金是指对职工的超额劳动在标准工资以外支付给职工的物质奖励性质的劳动报酬。奖金应根据国家的有关规定和企业内部的奖励标准进行计算。

(四) 津贴和补贴的计算

津贴和补贴是指为了补偿职工特殊或额外的劳动消耗和因其他特殊原因而支付给职工的津贴，以及为了保证职工工资水平不受物价影响而支付给职工的物价补贴。津贴和补贴应按国家规定的种类和标准计算。

(五) 加班工资的计算

加班工资应按日工资率乘以加班天数及国家规定的支付标准（系数）计算。其计算公式如下：

应付加班工资＝加班天数×日工资率×规定的支付标准（系数）

在上式中，加班天数按照超过“制度工作日”（365－104－11）的天数计算。日工资率等于月标准工资除以平均每月的“制度计薪日”，平均每月的“制度计薪日”＝（365－104）÷12＝21.75，规定的支付标准（系数）是在正常工作时间外加班应按标准工资的150%计算（系数为1.5）；在双休日加班时，按标准工资的200%计算（系数为2）；在节假日加班时，按标准工资的300%计算（系数为3）。

【例3-9】某职工2008年春节长假七天都加班，劳动合同约定的其工资标准为每月2 458元，计算其春节期间的加班费。

法定节假日（即除夕、春节、初二）每天加班费＝2 458÷21.75×300%＝339.03（元）

双休日调休（即初三至初六）期间每天加班费＝2 458÷21.75×200%＝226.02（元）

春节期间总加班费＝339.03×3＋226.02×4＝1 017.09＋904.08＝1 921.17（元）

(六) 特殊情况下支付的工资的计算

特殊情况下支付的工资是指根据国家法律、法规和政策规定，职工因病、工伤、产假、婚假、事假、探亲假等原因按规定支付的工资。特殊情况下支付的工资应按国家规定的标准和考勤记录计算。

二、工资费用的分配

工资费用分配之前，会计部门应根据计算的每位职工的工资额，按照车间、部门分别编制工资结算单（单内按照职工类别、姓名列示每一职工的各种工资），用以汇总归集各车间、部门发生的工资费用。它既是企业与职工进行工资结算的凭证，也是工资费用分配的基础。

工资费用核算使用的会计科目为"应付职工薪酬"科目。该科目属于负债类科目，用来核算企业根据有关规定应付给职工的各种薪酬。本科目应当按照"工资"、"职工福利"、"社会保险费"、"住房公积金"、"工会经费"、"职工教育经费"等应付职工薪酬项目进行明细核算。

工资费用应按用途在各受益对象之间分配，即直接进行产品生产的生产工人的工资计入生产成本——基本生产成本明细账的"直接人工"项目，辅助生产工人的工资计入生产成本——辅助生产成本明细账的"直接人工"成本项目或"人工费"项目，车间管理人员的工资应计入制造费用明细账的"人工费"项目，企业各职能部门管理人员的工资、专设销售机构人员的工资、在建工程人员的工资则应分别计入管理费用、销售费用、在建工程明细账的"人工费"项目。

其中，直接进行产品生产的生产工人工资，如采用计件工资，则属直接费用，应根据工资结算单直接计入受益产品生产成本；如采用计时工资，则应区别两种情况：为某一种产品生产单独发生的工资，直接计入该种产品生产成本；同时为几种产品生产共同发生的工资则应以车间为单位，选用适当的分配标准，在各受益产品之间进行分配。分配标准一般为产品的实际工时或定额工时。

有关计算公式如下：

$$\text{工资费用分配率}=\frac{\text{生产多种产品生产工人工资总额}}{\text{各种产品实际（或定额）工时之和}}$$

某种产品应分配的工资费用＝该产品实际（或定额）工时×工资费用分配率

【例 3-10】某车间生产甲、乙两种产品，本月发生生产工人工资总额10 000元。本月份甲产品耗用 12 000 个定额工时，乙产品耗用 8 000 个定额工时。按定额工时分配工资费用计算如下：

$$工资费用分配率=\frac{10\ 000}{12\ 000+8\ 000}=0.5（元/小时）$$

甲产品分配工资费用＝12 000×0.5＝6 000（元）

乙产品分配工资费用＝8 000×0.5＝4 000（元）

三、其他职工薪酬的计算及分配

除了工资外，职工薪酬还包括：(1) 职工福利费。(2) 医疗保险费、养老保险费、失业保险费、工伤保险费和生育保险费等社会保险费。(3) 住房公积金。(4) 工会经费和职工教育经费。(5) 非货币性福利。(6) 辞退福利及股份支付。

以上职工薪酬中，对于国家规定了计提基础和计提比例的，应当按照国家规定的标准计提，如企业为职工缴纳的医疗保险费、养老保险费、失业保险费、工伤保险费和生育保险费等社会保险费和住房公积金，以及工会经费和职工教育经费等。对于国家没有规定计提基础和计提比例的，企业应当根据历史经验数据和实际情况，合理预计当期应付职工薪酬。对于当期实际发生额大于预计金额的，应当补提应付职工薪酬；对于当期实际发生额小于预计金额的，应当冲回多提的应付职工薪酬。

对于以上职工薪酬，在职工为企业提供服务的会计期间，企业应根据职工提供服务的受益对象，将应确认的职工薪酬计入相关产品成本或当期损益。对于国家规定了计提基础和计提比例的，如按职工工资比例计提，可根据工资费用的分配去向进行分配：按各种产品负担的生产工人工资总额计提的，应直接计入各相关产品的“生产成本——基本生产成本”总账及所属明细账的“直接人工”成本项目；按辅助生产人员、基本生产车间管理人员、企业管理人员、销售人员工资总额计提的，应分别计入“生产成本——辅助生产成本——××辅助车间”、“制造费用”、“管理费用”、“销售费用”等总账及其相应的明细账。对于其他的，应根据具体的计提基础的分配去向进行分配。

对于企业以其自产产品为非货币性福利发放给职工的，按照该产品的公允价值，确认应付职工薪酬。对于将企业拥有的房屋等资产无偿提供给职工使用的，按该住房每期应计提的折旧确认应付职工薪酬。对于租赁住房等资产供职工无偿使用的，按每期应付的租金确认应付职工薪酬。以上职工薪酬根据受益对象，计入相关产品成本或当期损益。

因解除与职工的劳动关系而给予的补偿，借记“管理费用”，贷记“应付职工薪酬——辞退福利”。

企业计提职工薪酬时，按上述分配去向，借记“生产成本——基本生产成本”、“制造费用”、“生产成本——辅助生产成本”、“管理费用”等账户，贷记“应付职工薪酬”账户。

工资费用的分配，应根据工资结算单和有关的生产工时等记录通过编制工资费用分配表进行。某企业4月份的工资费用分配表见表3-7。

表3-7　工资费用分配表

20××年4月　　　　单位：元

应借科目	直接计入（元）	分配计入费用		费用合计（元）
		生产工时（小时）	分配金额（分配率：0.5元/千克）（元）	
生产成本——基本生产成本				
——甲产品	110 000	12 000	6 000	116 000
——乙产品	95 000	8 000	4 000	99 000
小计	205 000	20 000	10 000	215 000
制造费用	45 000			45 000
生产成本——辅助生产成本				
——供电车间	25 000			25 000
——供水车间	15 000			15 000
管理费用	5 200			5 200
销售费用	5 000			5 000
合计	302 000			310 200

根据工资费用分配表，编制分配工资费用的会计分录如下，并据以登记相关明细账：

借：生产成本——基本生产成本——甲产品　　116 000
　　　　　　　　　　　　　——乙产品　　99 000
　　制造费用　　45 000
　　生产成本——辅助生产成本——供电车间　　25 000
　　　　　　　　　　　　　——供水车间　　15 000

管理费用　　　　5 200

销售费用　　　　5 000

贷：应付职工薪酬——工资　　　　310 200

企业本月根据政府规定，分别按照职工工资总额的10%、12%、2%和10.5%计提医疗保险费、养老保险费、失业保险费和住房公积金，缴纳给当地社会保险经办机构和住房公积金管理机构。企业内设医务室，根据上期实际发生的职工福利费情况，预计本期应承担的职工福利费为职工工资总额的2%。职工福利的受益对象为上述所有人员。企业分别按照职工工资总额的2%和2.5%计提工会经费和职工教育经费。企业根据工资计提其他职工薪酬的情况见表3-8。

表3-8　其他职工薪酬分配表

20××年4月　　　　单位：元

应借科目	工资	社会保险费	住房公积金	职工福利	工会经费	职工教育经费	其他职工薪酬合计
生产成本——基本生产成本							
——甲产品	116 000	27 840	12 180	2 320	2 320	2 900	47 560
——乙产品	99 000	23 760	10 395	1 980	1980	2 475	40 590
小计	215 000	51 600	22 575	4 300	4 300	5 375	88 150
制造费用	45 000	10 800	4 725	900	900	1 125	18 450
生产成本——辅助生产成本							
——供电车间	25 000	6 000	2 625	500	500	625	10 250
——供水车间	15 000	3 600	1 575	300	300	375	6 150
小计	40 000	9 600	4 200	800	800	1 000	16 400
管理费用	5 200	1 248	546	104	104	130	2 132
销售费用	5 000	1 200	525	100	100	125	2 050
合计	310 200	74 448	32 571	6 204	6 204	7 755	127 182

A企业在分配职工福利费、各种社会保险费、住房公积金、工会经费和职工教育经费等职工薪酬时，应当作如下账务处理并据以登记相关明细账：

借：生产成本——基本生产成本——甲产品　　　　47 560

——乙产品　　　　40 590

制造费用　　　　18 450

管理费用　　　　2 132

生产成本——辅助生产成本——供电车间　　　　10 250

——供水车间　　6 150

销售费用　　2 050

贷：应付职工薪酬——职工福利　　6 204

——社会保险费　　74 448

——住房公积金　　32 571

——工会经费　　6 204

——职工教育经费　　7 755

第三节　其他要素费用的归集与分配

一、外购动力费用的归集与分配

外购动力费用是指企业为外部购买的电力、热力等各种动力所支付的费用。直接用于产品生产的动力费用，如生产工艺用电，若车间只生产一种产品，应直接计入该种产品成本中的"燃料及动力"成本项目；若车间生产多种产品，又没有按产品分别计量动力费用，则应将动力费用在各种产品之间按产品的生产工时比例、机器工时比例或其他比例进行分配，然后再计入各产品成本中。

外购动力费用分配是通过编制外购动力费用分配表进行的，根据该分配表编制会计分录，据以登记有关总账和明细账。外购动力费用分配表格式及举例详见表 3-9。

表 3-9　外购动力费用分配表

20××年 4 月　　单位：元

应借科目	成本或费用项目	生产工时（分配率：0.2 元/度）	度数	金额
生产成本——基本生产成本				
——甲产品	燃料及动力	12 000		2 400
——乙产品	燃料及动力	8 000		1 600
小计		20 000	20 000	4 000
生产成本——辅助生产成本				
——供电	水电费		3 500	700
——供水	水电费		3 200	640
小计			6 700	1 340

续表

应借科目	成本或费用项目	生产工时（分配率 0.2 元/度）	度数	金额
制造费用	水电费		2 500	500
管理费用	水电费		1 000	200
合计			30 200	6 040

根据表 3-9 编制会计分录如下，并据以登记相关明细账：

借：生产成本——基本生产成本——甲产品　　2 400
　　　　　　　　　　　　　　——乙产品　　1 600
　　生产成本——辅助生产成本——供电　　700
　　　　　　　　　　　　　　——供水　　640
　　制造费用　　500
　　管理费用　　200
　　贷：应付账款（银行存款）　　6 040

上述分录的贷方是“应付账款”或“银行存款”，这是因为外购动力费用是根据供应单位抄录的耗用数量和计价标准所开列的账单而予以支付的。供应单位开列账单的起止期和会计期间往往不一致，如果在支付动力费时，直接借记有关成本、费用账户，贷记“银行存款”账户，可能会影响当月成本、费用的正确性。根据权责发生制原则，企业可能将实付动力费作为暂付款项处理，记入“应付账款”的借方和“银行存款”账户的贷方。月末根据实际的分配结果，借记有关成本、费用账户，贷记“应付账款”账户。当然，如果供应单位每月抄表日基本固定，且每月从抄表日到月末的耗用量相差不多，也可不通过“应付账款”账户，而在支付外购动力费用时直接借记有关成本、费用账户，贷记“银行存款”账户。

二、固定资产折旧费用的归集与分配

固定资产在使用过程中其实物形态是保持不变的，但其价值随着固定资产的使用而逐渐减少。这部分由于损耗而减少的价值就是固定资产折旧，以折旧费用的形式计入产品成本和费用。

折旧费用应按固定资产使用的车间、部门分别记入制造费用、管理费用等明细账的“折旧费”费用项目中。基本生产车间机器设备的折旧费是直接用于产品生产的费用，应直接或分配记入“生产成本——基本生产成本”账户。但由于“生产成本——基本生产成本”账户中没有专设“折旧费用”成本项目，所以只能同基本生产车间间接用于产品生产的折旧费一起记入“制造费用”明细账的有关费用项目中。

折旧费用的分配是通过编制折旧费用分配表进行的，并据以编制会计分录，登记有关总账及所属明细账。折旧费用分配表格式及举例详见表 3-10。

表 3-10　折旧费用分配表

20××年 4 月　　　　单位：元

项目	基本生产车间	辅助生产车间		行政管理部门	合计
		供电	供水		
折旧费	17 000	2 750	3 050	2 400	25 200

根据表 3-10 编制会计分录如下，并据以登记相关明细账：

借：制造费用　　17 000

　　生产成本——辅助生产成本——供电　　2 750

　　　　　　　　　　　　　——供水　　3 050

　　管理费用　　2 400

　　贷：累计折旧　　　　25 200

三、税金

要素费用中的税金，特指应计入管理费用中的各项税金，属于管理费用中的一个费用项目，不构成产品成本。具体包括：房产税、车船使用税、土地使用税、印花税等。税金计入管理费用主要包括以下几种情况：

（一）预先计算应交金额的税金

如房产税、车船使用税、土地使用税，这些税金应通过“应交税费”核算。

【例 3-11】本月计算应交房产税 130 元，土地使用税 140 元，车船使用税 160 元，共计 430 元。会计分录如下：

借：管理费用　　430

贷：应交税费——应交房产税　　130
　　　　　　——应交土地使用税　　140
　　　　　　——应交车船使用税　　160

交纳税金时，会计分录如下：

借：应交税费——应交房产税　　130
　　　　　　——应交土地使用税　　140
　　　　　　——应交车船使用税　　160
　贷：银行存款　　430

（二）不需要预先计算交纳的税金

如印花税，这种税金不通过“应交税费”核算。

【例 3-12】本月用转账支票购买印花税票 200 元，会计分录如下：

借：管理费用　　200
　贷：银行存款　　200

四、周转材料摊销费用的归集及分配

周转材料是指企业能够多次使用、逐渐转移其价值但仍保持原有形态、不确认为固定资产的材料，包括包装物和低值易耗品等。

为了核算周转材料的收入、发出、摊销和结存情况，可以通过“周转材料”科目核算，也可以单独设置“低值易耗品”、“包装物”科目。本书以低值易耗品为例讲述其成本的摊销过程。低值易耗品要按种类、规格设立明细账，进行明细核算。当库存低值易耗品增加时，计入该账户的借方；领用时，计入账户的贷方；期末余额在借方，表示低值易耗品的实际成本或计划成本总额。

在低值易耗品日常核算按计划成本计价时，还需在“材料成本差异”账户下设立二级账户，单独核算低值易耗品的成本差异。领用等发出低值易耗品时，还应同时结转应分摊的差异。

低值易耗品能多次参加生产周转而保持原有的实物形态，其价值转移随着生产经营过程的进行而逐步实现，同时它又具有品种多、数量大、单位价值低、易损耗、需要经常补充的特点。因此，低值易耗品一经使用，对于其磨损的价值应采用不同于固定资产折旧的特定方法加以摊销计量，分别计入受益期间相应的成本、费用。对于产品生产过程耗用的低值易耗品，由于其摊销额在产品成本中占的比重很小，且多为产品生产的间接费用，因此没有专设成本项目进行归集，而是将其与车间一般耗用的低值易耗品摊销额一起计入本车间的“制造费用”；对于辅助生产部门、管理部门、销售部门等单位耗用的低值易耗品的摊销额，应按低值易耗品的使用单位进行分配，分别计入“生产成本——辅助生产成本”、“管理费用”和“销售费用”中。

对于企业各期应负担的低值易耗品的摊销额，应根据所耗用的低值易耗品价值大小、使用期限长短等因素，分别采用一次摊销法和五五摊销法等方法进行摊销计算。

（一）一次摊销法

一次摊销法就是将低值易耗品的价值一次全部计入领用月份的成本费用的方法。领用时，按低值易耗品的使用单位，借记“制造费用”、“管理费用”等账户，贷记“周转材料——低值易耗品”账户。月末，采用计划成本对低值易耗品进行日常核算的企业，还应计算并结转当月领用低值易耗品应分摊的成本差异；超支差异借记“制造费用”、“管理费用”等账户，贷记“材料成本差异”账户；节约差异作相反分录。报废时，将收回的残料价值作为报废月份低值易耗品摊销额的减少，冲减有关成本费用，借记“原材料”等账户，贷记“制造费用”、“管理费用”等账户。

【例 3-13】企业基本生产车间本月领用劳保用品一批，计划成本 600 元，本月低值易耗品成本差异率为 1%；另外，本车间本月报废以前月份领用的劳保用品一批，其入库残料作价 10 元。劳保用品采用一次摊销法，有关会计分录如下：

（1）领用时，根据领用凭证编制会计分录如下：

借：制造费用　　　　600

　　贷：周转材料——低值易耗品　　600

（2）月末，结转成本差异为 600×1%＝6（元），编制会计分录如下：

借：制造费用　　　　6

　　贷：材料成本差异　　6

（3）残料入库时，根据材料入库凭证编制会计分录如下：

借：原材料　　　　　　　　10

　　贷：制造费用　　　　　　　10

一次摊销法一般适用于单位价值较低、使用期限较短或容易破损的低值易耗品的摊销；否则，会使领用月份的费用负担过高，从而影响成本计算的正确性。

（二）五五摊销法

五五摊销法就是在领用低值易耗品时，摊销其价值的一半；报废时再摊销其另一半价值的方法。

在采用五五摊销法时，企业应在“周转材料”总账账户下，增设在库、在用、摊销三个明细账户。“在库”和“在用”账户，分别按实际成本或计划成本反映企业库存或在用的低值易耗品的增减及结存情况。“摊销”账户反映低值易耗品已摊销额，贷方登记按一定摊销方法计算的在用低值易耗品的摊销额，借方登记报废低值易耗品应注销的摊销额；期末有贷方余额，表示在用低值易耗品的摊销额。

“在用”账户的借方余额，减去“摊销”账户的贷方余额，是在用低值易耗品的摊余价值。所以，“周转材料”总账账户期末借方余额反映了库存低值易耗品实际成本或计划成本和在用低值易耗品的摊余价值之和。

采用五五摊销法领用低值易耗品时，借记“周转材料——低值易耗品——在用”账户，贷记“周转材料——低值易耗品——在库”账户。同时，按领用低值易耗品价值的50%进行摊销，借记“制造费用”、“管理费用”等账户，贷记“周转材料——低值易耗品——摊销”账户。报废低值易耗品时，按报废低值易耗品价值的50%进行摊销，借记“制造费用”、“管理费用”等账户，贷记“周转材料——低值易耗品——摊销”账户。回收低值易耗品残料时，按收回残料的价值借记“原材料”等账户，贷记“制造费用”、“管理费用”等账户；同时，注销报废低值易耗品的价值及累计摊销额，借记“周转材料——低值易耗品——摊销”账户，贷记“周转材料——低值易耗品——在用”账户。低值易耗品如果按计划成本进行日常核算，在领用月份的月末，同样需要调整所领低值易耗品应负担的成本差异。

【例 3-14】企业管理部门本月领用管理用具一批，计划成本 2 000 元，报废时收回残值 100 元的材料入库，该月低值易耗品的成本差异率为 1%。按五五摊销法，有关会计分录如下：

（1）领用时，根据领用凭证编制会计分录如下：

借：周转材料——低值易耗品——在用　　　　2 000

　　贷：周转材料——低值易耗品——在库　　　　2 000

同时，摊销领用用具价值的50%，即2 000×50%=1 000（元），编制会计分录如下：

借：管理费用　　　　1 000

　　贷：周转材料——低值易耗品——摊销　　　　1 000

（2）领用月份月末，调整所领用具应负担的成本差异为2 000×1%=20（元），编制会计分录如下：

借：管理费用　　　　20

　　贷：材料成本差异　　　　20

（3）报废时，摊销其价值的另外50%，计入报废月份的费用金额为2 000×50%=1 000（元），编制会计分录如下：

借：管理费用　　　　1 000

　　贷：周转材料——低值易耗品——摊销　　　　1 000

回收残料，编制会计分录如下：

借：原材料　　　　100

　　贷：管理费用　　　　100

同时，注销报废用具的价值及已提摊销额，编制会计分录如下：

借：周转材料——低值易耗品——摊销　　　　2 000

　　贷：周转材料——低值易耗品——在用　　　　2 000

在低值易耗品耗用数量较多、金额较大的企业，为了合理分摊低值易耗品的摊销额，加强其实物管理，可采用五五摊销法对低值易耗品价值进行摊销，但要求对在用低值易耗品按车间、部门进行数量、金额明细核算，因此核算工作量较大。

包装物的摊销过程和低值易耗品相同，在此不再赘述。

五、其他费用

企业要素费用中的其他费用，是指上述各项要素费用以外的其他费用支出，包括修理费、差旅费、邮电费、保险费、劳动保护费、运输费、办公费、水电费、技术转让费、业务招待费等。这些费用发生时，应根据有关付款凭证，按发生的车间、部门和用途，分别借记“制造费用”、“管理费用”、“生产成本——辅助生产成本”等科目的借方，“银行存款”等科目的贷方。

【例 3-15】某企业以银行存款支付本月发生的办公费共计 1 172 元，其中基本生产车间 612 元，辅助生产供电车间 100 元，辅助生产供水车间 100 元，行政管理部门 360 元，会计分录如下：

借：制造费用　612

　　生产成本——辅助生产成本——供电　100

　　　　　　　　　　　　　　——供水　100

　　管理费用　360

　　贷：银行存款　1 172

【思考与练习】

一、判断题

1. 工业企业费用要素是工业企业的各种费用按经济用途进行分类的。

2. 应该计入管理费用的税金包括房产税、城建税、土地使用税、印花税等。

3. 产品成本项目中的“直接材料”包括生产用的包装物和低值易耗品。

4. 在设有“直接材料”、“直接人工”、“制造费用”三个成本项目的情况下，用于产品生产、未专设成本项目的各种生产费用，应先通过“制造费用”核算。

5. 在按 30 天计算日工资的企业中，节假日计付工资，因而缺勤期间的节假日应照扣工资。

二、单选题

1. 下列属于生产费用要素的有（　　）。

A. 外购燃料动力　　B. 直接材料

C. 直接人工　　D. 制造费用

2. 下列人员工资中，应计入产品成本中“直接人工”项目的有（　　）。

A. 产品生产工人　　B. 车间管理人员

C. 厂部管理人员　　D. 专职销售人员

3. 企业计提车间管理人员的住房公积金，应计入（　　）科目。

A. 管理费用　　B. 制造费用

C. 营业外支出　　D. 生产成本——基本生产成本

4. 生产车间所耗机物料费用应借记（　）科目，贷记“原材料”科目。

A. 生产成本　　B. 基本生产成本

C. 制造费用　　D. 辅助生产成本

5. 某企业6月份应提折旧额700 000元，6月份增加固定资产应计提折旧额100 000元，本月（7月份）减少固定资产应计提折旧额50 000元，则7月份应计提折旧额为（　）元。

A. 800 000　　B. 750 000　　C. 850 000　　D. 700 000

三、多选题

1. 材料费用的分配方法有（　）。

A. 约当产量法　　B. 定额耗用量比例法

C. 生产工时比例分配法　　D. 定额费用比例法

2. 应计入销售费用的职工薪酬包括（　）。

A. 销售机构人员的工资　　B. 销售机构人员的住房公积金

C. 销售机构人员的社会保险费　　D. 销售机构人员的工会经费

3. 分配折旧费用的会计分录可能是（　）。

A. 借“生产成本——基本生产成本”　　B. 借“制造费用”

C. 贷“累计折旧”　　D. 借“管理费用”

4. 企业发生的动力费用按其用途分配，可能计入（　）科目的借方。

A. 生产成本——基本生产成本　　B. 制造费用

C. 生产成本——辅助生产成本　　D. 管理费用

5. 以下固定资产不需要计提折旧的是（　）。

A. 当月增加的设备　　B. 当月减少的设备

C. 超龄使用的设备　　D. 提前报废的设备

四、业务题

1. 资料：A、B两种产品领用材料4 950千克，单价15元，共计74 250元。本月投产A产品170件，单耗定额20千克；B产品投产210件，单耗定额10千克。

要求：按定额消耗量比例法分配材料费用，并作出会计分录。

2. 资料：甲、乙两种产品领用A、B两种材料，共计66 480元。本月甲产品投产200件，消耗定额为：A材料5千克/件，B材料8千克/件。乙产品投产 100 件，消耗定额为：A 材料 7 千克/件，B 材料 9 千克/件。A、B 两种材料单价分别为 12 元和 14 元，材料成本差异率－10%。

要求：按定额费用比例法分配材料费用，并作出会计分录。

3. 资料：某企业有一个基本生产车间，生产甲、乙两种产品；两个辅助生产车间为机修和供电车间，为基本生产车间和管理部门提供劳务。某月甲产品产量为 80 件，乙产品产量为 100 件，根据领料单汇总的各单位领料情况见下表：

领料部门	金额（元）
甲产品直接领料	7 000
乙产品直接领料	8 500
甲、乙产品共同领料	1 800
机修车间领料	500
供电车间领料	300
基本生产车间领料	200
管理部门领料	200

该企业日常收发材料采用实际成本核算，甲、乙两种产品共同耗用的材料按产品产量比例分配。

要求：根据资料编制材料费用分配表，并作出会计分录。

4. 资料：某企业 6 月 30 日用银行存款支付外购动力（电费）费用 22 650 元，月末查明的各部门耗电数如下表（单位：度）：

基本生产车间动力用电	7 938
基本生产车间照明用电	4 212
辅助生产车间动力用电	1 100
行政管理部门照明用电	1 850
合计	15 100

其中基本生产车间生产甲、乙两种产品，甲、乙产品分别耗用机器工时 1 400小时和 700 小时，动力费用按机器工时分配。

要求：编制动力费用分配表，并作出支付动力费用及分配动力费用的会计分录。

5. 资料：某企业工人的月工资标准为941.4元。8月份31天，病假4天（其中含两个休假日），事假1天，周末休假9天，实际出勤19天。按该工人的工龄，其病假工资按工资标准的80%计算。

要求：(1) 按30天计算日工资率，按出勤日数计算月工资；(2) 按30天计算日工资率，按缺勤天数扣工资计算月工资；(3) 按20.83天计算日工资率，按出勤日计算月工资；(4) 按20.83天计算日工资率，按缺勤天数扣工资计算月工资。(结果保留两位小数)

6. 资料：某职工4月份加工甲、乙两种产品，加工甲产品300件，乙产品150件。验收时发现甲产品有废品30件，其中料废10件，工废20件；乙产品全部合格。该职工的小时工资率为5元，甲产品的定额工时为30分钟，乙产品的定额工时为2小时。要求：根据上述资料，计算该职工本月的应付计件工资。

7. 资料：某企业基本生产车间某月份生产甲产品120件，每件实际工时60小时；乙产品250件，每件实际工时40小时。本月应付工资的资料见下表：

部门	用途	金额（元）
基本生产	生产工人工资	86 000
基本生产	管理人员工资	5 200
机修车间	生产工人工资	10 000
机修车间	管理人员工资	2 500
供电车间	生产工人工资	4 400
供电车间	管理人员工资	1 200
企业行政	管理人员工资	4 000
合计		113 300

生产工人工资按工时比例分配，社会保险费、住房公积金、职工福利费、工会经费和职工教育经费分别按工资总额的24%、12%、3%、2%和2.5%提取。

要求：根据上述资料，编制工资和其他职工薪酬分配表，并作出相关会计分录。

CHAPTER 4　第四章

辅助生产费用的归集与分配

工业企业的生产车间按生产任务不同，可以分为基本生产车间和辅助生产车间两大类。基本生产车间主要生产直接对外销售的产品，而辅助生产车间则为基本生产车间、企业行政管理部门等提供产品和劳务。辅助生产车间有的只生产一种产品或劳务，如供电、供水、运输等；有的则提供多种产品或劳务，如修理、工模具制造等。辅助生产车间有的也对外提供产品或劳务，但这并不是辅助生产车间的主要任务。通过上一章的介绍，我们已经知道生产经营过程中耗费的各项要素费用有一部分是计入了“生产成本——辅助生产成本”账户中，这部分费用最终还需要由产品成本或期间费用来承担，因此还需要对辅助生产费用进行分配。

第一节　辅助生产费用的归集

辅助生产费用的归集是通过按车间以及产品或劳务的种类设置的明细账进行的，账内按成本项目或费用项目设置专栏，进行明细核算。对于直接用于辅助生产产品及劳务并专设成本项目的费用，应记入“生产成本——辅助生产成本”科目的借方；对于未专设成本项目的各项间接费用，则应通过“制造费用——辅助生产车间”科目的借方进行汇总，然后再从“制造费用——辅助生产车间”科目的贷方直接转入或分配转入“生产成本——辅助生产成本”科目的借方，计入辅助生产的产品或劳务的成本。当然有的企业辅助生产车间规模较小，发生的制造费用较少。为了简化核算工作，辅助生产车间的制造费用可以不单独设置制造费用——辅助生产车间明细账进行汇总，而直接记入“生产成本——辅助生产成本”科目及其明细账的借方。这时，“生产成本——辅助生产成本”科目及其明细账的借方就是按成本项目与费用项目相结合设置的专栏，下面表 4-1 和表 4-2 是一个辅助生产车间的辅助生产成本和制造费用明细账。表 4-3 和表 4-4 则是根据上一章中各项要素费用分配表登记的辅助生产成本明细账。

表 4-1　辅助生产成本明细账

辅助车间：蒸汽　　　　20××年 4 月　　　　单位：元

摘要	原材料	动力	人工费	制造费用	合计	转出
材料费用分配表	3 500				3 500	
动力费用分配表		300			300	
职工薪酬分配表			2 800		2 800	
制造费用分配表				1 400	1 400	
辅助生产成本分配表						8 000
合计	3 500	3 00	2 800	1 400	8 000	8 000

表 4-2　制造费用明细账

辅助车间：蒸汽　　　　20××年 4 月　　　　单位：元

摘要	材料	动力	人工费	折旧费	办公费	其他	合计	转出
材料费用分配表	450						450	
动力费用分配表		50					50	
职工薪酬分配表			500				500	
折旧费用分配表				250			200	
办公费（付款凭证×号）					100		100	
其他（付款凭证×号）						50	50	
制造费用分配表								1 400
合计	450	50	500	250	100	50	1 400	400

根据表 4-2 编制会计分录如下，将蒸汽车间的制造费用转入辅助生产成本：

借：生产成本——辅助生产成本——蒸汽　　　　1 400

　　贷：制造费用——蒸汽　　　　1 400

表 4-3　辅助生产成本明细账

辅助车间：供电　　20××年 4 月　　单位：元

摘要	材料	燃料及动力	人工费	折旧费	其他	合计	转出
材料费用分配表	8 500					8 500	
燃料费用分配表		700				700	
职工薪酬分配表			(25 000＋10 250) 35 250			35 250	
动力费用分配表		700				700	
折旧费用分配表				2 750		2 750	
修理、办公等费用支出（付款凭证）					100	100	
辅助生产成本分配表							48 000
合计	8 500	1 400	35 250	2 750	100	48 000	48 000

表 4-4　辅助生产成本明细账

辅助车间：供水　　20××年 4 月　　单位：元

摘要	材料	动力	人工费	折旧费	其他	合计	转出
材料费用分配表	6 000					6 000	
燃料费用分配表		1 060				1 060	
职工薪酬分配表			(15 000＋6 150) 21 150			21 150	
动力费用分配表		640				640	
折旧费用分配表				3 050		3 050	
修理、办公等费用支出（付款凭证）					100	100	
辅助生产成本分配表							32 000
合计	6 000	1 700	21 150	3 050	100	32 000	32 000

第二节　辅助生产费用的分配

对于归集在“生产成本——辅助生产成本”总账及其明细账借方的辅助生产费用，由于辅助生产提供劳务或产品的种类不同，其费用结转、分配的程序也不一样。一般有以下两种处理方法：

第一，对于由生产工具、模具、修理用备件发生的辅助生产费用，在工具模具、修理用备件完工入库时，其成本也从有关的辅助生产成本账户的贷方转入"周转材料——低值易耗品"、"原材料"等账户的借方，其结转过程与基本生产车间完工产品成本的结转基本相同。以后领用时，根据用途，按存货发出的各种计价方法，计入有关成本、费用。此类辅助生产产品的成本计算方法与基本生产产品成本的计算相同，具体计算可采用品种法、分批法等，详见以后有关章节。

第二，对于由提供劳务作业，如水、电、汽、修理和运输等所发生的辅助生产费用，则要在各受益单位之间按照所耗数量或其他比例进行分配后，从"生产成本——辅助生产成本"科目的贷方转入"制造费用"、"管理费用"等科目的借方。本节主要介绍此种劳务费用的分配方法。

辅助生产车间提供的产品和劳务主要是为基本生产车间等服务的，但有些辅助生产车间也有相互提供产品和劳务的情况，如供电车间为供水车间提供电力，供水车间为供电车间提供水。因此，为正确对辅助生产费用进行分配，我们不仅要对辅助生产车间以外的各受益部门进行分配（对外分配），还要在各辅助生产车间之间进行费用的分配（交互分配）。辅助生产费用的常用分配方法有：直接分配法、顺序分配法、交互分配法、代数分配法和计划成本分配法。

（一）直接分配法

直接分配法是将辅助生产车间发生的费用直接在辅助生产车间以外的各受益部门进行分配，不考虑各辅助生产车间之间相互提供产品或劳务的情况。

【例 4-1】某企业设有供水、供电两个辅助生产车间，供水车间本月发生费用 32 000 元，供电车间本月发生费用 48 000 元。有关的受益单位和受益数量见表 4-5。

表 4-5　各受益单位和受益数量表

20××年 4 月

各受益单位	耗水（立方米）	耗电（度）
基本生产车间	50 000	12 400

续表

各受益单位	耗水（立方米）	耗电（度）
辅助生产车间——供电 ——供水	16 000	 8 000
行政管理部门	14 000	3 600
合计	80 000	24 000

辅助生产费用的分配是分车间进行的，并且通过编制辅助生产费用分配表来实现。该表不仅起到分配计算辅助生产费用的作用，而且是各受益部门耗用辅助生产费用据以入账的依据。

采用直接分配法的辅助生产费用分配表见表 4-6。

表 4-6　辅助生产费用分配表（直接分配法）

20××年 4 月　　单位：元

辅助生产车间	待分配费用	供应辅助生产以外单位的劳务数量	分配率	基本生产车间		行政管理部门		合计
				耗用量	分配金额	耗用量	分配金额	
供电	48 000	16 000(24 000－8 000)	3	12 400	37 200	3 600	10 800	48 000
供水	32 000	64 000(80 000－16 000)	0.5	50 000	25 000	14 000	7 000	32 000
合计	80 000	—	—	—	62 200	—	17 800	80 000

采用直接分配法进行分配时，应先计算分配率，但在计算分配率时，必须注意将内部辅助生产耗用量从总供应量中扣除，公式如下：

$$分配率=\frac{待分配辅助生产费用}{辅助生产劳务总量-内部辅助生产劳务耗用总量}$$

电的单位成本（分配率）＝48 000÷（24 000－8 000）＝3（元/度）

水的单位成本（分配率）＝32 000÷（80 000－16 000）＝0.5（元/立方米）

根据表 4-6 编制会计分录如下：

借：制造费用——基本生产车间　　62 200
　　管理费用　　17 800
　　贷：生产成本——辅助生产成本——供电　　48 000
　　　　　　　　　　　　　　　　——供水　　32 000

采用直接分配法，计算工作比较简便。但当辅助生产车间相互提供产品或劳务量数额较大时，分配结果不够准确。因此，这种方法只适用于辅助生产内部相互提供产品或劳务不多、不进行交互分配、对辅助生产成本和产品制造成本影响不大的情况。

（二）交互分配法

交互分配法是将辅助生产费用的分配分两次进行。第一次，根据交互分配前各辅助生产车间的费用和提供的劳务总量计算分配率，在辅助生产车间之间进行交互分配；第二次，根据各辅助生产车间交互分配后的实际费用（即交互分配前的费用加上交互分配转入的费用，减去交互分配转出的费用）和对外提供的劳务总量计算分配率，对外分配。

仍沿用前例，按交互分配法编制的辅助生产费用分配表见表 4-7。

表 4-7 辅助生产费用分配表（交互分配法）

20××年 4 月

单位：元

项目		待分配费用	供应劳务量	分配率	供电车间		供水车间		基本生产车间		行政管理部门		合计
					耗用量	分配金额	耗用量	分配金额	耗用量	分配金额	耗用量	分配金额	
交互分配	供电	48 000	24 000	2			8 000	16 000					16 000
	供水	32 000	80 000	0.4	16 000	6 400							6 400
	合计	80 000	—	—	—	6 400	—	16 000					22400
对外分配	供电	38 400	16 000	2.4					12 400	29 760	3 600	8 640	38 400
	供水	41 600	64 000	0.65					50 000	32 500	14 000	9 100	41 600
	合计	80 000	—	—					—	62 260	—	17 740	80 000

计算分配过程如下：

（1）交互分配前的单位成本：

供电：48 000÷24 000＝2（元/度）

供水：32 000÷80 000＝0.4（元/立方米）

（2）交互分配：

供电分配水费：16 000×0.4＝6 400（元）

供水分配电费：8 000×2＝16 000（元）

（3）交互分配后的实际费用：

供电：48 000＋6 400－16 000＝38 400（元）

供水：32 000＋16 000－6 400＝41 600（元）

（4）交互分配后的单位成本：

供电：38 400÷16 000=2.4（元/度）

供水：41 600÷64 000=0.65（元/立方米）

（5）对外分配：

基本生产车间(电费)　12 400×2.4=29 760（元）

(水费)　50 000×0.65=32 500（元）

行政管理部门(电费)　3 600×2.4=8 640（元）

(水费)　14 000×0.65=9 100（元）

根据辅助生产费用分配表编制会计分录如下：

（1）交互分配

借：生产成本——辅助生产成本——供电　6 400

——供水　16 000

贷：生产成本——辅助生产成本——供水　6 400

——供电　16 000

（2）对外分配

借：制造费用——基本生产车间　62 260

管理费用　17 740

贷：生产成本——辅助生产成本——供电　38 400

——供水　41 600

采用交互分配法，对辅助生产费用需要进行两次分配，计算两个分配率，因此核算工作量较大。这种方法由于对辅助生产车间之间相互提供劳务进行了交互分配，因此提高了分配结果的准确性。但交互分配时的分配率是根据原始的费用计算的，费用分配率不够完整，因此这种方法的分配结果也只具有相对的准确性。该种分配方法一般适用于各辅助生产车间之间相互提供劳务较多的企业。

（三）顺序分配法

顺序分配法，是指各辅助生产车间按受益多少的顺序依次排列，受益少的排列在前，先将费用分配出去；受益多的排列在后，后将费用分配出去；排列在前面的将费用分配给排列在后面的车间，排列在后面的不再将费用分配给排列在前面的车间。如前例，供电车间用水较少，排在前面；供水车间用电较多，排在后面。那么供电车间就可以将电费分配给供水车间，供水车间要承担电费；而供水车间不再把水费分配给供电车间，供电车间不承担水费。

仍沿用前例，按顺序分配法编制的辅助生产费用分配表见表 4-8。

表 4-8　辅助生产费用分配表（顺序分配法）

20××年 4 月　　　　单位：元

辅助生产车间		供电车间			供水车间			基本生产车间		行政管理部门		合计
		劳务数量	待分配费用	分配率	劳务数量	待分配费用	分配率	耗用量	分配金额	耗用量	分配金额	
供电	待分配数量及费用	24 000	48 000									
	分配费用	−24 000	−48 000	2	8 000	16 000		12 400	24 800	3 600	7 200	48 000
供水	原发生费用					32 000						
	待分配数量及费用				64 000	48 000						
	分配费用				−64 000	−48 000	0.75	50 000	37 500	14 000	10 500	48 000
分配金额合计									62 300		17 700	80 000

电费分配率＝48 000÷24 000＝2（元/度）

水费分配率＝（16 000＋32 000）÷（80 000－16 000）＝0.75（元/立方米）

根据辅助生产费用分配表编制会计分录如下：

（1）分配电费

借：生产成本——辅助生产成本——供水　　16 000

　　制造费用——基本生产车间　　24 800

　　管理费用　　7 200

　　贷：生产成本——辅助生产成本——供电　　48 000

（2）分配水费

借：制造费用——基本生产车间　　37 500

　　管理费用　　10 500

　　贷：生产成本——辅助生产成本——供水　　48 000

顺序分配法又被称为梯形分配法。这种方法不进行交互分配，分配方法简单。由于这种方法既分配给辅助生产车间以外的受益单位，又分配给排列在后面的其他辅助生产车间，所以分配结果的准确性较直接分配法有所提高。但由于排列在前面的辅助生产车间不负担排列在后面的辅助生产费用，其分配结果的正确性会受到排列顺序的影响。因此，这种方法只适用于各辅助生产车间之间相互收益具有明显差异的企业。

（四）代数分配法

代数分配法，利用了代数中解多元一次方程的原理。首先，根据各辅助生产车间相互提供产品和劳务的数量，求解联立方程式，计算出辅助生产产品或劳务的单位成本；然后，根据各受益单位（包括辅助生产内部和外部各部门）耗用产品或劳务的数量和单位成本，计算出应承担的辅助生产费用。

仍沿用前例，假设 x=每度电的成本，y=每立方米水的成本。

列方程组如下：

$$\begin{cases}48\,000+16\,000y=24\,000x \\ 32\,000+8\,000x=80\,000y\end{cases} \quad \text{解得}\begin{cases}x=2.428\,6\ (\text{保留四位小数}) \\ y=0.642\,9\end{cases}$$

根据上述计算结果编制的辅助生产费用分配表见表 4-9。

表 4-9　辅助生产费用分配表（代数分配法）

20××年 4 月　　　　单位：元

辅助生产车间		供电车间	供水车间	合计
待分配费用		48 000	32 000	80 000
供应劳务量		24 000	80 000	—
实际单位成本		2.428 6	0.642 9	—
供电车间	耗用数量		16 000	—
	分配金额		10 286.4	10 286.4
供水车间	耗用数量	8 000		—
	分配金额	19 428.8		19 428.8
基本生产车间	耗用数量	12 400	50 000	—
	分配金额	30 114.64	32 145	62 259.64
行政管理部门	耗用数量	3 600	14 000	—
	分配金额	8 742.96 *①	8 997.4 *②	17 740.36
合计		58 286.4	51 428.8	109 715.2

根据辅助生产费用分配表，编制会计分录如下：

（1）分配电费

借：生产成本——辅助生产成本——供水　　19 428.8

　　制造费用——基本生产车间　　30 114.64

　　管理费用　　8 742.96

　　贷：生产成本——辅助生产成本——供电　　58 286.4

（2）分配水费

借：生产成本——辅助生产成本——供电　　10 286.4

　　制造费用——基本生产车间　　32 145

　　管理费用　　8 997.4

　　贷：生成成本——辅助生产成本——供水　　51 428.8

表 4-9 中分配金额合计 109 715.2 元，与两个辅助生产车间待分配费用之和 80 000 元不相等，相差了 29 715.2 元。这是由供电车间与供水车间交互分配费用的内部转账引起的。如果将表 4-9 中两个辅助生产车间对外分配的金额加总可得到：

（30 114.64＋8 742.96）＋（32 145＋8 997.4）＝80 000 元，等于两个辅助生产车间待分配费用总额。需要注意的是因为 x、y 的计算是通过四舍五入求得的，所以表 4-9 中两个 * 要通过倒挤求得，计算如下：

* ①＝（48 000＋10 286.4）－（19 428.8＋30 114.64）＝8 742.96（元）

* ②＝（32 000＋19 428.8）－（10 286.4＋32 145）＝8 997.4（元）

代数分配法是最为准确的一种分配方法，但如果辅助生产车间多，未知数也多，方程组的求解工作就会变得十分复杂。因此，这种方法只适用于实现会计电算化的企业或辅助生产车间不多的企业。

（五）计划成本分配法

计划成本分配法，是指将辅助生产车间生产的产品或劳务，按照计划单位成本计算、分配辅助生产费用的方法。在这种方法下，按计划成本计算的分配额与实际费用（原待分配费用加上按计划成本分配转入的费用）之间的差额（即辅助生产成本差异）需进行调整分配。为简便核算，可以将差异全部调整计入管理费用。

仍沿用前例，假设水的计划单价为 0.6 元/立方米，电的计划单价为2.5 元/度，辅助生产费用分配表见表4-10。

表4-10　辅助生产费用分配表（计划成本分配法）

20××年4月　　单位：元

劳务耗用 \ 劳务供应		供电车间		供水车间		合计
		数量	金额	数量	金额	
待分配费用			48 000		32 000	80 000
供应劳务总量		24 000		80 000		—
计划单位成本			2.5		0.6	—
按计划成本分配	供电车间			16 000	9 600	9 600
	供水车间	8 000	20 000			20 000
	基本生产车间	12 400	31 000	50 000	30 000	61 000
	行政管理部门	3 600	9 000	14 000	8 400	17 400
	合计	24 000	60 000	80 000	48 000	108 000
辅助生产实际成本			57 600①		52 000②	109 600
辅助生产成本差异			−2 400		4 000	1 600

①供电车间实际成本＝48 000＋9 600＝57 600（元）

②供水车间实际成本＝32 000＋20 000＝52 000（元）

根据表4-10，编制会计分录如下：

（1）按计划成本分配

借：生产成本——辅助生产成本——供电　9 600
　　　　　　　　　　　　　　——供水　20 000
　　制造费用——基本生产车间　61 000
　　管理费用　17 400
　　贷：生产成本——辅助生产成本——供电　60 000
　　　　　　　　　　　　　　　　——供水　48 000

（2）调整辅助生产成本差异

借：管理费用　1 600
　　贷：生产成本——辅助生产成本——供电　[2 400]
　　　　　　　　　　　　　　　　——供水　4 000

采用计划成本分配法时，由于是按照事先确定的计划单位成本进行分配的，不必单独计算分配率，而且各辅助生产费用只分配一次，所以核算工作比较简便。采用这种方法，不仅能反映和考核辅助生产成本计划的执行情况，而且便于分析和考核各受益单位的成本，便于分清企业内部各单位的经济责任。使用此方法时，要注意制订计划成本与实际成本不能相差太大，否则会影响分配结果的准确性，所以这种方法一般适用于计划成本资料比较完备的企业。

【思考与练习】

一、判断题

1. 辅助生产费用的归集与分配是通过"辅助生产成本"科目来进行的。

2. 辅助生产的制造费用可以不通过"制造费用"科目核算，而直接计入"辅助生产成本"科目；也可以先通过"制造费用"科目归集，然后再转入"辅助生产成本"。

3. 采用直接分配法时，应同时考虑辅助生产车间相互耗用的产品或劳务。

4. 采用交互分配法分配辅助生产费用时，辅助生产车间以外受益部门分配的费用应等于辅助生产车间的直接费用与交互分配来的费用之和。

5. 采用计划成本法分配辅助生产费用时，计算出的辅助生产实际成本费用（即辅助生产车间的直接发生费用与第一步交互分配来的费用之和）是完全的实际费用。

二、单选题

1. 各辅助生产费用分配中，以（　　）最为准确。

A. 计划成本分配法　　B. 交互分配法

C. 代数分配法　　D. 直接分配法

2. 将辅助生产车间的各项费用直接分配给辅助生产车间以外各受益单位的分配方法是（　　）。

A. 计划成本分配法　　B. 直接分配法

C. 顺序分配法　　D. 代数分配法

3. 采用计划成本分配法进行辅助生产费用的分配时，辅助生产实际成本应根据辅助生产车间按计划成本分配前的费用（　　）计算。

A. 加上按计划成本分配转入的费用

B. 减去按计划成本分配转出的费用

C. 加上按计划成本分配转入的费用，减去按计划成本分配转出的费用

D. 直接

4. 辅助生产费用的顺序分配法的基本要求是（　　）。

A. 受益多的分配在前，受益少的分配在后

B. 费用多的分配在前，费用少的分配在后

C. 费用少的分配在前，费用多的分配在后

D. 受益少的分配在前，受益多的分配在后

5. 各辅助生产费用分配法中，既能简化计算工作，又能加快分配的速度，同时还能划清各车间部门的经济责任，便于成本分析考核的是（　　）。

A. 直接分配法　　B. 交互分配法

C. 计划成本分配法　　D. 顺序分配法

6. 对于辅助生产费用的交互分配法，其交互分配是在（　　）。

A. 辅助生产车间以外的受益单位之间

B. 各受益单位之间

C. 受益辅助生产车间之间

D. 辅助生产车间与基本生产车间之间

7. 辅助生产费用分配采用计划成本分配法结算出的辅助生产成本差异，为简化核算，一般可全部计入（　　）科目。

A. 辅助生产成本　　B. 制造费用

C. 基本生产成本　　D. 管理费用

三、多选题

1. 直接分配法适用于（　　）的情况。

A. 辅助生产车间相互提供劳务较少

B. 交互分配的辅助生产车间受益程度有明显顺序

C. 交互分配费用相差不大

D. 计划成本基础较好

2. 分配辅助生产费用的各种方法中，有交互分配性质的是（　　）。

A. 交互分配法　　B. 代数分配法

C. 计划成本分配法　　D. 直接分配法

3. 采用代数分配法分配辅助生产费用时，分配结转辅助生产费用的会计分录中对应的借方科目主要有（　　）。

A. 生产成本——辅助生产成本　　B. 生产成本——基本生产成本

C. 制造费用　　D. 管理费用

4. 辅助生产费用的分配方法有（　　）。

A. 直接分配法　　B. 交互分配法

C. 代数分配法　　D. 顺序分配法

5. 假设有供水、供电两个辅助生产车间，采用交互分配法分配辅助生产费用。交互分配结果是：供水车间用了 1 000 元的电费，供电车间用了 960 元的水费。则交互分配的会计分录为（　　）。

A. 借记辅助生产成本——供电　　960
　　　　　　　　　——供水　　1 000

B. 借记辅助生产成本——供电　　1 000
　　　　　　　　　——供水　　960

C. 贷记辅助生产成本——供电　　960
　　　　　　　　　——供水　　1 000

D. 贷记辅助生产成本——供电　　1 000
　　　　　　　　　——供水　　960

四、业务题

1. 资料：沙发厂设有供水和供电两个辅助生产车间，辅助生产车间的制造费用不通过“制造费用”科目核算。本月发生的辅助生产费用、提供劳务量及计划单位成本如下表所示（各受益部门的水电均为一般耗用）。

项目		供电车间	供水车间
待分配费用（元）		12 000	1 840
劳务供应量		50 000 度	8 000 立方米
计划单位成本（元）		0.3	0.5
耗用量	供电车间		2 000
	供水车间	10 000	
	基本生产车间	28 000	5 000
	管理部门	12 000	1 000

要求：采用直接分配法、顺序分配法、交互分配法、代数分配法和计划成本分配法分配辅助生产费用，并作出相关会计分录（分配率精确到小数点四位）。

2. 资料：某企业设有供水、供电两个辅助生产车间，供水车间发生费用3 200元，总供水量 80 000 立方米，其中为供电车间供水 16 000 立方米，为产品生产供水 50 000 立方米，为管理部门供水 4 000 立方米，为在建工程供水10 000立方米；供电车间发生费用 4 800 元，总供电量 24 000 度，其中为供水车间供电 8 000 度，为产品生产直接供电 12 000 度，为车间照明、取暖供电400 度，为管理部门供电 600 度，为在建工程供电 3 000 度。

要求：分别用直接分配法、顺序分配法、交互分配法和按计划成本分配法（计划单位费用设定：水费 0.06 元/立方米，电费 0.25 元/度）分配两车间的辅助生产费用。

第五章 CHAPTER 5

制造费用的归集与分配

第一节　制造费用的归集

制造费用是指企业生产车间（部门）为生产产品和提供劳务而发生的各项间接费用，是产品制造成本的重要组成部分。

一、制造费用的内容

制造费用的内容很多，按照用途的不同，可将其分为如下三种类型：

第一，直接用于产品生产，但管理上不要求或者核算中由于计算过于烦琐不便于单独核算，而没有专设成本项目的费用。如车间生产用机器设备的折旧费、生产用周转材料摊销费等。

第二，间接用于产品生产的费用。例如车间生产用房屋及建筑物的折旧费，车间生产用的照明费、取暖费、劳动保护费，以及季节性停工损失等。

第三，车间（部门）为组织管理生产而发生的费用。包括车间（部门）管理人员的人工费，车间（部门）管理用房屋、设备的折旧费，车间（部门）管理用的水电费、办公费、差旅费、取暖费等。

制造费用的具体内容多而复杂。实务中，为简化核算工作，一般将性质相同的费用进行归类合并，设立如下费用项目进行归集：

第一，人工费用。指生产车间除基本生产工人以外的其他所有人员的人工费用。如管理人员、质量检验人员、勤杂人员等人员的人工费用。

第二，办公费。指生产车间发生的各种办公费用。如文具费、通信费、会议费等。

第三，折旧费。包括车间生产、管理用所有固定资产的折旧费。

第四，水电费。指车间一般消耗水、电等的费用。

第五，机物料消耗。指车间为使机器设备保持正常运行而消耗的各种物料费用。

第六，劳动保护费。指车间为保护工人劳动安全而发生的应计入当月生产费用的不构成固定资产的安全装置、卫生设备、工作服、工作鞋帽等费用。

第七，停工损失。指因季节性原因停工和机器设备修理期间停工而发生的应由本期产品成本负担的各项费用。

第八，周转材料摊销。指车间生产、管理用周转材料的摊销费用。

第九，其他。指不能列入以上各费用项目的各种制造费用。

在实际工作中，企业可根据制造费用的实际发生情况和管理要求，对上述费用项目进行合并、增设，但一经确定，不应随意变动。

二、制造费用的归集

制造费用的归集是通过设置“制造费用”账户来进行的。该账户借方归集月份内发生的制造费用，在期末按照一定的标准进行分配时，从该科目的贷方转出。除季节性生产企业外，月末一般无余额。该账户一般按不同的车间部门设置明细账，账内按费用项目设置专栏。表 5-1 是以前例为资料，根据各种分配表及付款凭证登记的制造费用明细账。

表 5-1　制造费用明细账

车间：基本生产车间——××车间　　　20××年 4 月　　　单位：元

摘要	机物料消耗	外购动力	人工费	折旧费	办公费	周转材料	水电费	合计	转出
材料费用分配表	6 800							6 800	
周转材料摊销						596		596	
动力费用分配表		500						500	
工资及其他职工薪酬分配表			63 450					63 450	
折旧费用分配表				17 000				17 000	
辅助生产费用分配表							62 200	62 200	
付款凭证					612			612	

续表

摘要	机物料消耗	外购动力	人工费	折旧费	办公费	周转材料	水电费	合计	转出
制造费用分配表									151 158
合计	6 800	500	63 450	17 000	612	596	62 200	151 158	151 158

第二节　制造费用的分配

制造费用是产品成本的非常重要的组成部分，为了正确计算产品的生产成本，必须合理地分配制造费用。在只生产一种产品的基本生产车间，制造费用可以直接计入该种产品的成本；在生产多种产品的车间，制造费用应该根据合理的分配标准分配计入产品的生产成本。制造费用的分配方法很多，常用的方法有：生产工时（定额工时或实际工时）比例法、生产工人工资比例法、机器工时比例法、按年度计划分配率分配法。

一、采用前三种方法，“制造费用”账户月末无余额

有关计算公式如下：

$$制造费用分配率=\frac{制造费用总额}{各种产品生产工时（生产工人工资、机器工时）总数}$$

某种产品应负担的制造费用＝制造费用分配率×该种产品生产工时（生产工人工资、机器工时）数额

【例 5-1】某企业基本生产车间生产甲、乙两种产品，当月该车间制造费用总额为 151 158 元，已知甲产品的生产工时为 800 小时，乙产品的生产工时为 200 小时。按生产工时比例法编制的制造费用分配表见表 5-2。

表 5-2　制造费用分配表

基本生产车间——××车间　　20××年×月　　单位：元

应借账户	生产工时	分配金额（分配率：151.158）
生产成本——基本生产成本		
——甲产品	800	120 926.4
——乙产品	200	30 231.6
合计	1 000	151 158

制造费用分配率＝151 158÷（800＋200）＝151.158（元/小时）

甲产品制造费用＝800×151.158＝120 926.4（元）

乙产品制造费用＝600×151.158＝30 231.6（元）

根据表 5-2 编制会计分录如下：

借：生产成本——基本生产成本——甲产品　　　120 926.4

　　　　　　　　　　　　　　——乙产品　　　30 231.6

　贷：制造费用——基本生产车间　　　　　　　　　151 158

对于生产工时比例法和生产工人工资比例法，资料比较容易获得，核算比较简便。需要注意的是在采用这两种方法时，各种产品的机械化程度不能相差悬殊；否则，机械化程度低的产品的生产工时和生产工人工资必然都高，这样就使这些产品要承担大部分的制造费用，分配结果就显得不合理了。机器工时比例法比较适用于机械化、自动化程度较高的车间。因为在这种车间中，机器设备的折旧费、修理费等与机器运转的时间长短密切相关。

二、除了上面的这三种方法外，还有一种是按年度计划分配率分配法

这种方法是按照预先确定的全年度内适用的计划分配率分配制造费用，不管各月实际发生多少制造费用，各月各种产品成本中的制造费用均按年度计划分配率分配。年度内如果发现全年制造费用的实际数和产品的实际产量与计划数发生较大的差额，应及时调整计划分配率。公式如下：

$$年度计划分配率=\frac{年度制造费用计划总额}{年度各种产品计划产量的定额工时总额}$$

某月某产品制造费用＝该月该种产品实际产量的定额工时数×年度计划分配率

【例 5-2】某车间全年计划制造费用为 30 500 元，全年计划产量为：甲产品 1 500 件，乙产品 800 件。单件产品工时定额为：甲产品 3 小时，乙产品 2 小时。假设 1 月份甲产品产量 150 件，乙产品产量 80 件，该月实际发生制造费用 2 900 元。

制造费用年度计划分配率＝30 500÷（1 500×3＋800×2）＝5（元/小时）

1 月份甲产品分配的制造费用＝150×3×5＝2 250（元）

1 月份乙产品分配的制造费用＝80×2×5＝800（元）

根据上述分配结果，编制会计分录如下：

借：生产成本——基本生产成本——甲产品　　2 250
　　　　　　　　　　　　　——乙产品　　800
　　贷：制造费用　　　　　　　　　　　　　3 050

由于该月实际发生制造费用 2 900 元，而分配了 3 050 元，所以该月末“制造费用”账户有贷方余额 150 元。

采用计划分配率分配制造费用时，“制造费用”账户月末可能有借方余额，也可能有贷方余额。全年制造费用的实际发生额与计划分配额的差额，通常应在年末调整。其实际发生额大于分配金额的差额时，借记“生产成本——基本生产成本”科目，贷记“制造费用”；实际发生额小于分配金额的差额时，做相反会计分录。

年末余额的分配一般有两种方法：

第一，以本年实际产量为基数，在各有关产品之间按一定标准进行分配；

第二，以 12 月份实际产量为基数，在各有关产品之间按一定标准进行分配。

【例 5-3】假设上述车间年末“制造费用”账户出现贷方余额 640 元。按第一种方法，假设本年度甲、乙产品的实际产量分别为 1 600 件、800 件。计算如下：

甲产品实际产量定额工时＝1 600×3＝4 800（小时）

乙产品实际产量定额工时＝800×2＝1 600（小时）

制造费用差异分配率＝640÷（4 800＋1 600）＝0.1（元/小时）

甲产品分配的差异额＝4 800×0.1＝480（元）

乙产品分配的差异额＝1 600×0.1＝160（元）

根据计算结果，编制调整分录如下：

借：制造费用　　　　　　640
　　贷：生产成本——基本生产成本——甲产品　　480
　　　　　　　　　　　　　　　——乙产品　　160

按第二种方法，假设 12 月份甲、乙产品的实际产量为 120 件、70 件。则计算如下：

甲产品实际产量定额工时＝120×3＝360（小时）

乙产品实际产量定额工时＝70×2＝140（小时）

制造费用差异分配率＝640÷（360＋140）＝1.28（元/小时）

甲产品分配的差异额＝360×1.28＝460.8（元）

乙产品分配的差异额＝140×1.28＝179.2（元）

根据计算结果，编制调整分录如下：

借：制造费用　　　　　　　　　　　　　　640

　　贷：生产成本——基本生产成本——甲产品　460.8

　　　　　　　　　　　　　　　　——乙产品　179.2

年度计划分配率分配制造费用的方法，特别适用于季节性生产的企业。因为在这种企业中，每月发生的制造费用相差不多，但生产的淡季和旺季产量却相差悬殊。如果按实际费用进行分配，各月单位成本中的制造费用就会忽高忽低，不利于成本分析与考核。采用年度计划分配率分配制造费用，有利于均衡各月产品成本水平。采用这种方法时，必须保证计划数比较准确，否则会影响企业成本计算的准确性。

【思考与练习】

一、判断题

1. 基本生产车间为了控制制造费用发生，不管是生产多种产品还是生产一种产品，都应对制造费用单独核算。

2. 制造费用的各种分配方法都使“制造费用”科目期末无余额。

3. 制造费用科目若有余额，只能在借方。

4. 基本生产车间固定资产折旧费应直接计入产品生产成本。

5. 制造费用明细账按成本项目设专栏。

二、单选题

1. 下列哪些方法适用于季节性生产车间部门制造费用的分配？（　　）。

A. 年度计划分配率分配法　　B. 生产工时比例法

C. 生产工人工资比例法　　D. 机器工时比例法

2. 基本生产车间的一般性消耗材料，应计入（　　）账户。

A. 基本生产成本　　B. 管理费用

C. 制造费用　　D. 销售费用

3. 制造费用常用的分配方法有（　　）。

A. 材料定额耗用量比例法　　B. 计划分配率分配法
C. 直接分配法　　D. 定额比例法

4. 下列费用中属于制造费用的有（　　）。

A. 基本生产车间办公费　　B. 生产领用材料费用
C. 厂部管理人员工资费用　　D. 销售部门固定资产折旧费

5. 制造费用明细账应当按照（　　）设置。

A. 生产单位　　B. 费用项目　　C. 产品品种　　D. 费用期间

三、业务题

1. 资料：某企业基本生产车间 20××年 8 月份发生制造费用 98 000 元。该车间生产甲、乙、丙三种产品，当月甲产品的生产工时为 8 000 小时，乙产品的生产工时为 6 000 小时，丙产品的生产工时为 5 600 小时。

要求：按生产工时比例法分配制造费用，编写有关会计分录。

2. 资料：某企业基本生产车间全年制造费用计划为 234 000 元。全年各种产品的计划产量为：甲产品 19 000 件，乙产品 6 000 件，丙产品 8 000 件。单件产品工时定额为：甲产品 5 小时，乙产品 7 小时，丙产品 7.25 小时。本月份实际产量为：甲产品 1 800 件，乙产品 700 件，丙产品 500 件。本月实际发生的制造费用为 20 600 元。

要求：(1) 按年度计划分配率分配制造费用。(2) 根据计算结果编制会计分录。

3. 资料：某工厂季节性生产车间全年制造费用计划为 82 400 元。全年各种产品的计划产量为：A 产品 2 000 件，B 产品 1 060 件。单件产品的工时定额为：A 产品 4 小时，B 产品 8 小时。10 月份该车间的实际产量为：A 产品 120 件，B 产品 90 件。实际发生的制造费用为 8 000 元。

要求：(1) 计算制造费用年度计划分配率。(2) 计算 10 月份应分配转出的制造费用，并编制会计分录。(分配率保留 2 位小数)

CHAPTER 6 第六章

废品损失和停工损失的核算

第一节　废品损失的核算

一、废品损失的概念和分类

废品指的是不符合规定的技术标准，不能按原定用途使用，或者需要加工修理后才能使用的在产品、半成品和产成品。废品按其可否修复，分为可修复废品和不可修复废品两种。区分时主要考虑技术上、经济上两个方面的因素。可修复废品是指技术上、工艺上可以修复，而且所支付的修复费用在经济上合算的废品。不可修复废品指技术上、艺上不可修复，或者虽可修复，但所支付的修复费用在经济上不合算的废品。

由于生产原因而造成的废品所形成的损失称为废品损失，包括在生产过程中发现的和入库后发现的各种废品的报废损失和修复费用。废品的报废损失指不可修复废品的生产成本扣除回收的材料和废料价值后的净损失。废品的修复费用指可修复废品在返修过程中所发生的修复费用。对于应由造成废品（不论是可修复废品，还是不可修复废品）的过失单位或个人负担的赔款，应抵减废品损失。核算中应注意下列内容不列入废品损失核算范围：（1）对于可以降价出售的不合格品，其降价损失应列入销售损失处理，不应作为废品损失处理。（2）产成品入库后，由于保管不善而损坏变质的损失，属于管理上的问题，应作为管理费用处理，也不作为废品损失处理。（3）在实行包退、包修、包换“三包”的企业，产品出售以后发现的废品所发生的一切损失，也不作为废品损失处理。

二、废品损失核算的账户设置

单独核算废品损失的企业，应设置“废品损失”总账及所属明细账，同时在产品成本明细账中增设“废品损失”成本项目。“废品损失”账户是为了归集和分配废品损失而设立的。该账户借方登记可修复废品的修复费用和不可修复废品的生产成本，贷方登记废品残料的回收价值和应收的赔款以及分配结转废品净损失。废品净损失应分配转由本月生产的同种或同类产品成本负担。通常情况下，期末在产品不负担废品损失，废品损失全部由本期完工产品负担。“废品损失”账户月末没有余额。

废品损失明细分类账户应分别按不同的基本生产车间设置，账内按不同的成本项目或计算对象开设专栏。其格式见表 6-1。

表 6-1 废品损失明细账

20××年		摘　要	产品名称及废品金额			
月	日		甲产品	乙产品	丙产品	……
		可修复废品的修复费用：				
		直接材料				
		直接人工				
		制造费用				
		小　计				
		不可修复废品的成本：				
		直接材料				
		直接人工				
		制造费用				
		小　计				
		减：废品残值				
		责任人赔偿款				
		废品净损失				

三、不可修复废品损失的归集与分配

为了归集和分配不可修复的废品损失，必须首先计算废品的成本。废品成本指生产过程中截至报废时所耗费的一切费用扣除废品的残值和应收赔款，算出废品净损失。由于不可修复废品的生产成本是同合格品成本混在一起发生的，所以必须采取一定的方法加以划分确定。一般有两种方法：一是按废品所耗实际费用计算；二是按废品所耗定额费用计算。计算过程通常是通过编制废品损失计算表来进行的。

（一）按废品所耗实际费用的计算方法

这一方法就是将废品和合格品发生的全部实际费用，通过采用一定的分配方法，在合格品与废品之间进行分配，计算出废品的实际成本。计算公式如下：

$$废品负担的直接材料=\frac{某产品直接材料总额}{合格品数量+废品数量}\times 废品数量$$（系生产开始时一次投料）

$$废品负担的直接人工=\frac{某产品直接人工总额}{合格品工时+废品工时}\times 废品工时$$

$$废品负担的制造费用=\frac{某产品制造费用总额}{合格品工时+废品工时}\times 废品工时$$

【例 6-1】假设某工厂 20××年 6 月份投产甲产品 3 050 件，验收入库时发现不可修复废品 50 件。全部产品的生产工时为 10 500 小时，其中合格品生产工时为 10 300 小时，废品工时为 200 小时。按所耗实际费用计算废品的生产成本。甲产品成本明细账所列本月全部生产费用为：直接材料费用 61 000 元，直接人工费用 57 750 元，制造费用 42 000 元，共计 160 750 元。废品残料回收入库价值 250 元。原材料在生产开工时一次投入。原材料费用按合格品数量和废品数量的比例分配，其他费用按生产工时比例分配。根据上述资料，编制废品损失计算表并编制会计分录，登记有关总账和明细账，见表 6-2。

表 6-2　不可修复废品损失计算表（按实际成本计算）

产品名称：甲产品　废品数量：50 件　　20××年 6 月　　单位：元

项目	数量（件）	直接材料	生产工时	直接人工	制造费用	合计
费用总额	3 050	61 000	10 500	57 750	42 000	160 750
分配率		20		5.5	4	
废品成本	50	1 000	200	1 100	800	2 900
减：废品残料		250				
废品损失		750	200	1 100	800	2 650

借：废品损失——甲产品　　　　　　　　2 900

　　贷：生产成本——基本生产成本——甲产品　　　　2 900

借：原材料　　　　　　　　250

　　贷：废品损失——甲产品　　　　250

借：生产成本——基本生产成本——甲产品——废品损失　2 650

　　贷：废品损失——甲产品　　　　　　　　　　　　2 650

另外，对于在完工以后发现的废品，其成本与单位合格品完全相同，可按合格品数量和废品数量比例分配各项生产费用，计算废品的实际成本。按废品的实际成本计算和分配废品损失，符合实际，但核算工作量较大。

（二）按废品所耗定额费用计算的方法

这种方法是按不可修复废品的数量和各项费用定额计算废品的定额成本，再将废品的定额成本扣除废品残料回收价值，算出废品净损失。

【例 6-2】某车间生产乙产品，验收入库时发现 10 件不可修复废品，按所耗定额费用计算废品的生产成本。原材料费用定额为 340 元，定额工时为 150 小时，每小时费用定额为：人工费用 3.5 元，制造费用 2.5 元。回收残料价值 200 元。编制不可修复废品损失计算表，并根据废品损失计算表编制会计分录，见表 6-3。

表 6-3　不可修复废品损失计算表（按定额成本计算）

产品名称：乙产品　废品数量：10 件　　　20××年×月　　　　　　单位：元

项目	直接材料	定额工时	直接人工	制造费用	合计
费用定额	340		3.5	2.5	
废品定额成本	3 400	1 50	525	375	4 300
减：回收残料价值	200				
废品损失	3 200		525	375	4 100

借：废品损失——乙产品　　　　　　4 300

　　贷：生产成本——基本生产成本——乙产品　　　4 300

借：原材料　　　　　　　　　　200

　　贷：废品损失——乙产品　200

借：生产成本——基本生产成本——乙产品——废品损失　4 100

　　贷：废品损失——乙产品　　4 100

四、可修复废品损失的归集和分配

可修复废品返修以前发生的生产费用不是废品损失，由于可修复废品修复后仍可作为合格品入库销售，因而不必计算原来的成本，只需计算其修复费用。修复费用可根据各种费用分配表或直接根据有关原始凭证及记录计算确定。如果出现应由过失单位或个人赔偿部分修复费用的，则将应收赔款抵减废品损失。

【例 6-3】假定某工厂 5 月份在生产甲产品过程中发现可修复废品 1 件，当即进行修复。其耗用直接材料 400 元，直接人工 80 元，制造费用 100 元。另外应向过失人索赔 200 元。有关账务处理如下：

可修复废品发生的修复费用：

借：废品损失——甲产品　　580
　　贷：原材料　　400
　　　　应付职工薪酬　　80
　　　　制造费用　　100

应收赔款：

借：其他应收款　　200
　　贷：废品损失——甲产品　　200

结转废品净损失：

借：生产成本——基本生产成本——甲产品——废品损失　　380
　　贷：废品损失——甲产品　　380

不单独核算废品损失的企业，不设“废品损失”会计科目和“废品损失”成本项目，只需对应收赔款及不可修复废品的回收残料进行处理，会计分录如下：

借：原材料
　　其他应收款
　　贷：生产成本——基本生产成本

对于可修复废品的修复费用，可直接根据有关原始凭证进行账务处理，其会计分录如下：

借：生产成本——基本生产成本

　　贷：原材料

　　　　应付职工薪酬

　　　　制造费用

第二节　停工损失的核算

一、停工损失及其内容

停工损失是指生产车间或车间内某个班组在停工期内发生的人工费、制造费用等。由过失单位或保险公司负担的赔款应冲减停工损失。

企业停工的原因很多。停工时间有长有短，短则几分钟，长则超过一个月。范围也有大有小，从某台设备、某个车间到全厂。为了简化核算，对于全车间或班组停工不满一个工作日的，一般不计算停工损失。具体计算停工损失的范围和时间起点，可由企业或主管部门确定。只有超过界定的时间、范围的停工才计算停工损失。

二、停工损失核算的账户设置及账务处理

当发生停工时，由车间填制停工单，并在考勤记录中登记。在停工单中，应详细列明停工的范围、起止时间、原因、过失单位等内容。停工单经会计部门审核后，作为停工损失核算的原始凭证。

第一，单独核算停工损失的企业，可以增设"停工损失"账户，在产品生产成本明细账中增设"停工损失"成本项目。

"停工损失"账户是为了归集和分配停工损失而设立的。该账户借方归集本月发生的停工损失，贷方分配结转停工损失，月末一般无余额。该账户应按车间分别设置明细账，账内按成本项目分设专栏或专行进行明细分类核算。

停工损失由于产生的原因不同，其分配结转的方法也不同：停工损失中应向过失单位或保险公司索赔的款项应转入其他应收款；由自然灾害等引起的非正常停工损失应计入营业外支出；其他停工损失，如季节性和固定资产修理期间的停工损失，应计入产品成本，即转入"生产成本——基本生产成本"账

户，由该车间生产的产品负担。

其有关的账务处理如下：

(1) 发生停工损失时，作会计分录如下：

借：停工损失

　　贷：应付职工薪酬

　　　　制造费用等

(2) 对于应向过失单位或保险公司索赔的款项，作会计分录如下：

借：其他应收款

　　贷：停工损失

(3) 对于自然灾害等引起的非正常停工损失，作会计分录如下：

借：营业外支出

　　贷：停工损失

(4) 对于季节性、机器设备修理期间的停工损失，作会计分录如下：

借：生产成本——基本生产成本

　　贷：停工损失

第二，不单独核算停工损失的企业，不设置“停工损失”账户及成本项目。在停工损失发生较少的企业，为简化核算工作，也可以不单独核算停工损失。停工期间发生的属于停工损失的各种费用，直接记入“制造费用”、“营业外支出”等账户。

【思考与练习】

一、判断题

1. 不可修复废品的净损失与可修复废品的修复费用应转入“基本生产成本”科目。

2. 废品损失既可作为一个会计科目，也可作为一个成本项目。

3. 不可修复废品是指技术上不能修复的废品。

4. “三包”损失属于废品损失。

5. 只有在生产过程中发现废品，其废品损失才能计入产品成本。

二、单选题

1. 不可修复废品的成本，应借记“废品损失”，贷记（　　）账户。

A. 产成品　　B. 生产成本　　C. 制造费用　　D. 原材料

2. 可修复废品在返修过程中所发生的修理用材料、职工薪酬和应负担的制造费用等扣除过失人赔偿后的净支出属于（　　）。

A. 修复费用　　B. 报废损失　　C. 废品　　D. 停工损失

3. 不可修复废品的生产成本可以按实际费用计算，也可以按（　　）计算。

A. 消耗定额　　B. 定额费用　　C. 定额消耗　　D. 费用定额

4. 计算可修复废品的废品损失时，不需要考虑（　　）。

A. 可修复废品的生产成本　　B. 回收废料价值

C. 可修复废品的修理费用　　D. 过失人赔偿款

5. 季节性生产停工损失，一般应计入（　　）。

A. 管理费用　　B. 制造费用

C. 营业外支出　　D. 产品生产成本

三、业务题

资料：某产品检验过程中发现废品 30 件，其中 20 件可修复废品，10 件不可修复废品。可修复废品在修复过程中领用消耗材料 200 元，发生工资 50 元；不可修复废品按定额费用转出成本，同时回收残料 50 元入库。根据罚款单应向过失人索赔 100 元，费用定额见下表。

废品损失计算　　单位：元

车间	产品名称		废品数量：10 件		
摘要	原材料	定额工时	工资	费用	成本合计
费用定额	40		1.1	4.1	
废品定额成本		150			
减：回收残料	50				50
废品损失					

要求：归集废品损失，编写相关会计分录。

CHAPTER 7 第七章

生产费用在完工产品与在产品之间的分配

第一节 在产品数量的核算

一、在产品的含义

在产品是指没有完成全部生产过程、不能作为商品销售的产品。在产品有广义和狭义之分。广义的在产品是就整个企业而言的，包括正在车间加工中的在产品、需要继续加工的半成品、等待验收入库的产品、正在返修和等待返修的废品等。对外销售的自制半成品属于商品产品，不可修复废品也不属于在产品。狭义的在产品只是就某一车间或某一生产步骤来说的，只包括本车间或本生产步骤正在加工中的那部分在产品，完工的半成品不包括在内。

二、在产品数量的核算

在产品数量的核算，主要包括在产品收发存的日常核算和在产品清查的核算。

（一）在产品收发存的日常核算

在产品数量的核算，应同时具备账面核算资料和实际盘点资料。做好在产品收发结存的日常核算工作和在产品的清查工作，既可以从账面上随时掌握在产品的动态，又可以查清在产品的实际结存数量。一般情况下，应该根据在产品实际盘存数量计算在产品成本。但由于在产品品种多、数量大，每月都要组织实地盘点确有困难，也可以根据在产品业务核算资料的期末结存量来计算在产品成本。车间在产品收发存的日常核算，通常是通过“在产品收发存账”（即在产品台账）进行的。该账户分别车间并按照产品品种和在产品的名称（零部件名称）设置，提供车间各种在产品收发存动态的业务核算资料。根据领料凭证、在产品内部转移凭证、产品检验凭证和产品交库凭证，及时登记在产品收发存账，最后由车间核算人员审核汇总。

在产品收发存台账详见表 7-1。

表 7-1　在产品台账

车间名称：第一车间　在产品名称：甲　　20××年 4 月　　单位：件

日期	摘要	收入		转出			结存	
		凭证号	数量	凭证号	合格品	废品	合格品	废品
1	期初结存						1 000	
8	入库		2 000				3 000	
10	领用				1 000		2 000	
21	入库		1 500				3 500	
31	期末结存						3 500	

（二）在产品清查的核算

对在产品应该定期或不定期地进行清查，实现账实相符，保证在产品的安全完整。清查结束后，根据实际盘点数和账面资料编制在产品盘存表，列明在产品的账面数、实有数、盘盈或盘亏数，以及盈亏的原因和处理意见等；对于报废和毁损的在产品还要登记残值。成本核算人员应对在产品盘存表进行认真审核，并报有关部门审批；同时对在产品盘盈、盘亏进行账务处理。

在产品发生盘盈时，按计划成本或定额成本计入“生产成本——基本生产成本”账户的借方、“待处理财产损溢”账户的贷方；按照规定核销时，则计入“待处理财产损溢”账户的借方、“制造费用”账户的贷方，冲减制造费用。

在产品发生盘亏和毁损时，计入“待处理财产损溢”账户的借方、“基本生产成本”账户的贷方，冲减在产品的账面价值。毁损在产品的残值，计入“原材料”、“银行存款”等账户的借方，“待处理财产损溢”账户的贷方，冲减其损失。按规定核销时，应根据不同情况分别将损失从“待处理财产损溢”账户的贷方转入有关账户的借方；其中准予计入产品成本的损失，转入“制造费用”账户的借方。由于自然灾害造成的非常损失并收到保险公司的保险赔款的部分，计入“银行存款”账户或“其他应收款”账户的借方。其余损失计入“营业外支出”账户的借方。应由过失单位或过失人员赔偿的，计入“其他应收款”账户的借方，要求赔偿。为了正确归集和分配制造费用，在产品盘盈、盘亏的账务处理应该在制造费用结账之前进行。

【例 7-1】某工业企业基本生产车间在产品清查结果如下：甲产品的在产品盘盈 5 件，单位定额成本 400 元；乙产品的在产品盘亏 15 件，单位定额成本 100 元，其中应由过失人赔款 200 元；丙产品的在产品毁损 200 件，单位定额成本 100 元，其中自然灾害损失 5 000 元，残料入库价值 1 000 元，其余损失计入产品成本。以上事项均已批准转账。

1. 在产品盘盈的核算

（1）盘盈时：

借：生产成本——基本生产成本——甲产品　　2 000

　　贷：待处理财产损溢——待处理流动资产损溢　　2 000

（2）批准后：

借：待处理财产损溢——待处理流动资产损溢　　2 000

　　贷：制造费用　　2 000

2. 在产品盘亏的核算

（1）盘亏时：

借：待处理财产损溢——待处理流动资产损溢　　1 500

　　贷：生产成本——基本生产成本——乙产品　　1 500

（2）批准后：

借：其他应收款　　200

　　制造费用　　1 300

　　贷：待处理财产损溢——待处理流动资产损溢　　1 500

3. 在产品毁损的核算

（1）毁损转账：

借：待处理财产损溢——待处理流动资产损溢　　20 000

贷：生产成本——基本生产成本——丙产品　　20 000

（2）残料入库：

借：原材料　　1 000

贷：待处理财产损溢——待处理流动资产损溢　　1 000

（3）批准后转账：

借：营业外支出　　5 000

制造费用　　14 000

贷：待处理财产损溢——待处理流动资产损溢　　19 000

第二节　生产费用在完工产品和在产品之间分配的方法

企业在生产过程中发生的生产费用，经过在各种产品之间进行归集与分配之后，应计入本月各种产品成本的费用，都已计入了"生产成本——基本生产成本"账户及所属明细账中。期末，如果产品全部完工，没有期末在产品，则"生产成本——基本生产成本"账户归集出的费用就是完工产品成本；如果产品全部未完工，期末全是在产品，则"生产成本——基本生产成本"账户归集出的费用全部都是在产品成本。以上是两种特殊情况。在大多数情况下，企业月末既有完工产品又有在产品，那么本月归集的生产费用加上月初在产品的成本就要在完工产品和在产品之间进行分配。

月初在产品成本、本月生产费用、本月完工产品成本和月末在产品成本四者之间的关系，可用下面的公式表示：

月初在产品成本＋本月生产费用＝本月完工产品成本＋月末在产品成本

等式前两项是已知数，后两项是未知数。前两项费用之和，在完工产品与月末在产品之间采用一定的分配方法进行分配。完工产品和月末在产品分配费用的方法一般有两类：一类是先确定月末在产品成本，然后再计算完工产品成本；另一类是将月初在产品成本加上本月生产费用，采用一定的标准进行分配，同时计算出完工产品成本和月末在产品成本。无论采用哪一类分配方法，都必须正确组织在产品的数量核算，取得在产品收、发和结存的数量资料。这是正确计算完工产品成本所必需的。

完工产品和月末在产品之间的费用分配，是成本计算工作中一个重要而复杂的问题。在产品品种结构复杂、零部件种类和加工工序较多的情况下更是如此。企业应该根据在产品数量的多少、各月在产品数量变化的大小、各项费用比重的大小，以及定额管理基础的好坏等具体条件，选择既合理又简便的分配方法。下面介绍几种常用的分配方法。

一、不计算在产品成本法

如果各月月末在产品数量很少，是否计算在产品成本对完工产品成本的影响很小，并且管理上不要求计算在产品成本，则为了简化核算工作，可以不计算在产品成本。即某种产品本月归集的全部生产费用都由完工产品成本来负担。

二、按年初数固定计算在产品成本法

这种方法适用于在产品数量较小，或者在产品数量虽大，但各月之间在产品数量变动不大，同时月初、月末在产品成本的差额不大，是否计算在产品成本的差额对完工产品成本的影响也不大的情况，为了简化核算工作，同时又能反映在产品占用的资金，则各月在产品成本可以按年初数固定计算。例如，对于炼铁厂、化工厂或其他有固定容器装置的在产品，由于数量都较稳定，可以采用这种方法。采用该种方法时，某种产品本月发生的生产费用就是本月完工产品的成本。年终时，应根据实际盘点的在产品数量，重新调整计算确定在产品成本，以免在产品成本与实际出入过大，影响成本计算的正确性。

【例 7-2】某企业甲产品月末在产品数量各月之间变化不大，采用按年初数固定计算在产品成本法。20××年年初在产品 10 件，成本为：直接材料费用 500 元，直接人工费用 300 元，制造费用 100 元。11 月份发生直接材料费用 9 000元，直接人工费用 4 000 元，制造费用 1 500 元。11 月份完工产品 150 件，在产品 10 件。12 月份发生直接材料费用 10 000 元，直接人工费用 6 000 元，制造费用 3 000 元。12 月份完工产品 191 件，在产品 9 件。

本例中，在产品成本按年初数固定计算，因而 11 月末在产品成本应为：直接材料费用 500 元，直接人工费用 300 元，制造费用 100 元。11 月份完工产品成本和在产品成本计算如下：

月末在产品成本＝500＋300＋100＝900（元）

完工产品成本＝（9 000＋4 000＋1 500＋900）－900＝14 500（元）

12 月末，应根据实际盘点的在产品数量重新计算确定在产品的成本。12 月份完工产品成本和在产品成本计算如下（假定在产品视同为完工产品分配费用）：

直接材料分配率＝（500＋10 000）÷（191＋9）＝52.5（元/件）

完工产品直接材料费用＝191×52.5＝10 027.5（元）

在产品直接材料费用＝9×52.5＝472.5（元）

直接人工分配率＝（300＋6 000）÷（191＋9）＝31.5（元/件）

完工产品直接人工费用＝191×31.5＝6 016.5（元）

在产品直接人工费用＝9×31.5＝283.5（元）

制造费用分配率＝（100＋3 000）÷（191＋9）＝15.5（元/件）

完工产品制造费用＝191×15.5＝2 960.5（元）

在产品制造费用＝9×15.5＝139.5（元）

这样在下一年度中，期末在产品成本就按照以上计算出的成本来确定。

三、在产品按所耗原材料费用计价法

这种方法适用于各月月末在产品数量较大，各月末在产品数量变化也较大，同时原材料费用在成本中所占比重较大的产品。例如，对于造纸、酿酒等行业的产品，原材料费用占产品成本比重一般比较大。采用这种方法时，月末在产品只计算耗用的原材料费用，人工费用、制造费用等加工费全部由完工产品来承担。

【例 17-3】某企业生产甲产品。该产品原材料费用在产品成本中所占比重较大，在产品只计算原材料费用，产品的加工费用全部计入完工产品成本。甲产品月初在产品原材料费用（即月初在产品成本）为 15 000 元。本月发生原材料费用 35 000 元，人工费等加工费用共计 6 400 元。完工产品 600 件，月末在产品 400 件。该种产品的原材料费用在生产开始时一次投入，原材料费用按完工产品和在产品的数量比例分配。分配计算如下：

原材料费用分配率＝（15 000＋35 000）÷（600＋400）＝50（元/件）

完工产品原材料费用＝600×50＝30 000（元）

月末在产品原材料费用（月末在产品成本）＝400×50＝20 000（元）

完工产品成本＝30 000＋6 400＝36 400（元）

四、在产品按完工产品成本计算法

这种方法是将在产品视同完工产品分配费用。这种分配方法适用于月末在产品已经接近完工，或者产品已经加工完毕，但尚未验收或包装入库的产品。为了简化核算工作，将月末在产品视同完工产品分配费用。

【例 7-4】某产品月初在产品费用和本月发生费用合计数为：原材料费用 36 000元，人工费用 12 000 元，制造费用 16 000 元。完工产品 900 件，月末在产品 100 件。该产品已接近完工，月末在产品成本按完工产品成本计算。其计算分配结果如下：

原材料分配率＝36 000÷（900＋100）＝36（元/件）

完工产品材料费用＝900×36＝32 400（元）

月末在产品材料费用＝100×36＝3 600（元）

人工费用分配率＝12 000÷（900＋100）＝12（元/件）

完工产品人工费用＝900×12＝10 800（元）

月末在产品人工费用＝100×12＝1 200（元）

制造费用分配率＝16 000÷（900＋100）＝16（元/件）

完工产品制造费用＝900×16＝14 400（元）

月末在产品制造费用＝100×16＝1 600（元）

五、约当产量比例法

生产费用在完工产品和在产品之间进行分配比较困难，主要是因为完工产品和在产品的成本不一样，不能直接按它们的数量进行分配。约当产量就是根据期末在产品的投料程度和加工程度（统称为完工程度），将在产品的数量折合为相当于完工产品的数量，从而可以按照完工产品产量与在产品约当产量的比例分配计算完工产品成本和月末在产品成本。这种分配费用的方法称为约当产量比例法。这种方法适用于月末在产品数量较大、各月末在产品数量变化也较大、产品成本中原材料费用和人工费用等加工费用比重相差不多的产品。

在分配原材料费用时，在产品约当产量应当按照投料程度计算。其计算公式如下：

在产品约当产量＝在产品数量×投料程度

在分配加工费时，在产品的约当产量应按加工程度计算。其计算公式如下：

在产品约当产量＝在产品数量×加工程度

$$某项费用分配率=\frac{该项费用总额}{完工产品数量+在产品的约当产量}$$

完工产品应负担的该项费用＝完工产品数量×费用分配率

在产品应负担的该项费用＝在产品约当产量×费用分配率

或　　　　　　　　　　　＝费用总额－完工产品费用

（一）投料程度的确定及约当产量的计算

产品的投料程度是指在产品已投材料占完工产品应投材料的百分比。分配材料费用应根据原材料投料程度确定。在生产过程中，材料投料方式一般有三种，即在生产开工时一次投入，在每道工序开始时一次投入和随生产过程陆续投入。

第一，如果原材料在生产开始时一次投入，则单位在产品的原材料费用和单位完工产品一样，在产品的投料程度可以视为100％。在计算原材料费用分配率时，期末在产品的约当产量就是它的实际数量。原材料费用只需按完工产品和在产品的实际数量进行分配即可。

第二，如果原材料在每道工序开始时一次投入，则在产品的投料程度按该工序在产品的累计原材料费用（或消耗量）定额，除以完工产品原材料费用（或消耗量）定额计算确定。其计算公式为：

$$某道工序在产品投料程度=\frac{\begin{matrix}前道工序累计原材料\\费用（或消耗量）定额\end{matrix}+\begin{matrix}本道工序原材料\\费用（或消耗量）定额\end{matrix}}{完工产品原材料费用（或消耗量）定额}\times100\%$$

【例7-5】某产品经过两道工序加工完成，原材料在每道工序开始时一次投入。第一道工序定额原材料的消耗量为60千克，第二道工序定额原材料的消耗量为40千克，共为100千克。第一道工序在产品的数量为100件，第二道工序在产品的数量为150件。则各工序在产品投料程度及约当产量计算如下：

第一道工序在产品投料程度＝60÷100×100％＝60％

第二道工序在产品投料程度＝（60＋40）÷100×100％＝100％

在产品的约当产量＝100×60％＋150×100％＝210（件）

第三，如果原材料随生产过程陆续投入，则在产品的投料程度按该工序在产品的累计原材料费用（或消耗量）定额，除以完工产品原材料费用（或消耗量）定额计算确定。但需要注意的是，由于原材料是随生产过程陆续投入的，在各工序中的各件在产品所耗原材料费用并不相同，为了简化这部分在产品的投料程度的计算工作，都按各工序在产品定额原材料费用（或消耗量）的50％计算。其计算公式为：

$$某道工序在产品投料程度=\frac{\text{前道工序累计原材料费用（或消耗量）定额}+\text{本道工序原材料费用（或消耗量）定额}\times 50\%}{\text{完工产品原材料费用（或消耗量）定额}}\times 100\%$$

【例7-6】依上例，原材料随生产过程陆续投入，则各工序在产品投料程度及约当产量计算如下：

$$第一道工序在产品投料程度=\frac{60\times 50\%}{100}\times 100\%=30\%$$

$$第二道工序在产品投料程度=\frac{60+40\times 50\%}{100}\times 100\%=80\%$$

在产品的约当产量＝100×30％＋150×80％＝150（件）

（二）加工程度的确定及约当产量的计算

对于原材料以外的加工费用分配时在产品约当产量的计算，通常按加工程度确定。因为这些费用的发生与产品的加工程度关系密切，它们是随着生产过程的进行而逐步投入耗费的。在产品的加工程度越高，在产品负担的费用就越多。加工程度可按照在产品在各工序上的特点，分工序计算或不分工序计算。

第一，如果分布在各工序上在产品的数量比较均衡，且各工序上定额生产工时相差不大，则全部在产品的加工程度都按50％计算。因为在这种情况下，后面各工序在产品多的加工程度可以弥补前面在产品少的加工程度。

第二，如果在产品在各工序的加工程度不一致，且数量、定额工时也相差很多，则在产品约当产量应按各工序加工程度分别折算，然后加总作为期末在产品的约当产量。加工程度一般根据单位产品定额工时计算，其计算公式如下：

$$某道工序在产品加工程度=\frac{\begin{matrix}前道工序累计\\单位产品工时定额\end{matrix}+\begin{matrix}本道工序单位\\产品工时定额\end{matrix}\times 50\%}{单位完工产品工时定额}\times 100\%$$

上述公式中，本工序的工时定额乘以50%也是因为在该工序中各件在产品的加工程度并不相同，为了简化这部分在产品加工程度的计算工作，该工序中所有在产品的加工程度都按50%计算。

【例7-7】某企业单位甲产品工时定额为100小时，经两道工序加工完成。第一道工序工时定额为70小时，第二道工序工时定额为30小时。4月份，甲产品第一道工序在产品为200件，第二道工序在产品为50件。这两道工序的加工程度及在产品的约当产量计算如下：

$$第一道工序加工程度=\frac{70\times 50\%}{100}\times 100\%=35\%$$

$$第二道工序加工程度=\frac{70+30\times 50\%}{100}\times 100\%=85\%$$

在产品的约当产量＝200×35%＋50×85%＝112.5（件）

以上分别按投料程度和加工程度讲述了在产品约当产量的计算方法，现举例说明采用约当产量法分配生产费用的过程。

【例7-8】某企业生产乙产品，本月完工500件，月末在产品550件，其中第一道工序350件，第二道工序200件。月初在产品和本月原材料费用共计126 000元，人工费用为16 400元，制造费用为24 600元。原材料是生产开始时一次投入。乙产品完工产品工时定额为50小时，其中第一道工序为40小时，第二道工序为10小时。原材料费用按照完工产品和月末在产品数量比例分配，人工费用等加工费用按照完工产品数量和月末在产品约当产量的比例分配。分配计算如下：

（1）按投料程度计算期末在产品的约当产量

期末在产品的约当产量＝（350＋200）×100%＝550（件）

（2）按加工程度计算期末在产品的约当产量

第一道工序在产品加工程度＝40×50%÷50×100%＝40%

第二道工序在产品加工程度＝（40＋10×50%）÷50×100%＝90%

期末在产品的约当产量＝350×40%＋200×90%＝320（件）

（3）原材料费用分配

原材料费用分配率＝126 000÷（500＋550）＝120（元/件）

完工产品原材料费用＝500×120＝60 000（元）

在产品原材料费用＝550×120＝66 000（元）

（4）人工费用分配

人工费分配率＝16 400÷（500＋320）＝20（元/件）

完工产品人工费用＝500×20＝10 000（元）

在产品人工费用＝320×20＝6 400（元）

（5）制造费用分配

制造费用分配率＝24 600÷（500＋320）＝30（元/件）

完工产品制造费用＝500×30＝15 000（元）

在产品人工费用＝320×30＝9 600（元）

（6）计算产品成本

完工产品成本＝60 000＋10 000＋15 000＝85 000（元）

在产品成本＝66 000＋6 400＋9 600＝82 000（元）

【例 7-9】依据上例，假设原材料在每道工序开始时一次投入。该产品原材料消耗定额为：第一道工序 30 千克，第二道工序 20 千克。其他资料不变。则计算如下：

（1）按投料程度计算期末在产品的约当产量

第一道工序在产品投料程度＝30÷50×100％＝60％

第二道工序在产品投料程度＝（30＋20）÷50×100％＝100％

期末在产品的约当产量＝350×60％＋200×100％＝410（件）

（2）按加工程度计算在产品的约当产量和上例相同（略）

（3）原材料费用分配率＝126 000÷（500＋410）≈138.46（元/件）

完工产品原材料费用＝500×138.46＝69 230（元）

在产品原材料费用＝126 000－69 230＝56 770（元）

（4）其他费用分配与上例相同（略）

（5）计算产品成本

完工产品成本＝69 230＋10 000＋15 000＝94 230（元）

在产品成本＝56 770＋6 400＋9 600＝72 770（元）

六、在产品按定额成本计价法

这种分配方法是按照预先制定的定额成本计算月末在产品成本，即月末在产品成本按其数量和单位定额成本计算。某种产品全部生产费用（月初在产品费用加本月生产费用）；减月末在产品的定额成本，其余额作为完工产品成本。也就是说，每月生产费用脱离定额的差异，全部计入当月完工产品成本。这种方法适用于定额管理基础比较好，各项消耗定额或费用定额比较准确、稳定，而且各月在产品数量变动不大的产品。

采用这种方法时，应根据各种在产品有关定额资料，以及在产品月末结存数量，计算各种月末在产品的定额成本。

【例 7-10】某企业生产甲、乙两种产品，月末在产品数量分别为 100 件和 200 件，原材料均系在生产开始时一次投入，月末在产品采用按定额成本计价的方法。甲产品单件原材料费用定额为 50 元，在产品工时定额为 10 小时；乙产品单件原材料费用定额为 80 元，在产品工时定额为 20 小时。人工费用单位工时定额为 2 元，制造费用单位工时定额为 3 元。月末在产品定额成本的计算结果详见表 7-2，甲产品成本计算结果详见表 7-3，乙产品略。

表 7-2　月末在产品定额成本计算表

产品名称	在产品数量（件）	原材料定额费用（元）	定额工时（工时）	人工费用（元）	制造费用（元）	定额成本合计（元）
甲产品	100	5 000	1 000	2 000	3 000	10 000
乙产品	200	16 000	4 000	8 000	12 000	36 000
合计		21 000	5 000	10 000	15 000	46 000

表 7-3　产品成本计算表

产品名称：甲产品　　　　20××年 4 月　　　　单位：元

成本项目	直接材料	直接人工	制造费用	合计
月初在产品成本	3 500	2 100	1 600	7 200
本月生产费用	32 000	21 500	15 300	68 800
合计	35 500	23 600	16 900	76 000
月末在产品定额成本	5 000	2 000	3 000	10 000
本月完工产品	30 500	21 600	13 900	66 000

采用这种方法时，月末在产品定额成本与实际成本之间的差异（脱离定额差异）全部由完工产品成本负担不尽合理。因此，只有在符合上述适用条件时再采用这种方法，才能既正确又简便地解决完工产品与在产品之间分配费用的问题，否则会影响产品成本计算的正确性。

七、定额比例法

定额比例法是产品的生产费用按照完工产品和月末在产品的定额消耗量或定额费用的比例，分配计算完工产品成本和月末在产品成本的方法。其中，原材料费用按照原材料定额消耗量或原材料定额费用比例分配，人工费用、制造费用等各项加工费可以按定额工时的比例分配。

这种分配方法适用于定额管理基础较好，各项消耗定额或费用定额比较准确、稳定，各月末在产品数量变动较大的产品。因为月初和月末在产品费用之间脱离定额的差异也要在完工产品与月末在产品之间按比例分配，从而提高了产品成本计算的正确性。

定额比例法的计算公式如下：

$$原材料费用分配率=\frac{月初在产品实际原材料费用+本月实际原材料费用}{完工产品定额原材料费用+月末在产品定额原材料费用}$$

完工产品实际原材料费用＝完工产品定额原材料费用×原材料费用分配率

月末在产品实际原材料费用＝月末在产品定额原材料费用×原材料费用分配率

或
$$=\begin{matrix}月初在产品实际\\原材料费用\end{matrix}+\begin{matrix}本月实际\\原材料费用\end{matrix}-\begin{matrix}完工产品实际\\原材料费用\end{matrix}$$

$$人工（制造费用）分配率=\frac{月初在产品实际人工（费用）+本月实际人工（费用）}{完工产品定额工时+月末在产品定额工时}$$

完工产品实际人工（制造费用）＝完工产品定额工时×人工（制造费用）分配率

月末在产品实际人工（制造费用）＝月末在产品定额工时×人工（制造费用）分配率

或
$$=\begin{matrix}月初在产品\\实际人工\\（制造费用）\end{matrix}+\begin{matrix}本月实际\\人工\\（制造费用）\end{matrix}-\begin{matrix}完工产品\\实际人工\\（制造费用）\end{matrix}$$

【例 7-11】某产品月初在产品费用为：原材料费用 10 000 元，人工费用 6 000元，制造费用 4 000 元。本月发生的生产费用为：原材料费用 80 000 元，人工费用 44 000 元，制造费用 30 000 元。完工产品 9 000 件，原材料定额费用 85 000 元，定额工时 9 000 小时。月末在产品 1 000 件，原材料定额费用15 000 元，定额工时 1 000 小时。原材料费用按原材料定额费用比例分配，其他费用按定额工时比例分配。各项费用分配计算结果见表 7-4。

表 7-4　各项费用分配计算表　　单位：元

成本项目	月初在产品费用	本月生产费用	生产费用合计	费用分配率	完工产品成本		月末在产品成本	
					定额	实际成本	定额	实际成本
①	②	③	④=②+③	⑤=④÷(⑥+⑧)	⑥	⑦=⑥×⑤	⑧	⑨=⑧×⑤
直接材料	10 000	80 000	90 000	0.9	85 000	76 500	15 000	13 500
直接人工	6 000	44 000	50 000	5	9 000	45 000	1 000	5 000
制造费用	4 000	30 000	34 000	3.4	9 000	30 600	1 000	3 400
合计	20 000	154 000	174 000			152 100		21 900

按照上列公式计算分配费用时，必须取得完工产品和月末在产品的定额消耗量或定额费用资料。完工产品和月末在产品的定额原材料费用、定额工时，是根据完工产品和月末在产品的实际数量乘以单件原材料、工时消耗定额计算求得的。完工产品和月末在产品的定额费用，是根据完工产品和月末在产品的原材料、工时定额消耗量，乘以原材料计划单价或单位小时计划工资、制造费用计算求得的。采用这种方法时，如果在产品的种类和生产工序繁多，核算工作量就会非常繁重。因此，月末在产品定额消耗量及其分配率也可以采用简化的方法——倒挤法计算。其计算公式为：

$$\frac{\text{月末在产品}}{\text{定额消耗量}}=\frac{\text{月初在产品}}{\text{定额消耗量}}+\frac{\text{本月投入的}}{\text{定额消耗量}}-\frac{\text{本月完工产品}}{\text{定额消耗量}}$$

上列公式中月初在产品定额消耗量，根据上月成本计算资料取得。本月投入的定额消耗量中，原材料定额消耗量根据领料凭证所列原材料定额消耗量等数据计算求得。本月投入的定额工时，根据有关工时定额的原始记录计算求得。按照上列倒挤法计算月末在产品的定额数据，虽然可以简化计算工作，但在发生在产品盘盈、盘亏的情况下，计算求得的成本资料就不能如实反映产品成本的水平。为了提高成本计算的正确性，必须每隔一定时期就对在产品进行一次实地盘点，根据在产品的实存数计算一次定额消耗量。

经过上述生产费用在各种产品之间，以及在同种产品的完工产品与月末在产品之间归集和分配以后，就可以计算出各种产品的总成本和单位成本。

第三节　完工产品成本的结转

工业企业生产产品发生的各项生产费用，在各种产品之间进行了分配，在此基础上又在同种产品的完工产品和月末在产品之间进行了分配，计算出各种完工产品的成本，据以反映和监督各种产品的成本计划完成情况。

根据产成品成本明细账和产成品成本汇总表的资料，将完工产品成本从“生产成本——基本生产成本”账户的贷方，转入有关账户的借方。其中完工入库商品产品的成本，应转入“库存商品”账户的借方；完工自制材料、自制半成品、工具、模具等的成本，应分别转入“原材料”、“自制半成品”、“低值易耗品”账户的借方。“生产成本——基本生产成本”账户的借方余额，就是月末在产品的成本，也就是占用在基本生产过程中的生产资金。根据表 7-4 的资料结转完工入库产品的成本时，需要编制的会计分录如下：

借：库存商品　　　　　　　　　　　　152 100

　　贷：生产成本——基本生产成本　　　　　　152 100

【思考与练习】

一、判断题

1. 在产品就是正在加工的产品。

2. 在成品按原材料费用计算法，其加工费用全部由完工产品成本承担。

3. 约当产量就是指月末在产品的完工百分比。

4. 计算产品成本，都要在完工产品与月末在产品之间分配费用。

5. 如果原材料在生产开始时一次投入，不管在产品完工程度如何，原材料费用的投料程度均为 100%。

二、单选题

1. 狭义的在产品是指（　　）。

A. 可以对外销售的自制半成品

B. 需要进一步加工的半成品

C. 正在某一车间或步骤加工的在产品

D. 产成品

2. 原材料在生产开工时一次投入，月末在产品的投料程度应按（　　）计算。

A. 100％　　B. 50％

C. 定额耗用量比例　　D. 定额工时比例

3. 由于各道工序内部在产品完工程序不同，有的已近完成，有的刚刚开始加工，为简化计算，对各工序内部在产品在本工序的加工程度可按（　　）计算。

A. 50％　　B. 100％

C. 定额工时比例　　D. 消耗定额比例

4. 计算月末在产品约当产量的依据是（　　）。

A. 月末在产品数量

B. 本月完工产品数量

C. 月末在产品数量和完工程度

D. 月末在产品定额成本和定额工时

5. 产品所耗原材料费用在生产开始时一次投入，其完工产品与月末在产品的原材料费用应按完工产品和月末在产品的（　　）分配计算。

A. 所耗原材料数量　　B. 约当产量

C. 数量之半　　D. 实际数量

6. 假设某企业甲产品本月完工 250 件，月末在产品 160 件，在产品完工程度测定为 40％，月初和本月发生的原材料费用共 56 520 元，原材料随着加工进度陆续投入，则完工产品和月末在产品的原材料费用分别为（　　）。

A. 45 000 元和 11 250 元　　B. 4 000 元和 16 250 元

C. 34 298 元和 21 952 元　　D. 45 000 元和 11 520 元

7. 某企业本月生产某种完工产品 200 件，在产品 50 件，在产品完工程度为 40％，月初与本月投入原材料费用合计 50 000 元，原材料系生产开始时一次性投入，那么完工产品与在产品之间原材料费用各为（　　）。

A. 45 000 元和 5 000 元　　B. 3 750 元和 12 500 元

C. 40 000 元和 10 000 元　　D. 45 545.55 元和 4 545.45 元

8. 假定某企业生产甲产品工时定额为 50 小时，第一道工序定额工时为 20 小时，第二道工序定额工时为 30 小时，计算第二道工序完工程度为（　　）。

A. 60%　　B. 70%　　C. 40%　　D. 80%

9. 某企业月末在产品数量少，价值低，且各月末在产品数量相差不大，应该采用（　　）。

A. 不计算在产品成本法

B. 按年初数固定计算在产品成本法

C. 约当产量法

D. 在产品按定额成本计算法

10. 某企业各月月末在产品数量较少、价值较大或者在产品数量虽然较多但各月月末在产品数量稳定、变化不大的产品，应用（　　）。

A. 不计算在产品成本法　　B. 按年初数固定计算在产品成本法

C. 在产品按原材料费用计算法　　D. 在产品按定额成本计算法

三、多项选择题

1. 广义的在产品包括（　　）。

A. 车间正在加工的在产品　　B. 未经验收入库的产品

C. 已验收入库的对外销售的半成品　　D. 已验收入库的产成品

2. 属于完工产品成本与在产品成本同时确定的方法有（　　）。

A. 按年初数固定计算在产品成本法

B. 定额比例法

C. 约当产量法

D. 在产品成本按完工产品成本计算法

3. 属于先确定在产品成本，然后再确定完工产品成本的方法有（　　）。

A. 不计算在产品成本法

B. 在产品按定额成本计算法

C. 在产品按原材料费用计算法

D. 按年初数固定计算在产品成本法

4. 本月发生的生产费用与月初、月末在产品及本月完工产品成本之间的关系是（　　）。

A. 月初在产品成本＋本月发生的生产费用＝本月完工产品成本＋月末在

产品成本

B. 月初在产品成本＋本月完工产品成本＝本月发生的生产费用＋月末在产品成本

C. 本月完工产品成本＝月初在产品成本＋本月发生的生产费用－月末在产品成本

D. 本月完工产品成本＝月末在产品成本＋本月发生的生产费用－月初在产品成本

5. 采用约当产量比例法分配完工产品和月末在产品费用，适用于（　　）产品。

A. 月末在产品数量不大

B. 月末在产品数量较大

C. 产品成本中各项费用所占比重相差不多

D. 各月在产品数量变动较大

四、业务题

1. 资料：某工厂生产D产品，原材料费用比重较大，在产品只计算原材料费用。期初在产品原材料费用（即期初在产品成本）为90 000元，本月发生的原材料费用为180 000元，加工费用为35 000元。本月完工600件，月末在产品360件。原材料在生产开始时一次投入。因而每件完工产品和在产品所耗费的原材料费用是相等的，原材料费用可按完工产品和在产品的数量分配。

要求：按在产品按所耗原材料费用计价法计算完工产品成本和期末在产品成本。

2. 资料：某企业生产乙产品，本月完工80件，月末在产品50件，在产品完工程度60%。月初在产品和本月原材料费用共计8 450元，人工费用4 620元，制造费用3 850元。原材料在生产开工时一次性投入，原材料费用按完工产品和月末在产品数量比例分配，人工费用等加工费按完工产品数量和月末在产品约当产量比例分配。

要求：按约当产量法分配有关费用。

3. 资料：某企业甲产品单位工时定额24小时，经过三道工序制成。第一道工序工时定额为9小时，第二道工序工时定额为12小时，第三道工序工时定额为3小时。各道工序内各件在产品加工程度均按50%计算。

要求：计算月末 300 件甲在产品的约当产量（假设每道工序各有 100 件在产品）。

4. 资料：某产品的工时定额为 50 小时，经三道工序制成，各工序的工时定额分别为 20 小时、15 小时、15 小时。本月完工产品 1 500 件，在产品 140 件（其中第一道工序 80 件，第二道工序 20 件，第三道工序 40 件），原材料在生产开始时一次投入。本月初的原材料费用为 20 440 元，直接人工费用为 12 000元，制造费用为 11 800 元。本月发生的原材料费用为 61 560 元，直接人工费用为 20 781 元，制造费用为 11 615 元。

要求：按约当产量法分配有关费用。

5. 资料：某产品经三道工序产成，其材料在每道工序开始时分别一次投入，其各工序材料消耗定额和 10 月末在产品的数量如下：

工序	材料消耗定额（元）	月末在产品数量（件）
1	180	200
2	108	140
3	72	230
合计	360	570

该种产品 10 月初在产品原材料费用为 1 730 元，10 月份原材料费用为 2 296元，该月完工产品 900 件。

要求：分配计算该月完工产品和月末在产品的原材料费用。

6. 资料：假设甲、乙产品的月末在产品采用按定额成本计价的方法。甲产品单件原材料费用定额为 40 元（原材料在生产开始时一次投入），在产品工时定额为 30 小时；乙产品单件原材料费用定额为 32 元，在产品工时定额 20 小时。其他有关资料如下表。

月末在产品定额成本计算

产品名称	在产品数量	原材料费用定额	定额工时	动力（单位工时定额：1.20）	工资（单位工时定额：0.85）	制造费用（单位工时定额：1.00）	定额成本合计
甲产品	24						
乙产品	28						
合计							

要求：在表内计算月末在产品定额成本。

7. 资料：某工业企业本月完工 M 产品 160 台，该产品月初在产品成本为：直接材料费用 60 000 元，直接人工费用 27 360 元，制造费用 3 000 元。本月发生的成本费用为：直接材料费用 160 000 元，直接人工费用 109 440 元，制造费用 34 000 元。完工产品的原材料定额耗用量为 9 000 千克，工时定额耗用量为 4 200 小时；月末在产品的原材料定额耗用量为 1 000 千克，工时定额耗用量为 800 小时。

要求：按定额比例法对生产费用在完工产品和月末在产品之间进行分配。

CHAPTER 8 第八章

品种法

第一节 生产特点和管理要求对产品成本计算方法的影响

产品成本是在生产过程中形成的，生产的特点在很大程度上影响着成本计算的方法；另一方面，成本计算是为成本管理提供资料的，采用什么方法，提供哪些资料，还要考虑成本管理的要求。以上两个方面的关系说明，企业在确定成本计算方法时，必须从企业的具体情况出发，同时考虑企业的生产特点和进行成本管理的要求。

一、工业企业的生产类型

不同企业的生产特点虽然不尽相同，但是按照工业生产的一般特点，可对生产类型作如下分类：

（一）按工艺过程特点分类

工业企业的生产，按其生产工艺过程的特点，可以分为单步骤生产和多步骤生产两种类型。

1. 单步骤生产

单步骤生产，亦称简单生产，是指生产工艺过程不能间断、不可能或不需要划分为几个生产步骤的生产，例如发电、采掘等工业生产。这类生产由于技术上不可间断（例如发电），或由于工作地点的限制（例如采煤），通常只能由一个企业整体进行，而不能由几个企业协作进行。

2. 多步骤生产

多步骤生产，亦称复杂生产，是指生产工艺过程由若干个可以间断的、分散在不同地点、分别在不同时间进行的生产步骤所组成的生产，例如纺织、钢铁、机械、造纸、服装等工业生产。多步骤生产按其产品的加工方式，又可分为连续加工式生产和装配式生产。连续加工式生产，是指原材料投入生产后，要依次经过各生产步骤的连续加工，才能成为产品的生产，例如纺织、钢铁等工业生产；装配式生产，是指先将原材料分别加工为零件、部件，再将零件、部件装配为产品的生产，例如机械、车辆、仪表制造等工业生产。

（二）按生产组织特点分类

工业企业的生产，按其生产组织特点，可以分为大量生产、成批生产和单件生产三种类型。

1. 大量生产

大量生产，是指不断地重复生产相同产品的生产。在这种类型的生产中，产品的品种较少，而且比较稳定。例如采掘、纺织、面粉、化肥的生产。

2. 成批生产

成批生产，是指按照事先规定的产品批别和数量进行的生产。在这种类型的生产中，产品的品种较多，而且具有一定的重复性，例如服装、机械的生产。成批生产按照产品批量的大小，又可以分为大批生产和小批生产。大批生产，由于产品批量大，往往在几个月内不断地重复生产一种或几种产品，因而性质近于大量生产；小批生产，由于产品的批量小，一批产品一般可以同时完成，因而其性质近于单件生产。

3. 单件生产

单件生产，是指根据订货单位的要求，加工个别的、性质特殊的产品，其特点类似于小批生产，例如重型机器制造和船舶制造等。在这种类型的生产中，产品的品种多，而且很少重复。

对于单步骤生产和连续加工式的多步骤生产，其生产组织大多为大量生产。对于装配式的多步骤生产，其生产组织则有大量生产、成批生产和单件生产的区别。

二、生产特点和成本管理要求对产品成本计算的影响

生产类型不同，对成本进行管理的要求也不一样。而生产特点和管理要求又必然对产品成本的计算方法产生影响。这一影响主要表现在成本计算对象的确定上。所谓成本计算对象，通俗地讲就是计算谁的成本。根据管理的需要，它可能是产品的品种，也可能是产品的批别，或者是产品的生产步骤。

从产品生产工艺过程看，由于单步骤生产的工艺过程不能间断，因而不可能也不需要按照生产步骤计算产品成本，只能按照生产产品的品种计算成本。而在多步骤生产中，为了加强各个生产步骤的成本管理，往往不仅要求按照产品的品种或批别计算成本，而且还要求按照产品生产的步骤计算成本。但是，如果企业的规模较小，管理上不要求按照生产步骤考核生产费用、计算产品成本，也可以不按照生产步骤计算成本，而只按照产品品种或批别计算成本。

从产品生产组织特点看，在大量生产情况下，一种或若干种产品连续不断地重复生产，同样的原材料不断投入，相同的产品不断产出，因而管理上只要求而且也只能按照产品的品种计算成本。大批生产往往集中投料，生产一批零部件供几批产品耗用。耗用量较多的零件、部件也可以另行分批生产，零件、部件生产的批别与产品生产的批别往往是不一致的，因而也就不能按照产品的批别计算成本，而只能按照产品的品种计算成本。对于小批、单件生产，由于其生产的产品批量小，一批产品一般可以同时完工，因而有可能按照产品的批别或件别归集生产费用，计算产品成本。从管理要求看，为了分析和考核各批产品成本水平，也要求按照产品批别或件别计算成本。

综上所述，在产品成本计算工作中有三种常用的成本计算对象：

第一，以产品品种为成本计算对象；

第二，以产品批别为成本计算对象；

第三，以产品生产步骤为成本计算对象。

成本计算对象的确定，是设置产品成本明细账、归集生产费用、计算产品成本的前提，也是区别各种成本计算基本方法的主要标志。

此外，生产类型特点以及成本管理的要求，还对成本计算期、完工产品与在产品之间的费用分配等产生影响。

第一，对产品成本计算期的影响。在不同生产类型中，产品成本计算的日期也不同，这主要决定于生产组织的特点。在单件和小批生产中，产品成本有可能在某件或某批产品完工以后计算，因而成本计算是不定期的，与生产周期相一致。但在大量、大批生产中，由于生产活动连续不断地进行着，因而产品成本要定期在每月月末进行，与生产周期不相一致。

第二，对完工产品与在产品之间的费用分配的影响。生产类型的特点，还影响到月末计算成本时有没有在产品，是否需要在完工产品与在产品之间分配费用的问题。在单步骤生产中，生产过程不能间断，生产周期也短，一般没有在产品，或者在产品数量很少，因而计算产品成本时，生产费用不必在完工产品与在产品之间进行分配。在多步骤生产中，是否需要在完工产品与在产品之间分配费用，在很大程度上取决于生产组织的特点。在大量、大批生产中，由于生产连续不断地进行，月末一般会有在产品，因而在计算成本时，就需要采用适当的方法，将生产费用在完工产品与在产品之间进行分配。在小批、单件生产中，如果成本计算期与生产周期一致，在每批、每件产品完工前，产品成本明细账中所记的生产费用就是在产品的成本；完工后，其所记的费用就是完工产品的成本，因而不必在完工产品与在产品之间分配费用。

三、产品成本的计算方法

生产类型特点和管理要求对产品成本计算的影响，主要表现在成本计算对象的确定上。成本计算就是按照成本计算对象，分配和归集生产费用并计算其总成本和单位成本的过程。上述生产特点及管理要求对成本计算的影响和成本计算对象与成本计算的关系，说明成本计算对象是成本计算的核心，因而也是构成成本计算方法的主要标志。

第一，以产品品种为成本计算对象的产品成本计算方法，称为品种法。一般适用于单步骤的大量生产，如发电、采掘等；也可用于不需要分步骤计算成本的多步骤的大量、大批生产，如小型造纸厂、水泥厂等。

第二，以产品批别为成本计算对象的产品成本计算方法，称为分批法。适用于单件、小批的单步骤生产或管理上不要求分步骤计算成本的多步骤生产，如修理作业、专用工具模具制造、重型机器制造、船舶制造等。

第三，以产品生产步骤为成本计算对象的产品成本计算方法，称为分步法。适用于大量大批的、管理上要求分步骤计算成本的多步骤生产，如纺织、冶金、机械制造等。

在工业企业中，确定不同的成本计算对象，采用不同的成本计算方法，主要是为了适应企业的生产特点和管理要求，正确提供成本核算资料，加强成本管理与控制。但是，不论什么生产类型的企业，不论采用什么样的成本计算方法，最终都必须按照产品品种计算出产品成本。

第二节　品种法

企业应根据生产的特点选择适当的成本计算方法，但不论采用何种成本计算方法，最终都必须按产品品种计算出产品成本。这是成本计算的最一般要求，因而品种法是产品成本计算的最基本方法。品种法是按产品品种归集生产费用和计算产品成本的一种成本计算方法。

一、品种法的适用范围

品种法主要适用于大量、大批、单步骤生产的成本核算。在这种类型的生产中，相同品种的产品被不间断地重复生产出来，因而成本计算不可能按产品的生产步骤、产品的批别进行，只能按产品品种计算成本，如发电、采掘业。品种法还适用于大量、大批、多步骤生产，但管理上不要求分步骤计算产品成本的企业，例如小型水泥厂、织布厂等。

二、品种法的特点

（一）成本计算对象

品种法以产品的品种为成本计算对象，如果只生产一种产品，只需要为这种产品开设产品成本明细账，账内按成本项目设置专栏或专行。在这种情况下，所发生的全部生产费用都可以直接记入该产品成本明细账的有关成本项目。如果生产多种产品，产品成本明细账就要按产品品种分别设置。发生的生产费用中，能分清是哪种产品耗用的，可以直接记入该种产品成本明细账的有关成本项目；分不清的，要采用适当的方法在各成本计算对象之间进行分配，然后分别记入各产品成本明细账的有关成本项目。

（二）成本计算期

由于大量、大批的生产企业，其生产是连续不断地进行的，因而成本计算一般定期于每月月末进行。所以，成本计算期与会计期间一致，与产品生产周期不一致。

（三）费用在完工产品和在产品之间的分配

如果产品生产周期较短，月末没有在产品或在产品数量较少，算不算在产品成本对产品成本影响不大，可以不计算在产品成本，那么各种产品成本明细账中所归集的生产费用就全部是各该种完工产品的总成本，将总成本除以产量就是各该种完工产品的单位成本。如果月末有在产品，而且数量较多，就需要将各产品成本明细账中归集的生产费用，通过选择适当的方法，在完工产品和月末在产品之间进行分配，从而计算出完工产品成本和月末在产品成本。

三、品种法举例

假定某工厂设有一个基本生产车间，生产甲、乙两种产品。另设两个辅助生产车间——锅炉车间和运输车间。该厂20××年5月份有关成本资料如下：

（一）产量资料

产量资料见表8-1。

表8-1　20××年5月甲、乙产品产量资料　　单位：件

产品名称	月初在产品	本月投产	本月完工产品	月末在产品
甲	35	85	80	40
乙	27	38	35	30

甲、乙产品月末在产品的完工程度均为50%。

（二）月初在产品成本资料

月初在产品成本资料见表8-2。

表 8-2　甲、乙产品的月初在产品成本　单位：元

产品名称	直接材料	燃料及动力	直接人工	制造费用	合计
甲	8 700	912	33 61.5	432 1.53	17 295.03
乙	6 218	864	24 68.5	331 5.17	12 865.67

(三) 该月发生的生产费用

1. 材料费用

根据本月领退料凭证汇总，发出原材料的计划成本为 59 100 元。其中甲、乙产品分别耗用主要材料 25 000 元、16 000 元，甲、乙产品共同耗用辅助材料 8 200 元。基本生产车间、锅炉车间、运输车间一般耗用辅助材料分别为3 600 元、900 元、800 元。锅炉车间、运输车间提供劳务用辅助材料 2 100 元、2 500元。甲、乙产品共同耗用辅助材料按所耗主要材料的比例分配。本月材料成本差异率为＋1％。

2. 电费

月末，根据电表和单价计算，本月应付外购电费 9 150 元。其中甲、乙产品生产用电 7 200 元，基本生产照明用电 800 元。锅炉车间生产用电 750 元，照明用电 400 元。甲、乙产品生产用电按生产工时的比例分配。

3. 人工费用

根据工资结算汇总表，本月职工工资总额为 40 000 元。其中基本生产车间生产工人工资 21 600 元，车间管理人员工资 1 800 元；锅炉车间生产工人工资 8 100 元，车间管理人员工资 1 200 元；运输车间生产工人工资 6 400 元，车间管理人员工资 900 元。基本生产工人的工资按甲、乙产品的生产工时的比例分配。假定企业根据经验估计按 2％承担职工福利费，按 24％计提社会保险费，按 12％计提住房公积金，按 2％计提工会经费，按 2.5％计提职工教育经费。

4. 折旧费

根据固定资产折旧计算表，本月应提折旧额分别为：基本生产车间 600 元，锅炉车间 120 元，运输车间 100 元。

5. 其他费用

本月以银行存款支付的其他费用见表 8-3。

表 8-3　以银行存款支付的其他费用　　单位：元

费用项目	基本生产车间	锅炉车间	运输车间
取暖费	800	360	250
办公费	190	90	100
劳动保护费	240	160	120
合计	1 230	610	470

(四) 其他有关资料

第一，本月甲、乙产品的生产工时分别为 4 100 个和 3 100 个。

第二，本月锅炉车间提供蒸汽 5 200 立方米。其中基本生产车间受益4 000 立方米，企业管理部门受益 1 000 立方米，运输车间受益 200 立方米。运输车间提供运输劳务 5 400 吨公里。其中基本生产车间受益 3 000 吨公里，企业管理部门受益 2 000 吨公里，锅炉车间受益 400 吨公里。

第三，基本生产车间的制造费用按甲、乙产品的生产工时比例分配。

第四，辅助生产费用的分配采用直接分配法。

第五，按约当产量比例法将生产费用在完工产品和在产品之间进行分配，材料在生产开工时一次投入。采用品种法对该厂产品成本计算见表 8-4 至表 8-21。

表 8-4　材料费用分配表　　单位：元

应借科目	主要材料	辅助材料	计划成本合计	材料成本差异（差异率+1%）	实际成本
生产成本——基本生产成本					
——甲产品	25 000	5 000	30 000	300	30 300
——乙产品	16 000	3 200	19 200	192	19 392
小计	41 000	8 200	49 200	492	49 692
生产成本——辅助生产成本					
——锅炉		2 100	2 100	21	2 121
——运输		2 500	2 500	25	2 525
小计		4 600	4 600	46	4 646
制造费用——基本生产车间		3 600	3 600	36	3 636
——锅炉		900	900	9	909
——运输		800	800	8	808
小计		5 300	5 300	53	5 353
合计	41 000	18 100	59 100	591	59 691

根据表 8-4 编制会计分录如下，登记有关总账和明细账：

借：生产成本——基本生产成本——甲产品　　30 000
　　　　　　　　　　　　　　——乙产品　　19 200
　　生产成本——辅助生产成本——锅炉　　2 100
　　　　　　　　　　　　　　——运输　　2 500
　　制造费用——基本生产车间　　3 600
　　　　　　——锅炉　　900
　　　　　　——运输　　800
　　贷：原材料　　59 100

借：生产成本——基本生产成本——甲产品　　300
　　　　　　　　　　　　　　——乙产品　　192
　　生产成本——辅助生产成本——锅炉　　21
　　　　　　　　　　　　　　——运输　　25
　　制造费用——基本生产车间　　36
　　　　　　——锅炉　　9
　　　　　　——运输　　8
　　贷：材料成本差异　　591

表 8-5　外购动力费用分配表　　单位：元

应借科目	生产工时	分配率	金额（元）
生产成本——基本生产成本			
——甲产品	4 100	1	4 100
——乙产品	3 100	1	3 100
小计	7 200		7 200
生产成本——辅助生产成本——锅炉			750
制造费用——基本生产车间			800
——锅炉			400
小计			1 200
合计			9 150

根据表 8-5 编制会计分录如下，登记有关总账和明细账：

借：生产成本——基本生产成本——甲产品　　4 100

——乙产品　　3 100

生产成本——辅助生产成本

——锅炉　　750

制造费用——基本生产车间　　800

——锅炉　　400

贷：应付账款（或银行存款）　　9 150

表 8-6　工资费用分配表　　单位：元

应借科目	生产工时	分配率	金额
生产成本——基本生产成本			
——甲产品	4 100	3	12 300
——乙产品	3 100	3	9 300
小计	7 200		21 600
生产成本——辅助生产成本			
——锅炉			8 100
——运输			6 400
小计			14 500
制造费用——基本生产车间			1 800
——锅炉			1 200
——运输			900
小计			3 900
合计			40 000

根据表 8-6 编制会计分录如下，登记有关总账和明细账：

借：生产成本——基本生产成本——甲产品　　12 300

——乙产品　　9 300

生产成本——辅助生产成本——锅炉　　8 100

——运输　　6 400

制造费用——基本生产车间　　1 800

——锅炉　　1 200

——运输　　900

贷：应付职工薪酬——工资　　40 000

表 8-7　其他职工薪酬分配表　　单位：元

应借科目	工资	社会保险费	住房公积金	职工福利	工会经费	职工教育经费	其他职工薪酬合计
生产成本——基本生产成本							
——甲产品	12 300	2 952	1 476	246	246	307.5	5 227.5
——乙产品	9 300	2 232	1 116	186	186	232.5	3 952.5
小计	21 600	5 184	2 592	432	432	540	9 180
生产成本——辅助生产成本							
——锅炉	8 100	1 944	972	162	162	202.5	3 442.52
——运输	6 400	1 536	768	128	128	160	2 720
小计	1 4500	3 480	1 740	290	290	362.5	6 162.5
制造费用——基本生产车间	1 800	432	216	36	36	45	765
——锅炉	1 200	288	144	24	24	30	510
——运输	900	216	108	18	18	22.5	382.5
小计	3 900	936	468	78	78	97.5	1 657.5
合计	40 000	9 600	4 800	800	800	1 000	17 000

根据表 8-7 编制会计分录如下，登记有关总账和明细账：

借：生产成本——基本生产成本——甲产品　　5 227.5
　　　　　　　　　　　　　　——乙产品　　3 952.5
　　生产成本——辅助生产成本——锅炉　　3 442.5
　　　　　　　　　　　　　　——运输　　2 720
　　制造费用——基本生产车间　　765
　　　　　　——锅炉　　510
　　　　　　——运输　　382.5
　　贷：应付职工薪酬——社会保险费　　9 600
　　　　　　　　　　——住房公积金　　4 800
　　　　　　　　　　——职工福利　　800
　　　　　　　　　　——工会经费　　800
　　　　　　　　　　——职工教育经费　　1 000

表 8-8　折旧费用分配表　　单位：元

项目	基本生产车间	辅助生产车间		合计
		锅炉	运输	
折旧费	600	120	100	820

根据表 8-8 编制会计分录如下，登记有关总账及明细账：

借：制造费用——基本生产车间　600
　　　　　　——锅炉　120
　　　　　　——运输　100
　贷：累计折旧　820

表 8-9　其他费用分配表

单位：元

应借科目	金额（元）
制造费用——基本生产车间 ——锅炉 ——运输	1 230 610 470
合计	2 310

根据表 8-9 编制会计分录如下，登记有关总账及明细账：

借：制造费用——基本生产车间　1 230
　　　　　　——锅炉　610
　　　　　　——运输　470
　贷：银行存款　2 310

表 8-10　制造费用明细账

车间名称：锅炉车间　单位：元

摘要	材料	动力	人工费	折旧费	其他	合计	转出
材料费用分配表	909					909	
外购动力费用分配表		400				400	
工资及其他职工薪酬分配表			1 710			1 710	
折旧费用分配表				120		120	
其他费用分配表					610	610	
制造费用分配表							3 749
合计	909	400	1 710	120	610	3 749	3 749

表 8-11　制造费用明细账

车间名称：运输车间　单位：元

摘要	材料	人工费	折旧费	其他	合计	转出
材料费用分配表	808				808	

续表

摘要	材料	人工费	折旧费	其他	合计	转出
工资及其他职工薪酬分配表		1 282.5			1 282.5	
折旧费用分配表			100		100	
其他费用分配表				470	470	
制造费用分配表						2 660.5
合计	808	1 282.5	100	470	2 660.5	2 660.5

表 8-12 辅助生产车间制造费用分配

单位：元

应借科目	锅炉车间	运输车间	合计
生产成本——辅助生产成本			
——锅炉	3 749		3 749
——运输		2 660.5	2 660.5
合计	3 749	2 660.5	6 409.5

根据表 8-12 编制会计分录如下，登记有关总账及明细账：

借：生产成本——辅助生产成本——锅炉　　3 749

——运输　　2 660.5

贷：制造费用——锅炉　　3 749

——运输　　2 660.5

表 8-13 辅助生产成本明细账

车间名称：锅炉车间　　单位：元

摘要	直接材料	燃料及动力	直接人工	制造费用	合计	转出
材料费用分配表	2 121				2 121	
外购动力费用分配表		750			750	
工资及其他职工薪酬分配表			11 542.5		11 542.5	
制造费用分配表				3 749	3 749	
辅助生产费用分配表						18 162.5
合计	2 121	750	11 542.5	3 749	18 162.5	18 162.5

表 8-14　辅助生产成本明细账

车间名称：运输车间　　　　　　　　　　　　　　　　　　　　　　单位：元

摘要	直接材料	直接人工	制造费用	合计	转出
材料费用分配表	2 525			2 525	
工资及其他职工薪酬分配表		9 120		9 120	
制造费用分配表			2 660.5	2 660.5	
辅助生产费用分配表					14 305.5
合计	2 525	9 120	2 660.5	14 305.5	14 305.5

表 8-15　锅炉车间辅助生产费用分配表（直接分配法）

辅助生产以外的受益部门	受益数量	分配率	金额（元）
基本生产车间	4 000	3.632 5	14 530
管理部门	1 000	3.632 5	3 632.5
合计	5 000		18 162.5

根据表 8-15 编制会计分录如下，登记有关总账及明细账：

借：制造费用——基本生产车间　　　　　　14 530

　　管理费用　　　　　　　　　　　　　　3 632.5

　　贷：生产成本——辅助生产成本——锅炉　　18 162.5

表 8-16　运输车间辅助生产费用分配表（直接分配法）

辅助生产以外的受益部门	受益数量	分配率	金额（元）
基本生产车间	3 000	2.8611	8 583.3
管理部门	2 000	2.8611	5 722.2
合计	5 000		14 305.5

根据表 8-16 编制会计分录如下，登记有关总账及明细账：

借：制造费用——基本生产车间　　　　　　　　8 583.3

　　管理费用　　　　　　　　　　　　　　　　5 722.2

　　贷：生产成本——辅助生产成本——运输　　　14 305.5

表 8-17　制造费用明细账

车间名称：基本生产车间　　　　　　　　　　　　　　　　　　单位：元

摘要	材料	动力	人工费	折旧费	其他	蒸汽费	运输费	合计	转出
材料费用分配表	3 636							3 636	
外购动力费用分配表		800						800	
工资及其他职工薪酬分配表			2 565					2 565	
折旧费用分配表				600				600	
其他费用分配表					1 230			1 230	
辅助生产费用分配表（锅炉）						14 530		14 530	
辅助生产费用分配表（运输）							8 583.3	8 583.3	
制造费用分配表									31 944.3
合计	3 636	800	2 565	600	1 230	14 530	8 583.3	31 944.3	31 944.3

表 8-18　基本生产车间制造费用分配表

应借科目	生产工时	分配率（保留四位）	金额（元）
生产成本——基本生产成本			
——甲产品	4 100		18 190.47
——乙产品	3 100		13 753.83
合计	7 200	4.436 7	31 944.3

根据表 8-18 编制会计分录如下，登记有关总账及明细账：

借：生产成本——基本生产成本——甲产品　　18 190.47
　　　　　　　　　　　　　　——乙产品　　13 753.83
　贷：制造费用——基本生产车间　　　　　　　31 944.3

表 8-19　基本生产成本明细账

产品名称：甲产品　　　　　　　　　　　　　　　　　　　　单位：元

摘要	直接材料	燃料及动力	直接人工	制造费用	合计
期初在产品成本	8 700	912	3 361.5	4 321.53	17 295.03
材料费用分配表	30 300				30 300
动力费用分配表		4 100			4 100

续表

摘要	直接材料	燃料及动力	直接人工	制造费用	合计
工资及其他职工薪酬分配表			17 527.5		17 527.5
制造费用分配表				18 190.47	18 190.47
本月生产费用合计	30 300	4 100	17 527.5	18 190.47	70 117.97
生产费用累计	39 000	5 012	20 889	22 512	87 413
约当产量	120	100	100	100	
分配率	325	50.12	208.89	225.12	809.13
完工产品成本	26 000	4 009.6	16 711.2	18 009.6	64 730.4
单位成本	325	50.12	208.89	225.12	809.13
月末在产品成本	13 000	1 002.4	4 177.8	4 502.4	22 682.6

表 8-20　基本生产成本明细账

产品名称：乙产品　　　　单位：元

摘要	直接材料	燃料及动力	直接人工	制造费用	合计
期初在产品成本	6 218	864	2 468.5	3 315.17	12 865.67
材料费用分配表	19 392				19 392
动力费用分配表		3 100			3 100
工资及其他职工薪酬分配表			13 252.5		13 252.5
制造费用分配表				13 753.83	13 753.83
本月生产费用合计	19 392	3 100	13 252.5	13 753.83	49 502.33
生产费用累计	25 610	3 964	15 721	17 069	62 364
约当产量	65	50	50	50	
分配率	394	79.28	314.42	341.38	1 129.08
完工产品成本	13 790	2 774.8	11 004.7	11 948.3	39 517.8
单位成本	394	79.28	314.42	341.38	1 129.08
月末在产品成本	11 820	1 189.2	4 716.3	5 120.7	22 846.2

表 8-21　产成品成本汇总表　　　　单位：元

产成品名称	单位	数量	直接材料	燃料及动力	直接人工	制造费用	成本合计
甲产品	件	80	26 000	4 009.6	16 711.2	18 009.6	64 730.4
乙产品	件	35	13 790	2 774.8	11 004.7	11 948.3	39 517.8

根据表 8-21 编制会计分录如下，登记有关总账及明细账：

借：库存商品——甲产品　　　　　　　　64 730.4
　　　　　　——乙产品　　　　　　　　39 517.8
　贷：生产成本——基本生产成本——甲产品　　　　64 730.4
　　　　　　　　　　　　　　——乙产品　　　　39 517.8

【思考与练习】

一、判断题

1. 品种法主要适应于大量、大批、单步骤生产企业。

2. 成本计算的基本方法一般是以成本计算对象命名的。

3. 区别不同成本计算方法的最主要标志是生产类型特点和管理要求。

4. 品种法和分步法的成本计算期与会计报告期一致。

5. 采用品种法计算产品成本时，不存在将生产费用在完工产品和期末在产品之间分配的情况。

二、单选题

1. 工业企业的生产按其生产工艺过程的特点，可以分为（　　）。

A. 简单生产和单步骤生产　　B. 单步骤生产和多步骤生产
C. 复杂生产和多步骤生产　　D. 大批、大量生产和单件生产

2. 区别不同成本计算方法的最主要标志是（　　）。

A. 生产工艺过程的特点　　B. 产品成本计算对象
C. 产品成本计算期　　D. 生产组织的特点

3. 品种法是产品成本计算的（　　）。

A. 主要方法　　B. 重要方法
C. 最基本方法　　D. 最一般方法

4. 品种法应以（　　）为成本计算对象，据以开设成本明细账。

A. 生产单位　　B. 生产车间　　C. 产品品种　　D. 产品结构

5. 成本计算的基本方法是（　　）。

A. 定额法、分类法和分步法　　B. 品种法、分批法和分步法
C. 简单法、复杂法和分类法　　D. 品种法、分类法和变动成本法

三、业务题

资料：某企业是大量、大批、单步骤生产的企业，采用品种法计算产品成本。该企业设有一个基本生产车间，生产 A、B 两种产品；另设一个辅助生产

车间——机修车间，对辅助生产车间的制造费用不单独核算。有关成本计算资料如下：

（一）产量和单位完工产品的生产工时情况

产品名称	完工产品产量（件）	期末在产品数量（件）	生产工时（小时）
A产品	500	100	7 500
B产品	350	50	2 800
合计	850	150	10 300

（二）本月发生的有关费用

1. 各项货币支出（均用存款支付）

基本生产车间：办公费 600 元，差旅费 1 000 元，运输费 300 元。机修车间：办公费 200 元，运输费 300 元。

2. 原材料费用（计划成本）

A 产品耗用主要材料 20 000 元，B 产品耗用主要材料 16 000 元，机修车间修理耗用主要材料 1 500 元，基本生产车间一般性耗用材料 600 元。本月材料成本差异率为 2%。

3. 外购动力（电力）费用

本月份共用电 45 000 千瓦时，应付电费 13 500 元，其中 A 产品生产直接用电 15 000 千瓦时，B 产品生产直接用电 24 000 千瓦时，机修车间工艺用电 4 500千瓦时，基本生产车间照明用电 1 500 千瓦时。

4. 工资费用

基本生产车间生产工人工资 18 500 元，按本期投入产品所耗生产工时比例分配：基本生产车间管理人员工资 1 500 元；机修车间工人工资 2 000 元，机修车间管理人员工资 1 000 元。（假设不考虑其他职工薪酬，分配率保留 4 位，计算结果保留 2 位）

5. 折旧费用

基本生产车间 1 500 元，机修车间 500 元。

6. 保险费用

该企业本月应支付的保险费共计 1 150 元，其中基本生产车间 850 元，机修车间 300 元。

7. 劳保费用

该企业本月基本生产车间支付的劳保费用为 300 元。

8. 其他有关资料

（1）辅助生产费用

该企业的辅助生产费用规定采用直接分配法分配，本月机修车间共完成修理工时 1 000 小时，其中基本生产车间一般耗用 600 小时，企业管理部门耗用 400 小时。

（2）基本生产车间的制造费用

该企业规定，A、B 两种产品所耗制造费用按生产工时比例分配。

（3）完工产品与在产品费用的分配

该企业采用约当产量法分配完工产品和在产品的费用。

（4）月初在产品情况

A 产品为 48 件，直接材料费用为 2 400 元，燃料动力费用为 900 元，直接人工费用为 656.92 元，制造费用为 963.53 元。

B 产品为 53 件，直接材料费用为 3 180 元，燃料动力费用为 1 050 元，直接人工费用为 640.58 元，制造费用为 624.47 元。

（5）材料在生产开始时一次投入，月末 A 在产品的完工程度为 40%，月末 B 在产品的完工程度为 50%。

要求：（1）根据上列资料，分配各项间费用。（2）计算完工产品和月末在产品成本。（分配率保留 4 位，计算结果保留 2 位）

第九章 CHAPTER 9 分批法

第一节 分批法概述

一、分批法的含义及适用范围

成本计算分批法是指以产品的批别或订单为成本计算对象，归集生产费用，计算产品成本的一种方法。分批法通常适用于单件、小批生产。在单件、小批生产的企业，产品的品种和每批产品的批量往往根据用户的订单确定，因而按照产品批别计算产品成本，往往也就是按照订单计算产品成本，因此产品成本计算的分批法又被称为订单法。

在单件、小批生产的企业，一般是按照事先规定的规格和数量或购买单位的订单来组织生产的。因为单件生产和成批生产都具有一次性的特点，或者都是不定期进行重复生产，如果同时进行几件或几批产品的生产，那么在件与件之间、批与批之间，它们的种类、大小、形态、性质等往往都不相同，所以应单独以每个单件或每一批别来计算产品成本。即使是同一规格的产品，只要是分批组织生产的，也可分别以批次归集生产费用。

分批法还适用于安装、修理以及更新改造项目，比如机械修理厂，通常按每项修理业务计算成本。另外，企业基本生产车间对新产品的试制，辅助生产车间自制设备、模具和工具等也可采用这种方法。

二、分批法的特点

（一）成本计算对象

分批法以产品生产的批别或客户的订单为成本计算对象，设置生产成本明细账，归集生产费用。

对于企业对单件、小批产品的生产，应由生产计划部门根据生产任务的要求、内容等，签发生产通知单并下达生产车间；车间据以组织生产。会计部门按产品批别，以每一批或每一订单的产品为成本计算对象，设置生产成本明细账，据以归集生产费用。

在实际工作中，当一张订单中有多种产品时，为了分析和考核各种产品的成本计划执行情况，便于对产品成本进行管理和控制，就需要按照产品的品种划分批别。当一张订单中只有一种产品，但订购产品的数量多，不便于一次投产，或者购货单位要求分批交货时，也可以分多批组织生产，分多批计算产品成本。当一张订单中只有一件产品，但这件产品是大型复杂产品，价值大，生产周期长，如重型机器设备、大型船舶、飞机等时，也可以按照产品的组成部分分批别组织生产，分批计算产品成本。当同一时期多张订单上订购同一品种规格的产品，订购的数量也不大时，为了经济合理地组织生产，也可以将多张订单中同一品种、规格的产品合为一个批别组织生产，计算产品成本。所以，在实际工作中，成本计算对象不一定是购货单位的订单，而是企业生产计划部门按照购货单位的订单，根据企业的实际情况签发下达的生产任务通知单。通知单对该批生产任务进行编号，这种编号称为产品生产批别或生产令号，成本计算部门应根据产品生产批别设置生产成本明细账。

（二）成本计算期

采用分批法时，各批产品的成本总额要在订单完工以后才计算，因而产品成本计算是不定期的，成本计算期与产品的生产周期是一致的，而和会计报告期不一致。所以，在分批法下，完工产品的成本不仅包括报告月份发生的成本费用，还包括以前月份所发生的成本费用。

（三）生产费用在完工产品和月末在产品之间的分配

在单件生产下，某张订单完工前，其产品成本明细账所归集的生产费用即为在产品成本；完工以后，其产品成本明细账所归集的生产费用就是该订单完工产品的成本。因而在月末计算成本时，不存在生产费用在完工产品与在产品之间分配的问题。

如果是小批生产，批内产品往往同时完工，在月末计算产品成本时，或是全部已经完工，或是全部没有完工，因而一般也不存在生产费用在完工产品与在产品之间分配的问题。

但在实际工作中，有时可能有跨月完工的情况，即某批产品一部分已经完工入库，而另一部分还在加工中。对于已经入库的产品，订货单位又要求交付使用的，就有必要在完工产品和在产品之间分配生产费用，计算出完工产品成本和月末在产品成本。

如果完工产品数量占产品批量比重较小，为简化核算工作，可以按定额单位成本、计划单位成本或最近一期相同产品的实际单位成本计算产成品成本，从产品成本明细账中转出，其余额即在产品成本。如果月份内完工数量较大，为了正确计算完工产品成本，则应根据具体情况采用适当的分配方法（如约当产量法）计算完工产品成本和月末在产品成本。

但是，不论采用哪种方法计算分批完工产品的成本，都带有估计的性质。就是说，已转出的部分完工产品成本不是该部分产品的实际成本。因此，为了正确考核和分析该批产品成本计划的完成情况，在该批产品全部完工时，还应计算该批产品实际总成本和实际单位成本，但对于已经转账的产成品成本，则不作账面调整。

为了使同一批产品尽量能够同时完工，避免跨月陆续完工的情况出现，在合理组织生产的前提下，企业可适当缩小每批产品的投产量，以直接提供当期生产工作的成果和核算资料。

第二节　分批法的应用

一、分批法成本计算的一般程序

（一）按批别开设成本明细账

在各订单或批别产品开始生产之前，会计部门应根据生产计划部门下达的生产通知单为每一订单或批别产品分别设置生产成本明细账，并按成本项目设置专栏。

（二）归集与分配生产费用

为便于按订单或批别归集生产费用，在企业产品生产领用的各种原材料、耗用的有关生产费用的原始凭证上，应分别注明各生产通知单号，以便定期地按生产通知单号整理编制各种生产费用汇总表，并据以登记有关生产成本明细账。

对于生产过程中发生的各项间接费用，也应分别设置有关明细账进行归集，月末采用适当的方法进行分配，并分别计入有关生产成本明细账。

（三）计算完工产品成本

某订单产品完工并经验收合格后，应由生产车间填制产品制造完工通知单，报送会计部门。会计部门收到产品制造完工通知单后，应核对有关会计凭证和生产成本明细账记录，以检查是否把应由该订单产品负担的各项生产费用作了分配并计入生产成本明细账，需要办理退库手续的半成品、原材料费用、废品回收的残料价值等是否已从生产成本明细账中做了扣除。在检查确认无误后，就可根据生产成本明细账和各该订单产品的产量记录资料计算该订单产品的总成本和单位成本。

月末未完工订单产品的生产成本明细账归集的生产费用，就是月末在产品成本。

二、分批法的应用举例

【例 9-1】宏远机械厂根据订货单位的订单进行生产，采用分批法计算产品成本。20××年 10 月份有关生产资料如下：

第一，各批产品的生产情况见表 9-1。

表 9-1 10 月份各批产品的产量和工时

产品批别	产品名称	开工时期	批量（台）	完工产量		本月耗用工时
				9 月	10	
901 批	甲	9 月份	150	30	120	4 560
1001 批	乙	10 月份	130		130	3 640
1002 批	丙	10 月份	180			2 400

第二，901 批甲产品在 9 月份发生的费用为：直接材料费用 183 600 元，直接人工费用 129 600 元，制造费用 60 078 元。

第三，10 月份各批产品耗用原材料的数据为：901 批甲产品耗用原材料 86 400元，1001 批乙产品耗用原材料 130 000 元，1002 批丙产品耗用原材料 331 200 元。

第四，根据 10 月份人工费用分配表得到各批产品的直接人工费用为：901 批甲产品 60 990 元，1001 批乙产品 201 760 元，1002 批丙产品 95 040 元。

第五，10 月份根据制造费用明细账归集的制造费用为 164 300 元，将其按生产工时比例在各批产品之间进行分配。

第六，该厂对于订单内跨月分次出货并先完工的产品按计划成本转出，待订单产品全部完工后再重新计算完工产品的实际总成本和单位成本。本例中 901 批甲产品 9 月份投产 150 台，9 月份完工 30 台，按计划成本进行结转，其中原材料单位计划成本为 1 700 元，直接人工单位计划成本为 1 300 元，制造费用单位计划成本为 600 元。

该厂 10 月份编制的制造费用分配表见表 9-2。

表 9-2 制造费用分配

产品批号	产品名称	工时（小时）	分配率	分配金额（元）
901 批	甲产品	4 560		70 680

续表

产品批号	产品名称	工时（小时）	分配率	分配金额（元）
1001 批	乙产品	3 640		56 420
1002 批	丙产品	2 400		37 200
合计		10 600	15.5	164 300

根据上述资料及制造费用分配表，登记各批产品成本明细账。各批产品成本明细账见表 9-3、表 9-4、表 9-5。

表 9-3　产品成本明细账

批号：901　　投产日期：20××年 9 月 1 日　　批量：150 台

产品名称：甲产品　　完工日期：20××年 10 月 23 日　　单位：元

月	日	摘要	直接材料	直接人工	制造费用	合计
9	31	材料费用分配表	183 600			183 600
9	31	人工费用分配表		129 600		129 600
9	31	制造费用分配表			60 078	60 078
9	31	本月生产费用合计	183 600	129 600	60 078	373 278
9	31	转出完工 30 台成本	51 000	39 000	18 000	108 000
9	31	月末在产品成本	132 600	90 600	42 078	265 278
10	31	材料费用分配表	86 400			86 400
10	31	人工费用分配表		60 990		60 990
10	31	制造费用分配表			70 680	70 680
10	31	本月生产费用合计	86 400	60 990	70 680	218 070
10	31	生产费用累计	219 000	151 590	112 758	483 348
10	31	转出完工 120 台成本	219 000	151 590	112 758	483 348
10	31	本批产品总成本	270 000	190 590	130 758	591 348
10	31	本批产品单位成本	1 800	1 270.60	871.72	3 942.32

表 9-4　产品成本明细账

批号：1001　　投产日期：20××年 10 月 1 日　　批量：130 台

产品名称：乙产品　　完工日期：20××年 10 月 29 日　　单位：元

月	日	摘要	直接材料	直接人工	制造费用	合计
10	31	材料费用分配表	130 000			130 000

续表

月	日	摘要	直接材料	直接人工	制造费用	合计
10	31	人工费用分配表		201 760		201 760
10	31	制造费用分配表			56 420	56 420
10	31	本月生产费用合计	130 000	201 760	56 420	388 180
10	31	转出产成品成本	130 000	201 760	56 420	388 180
10	31	产成品单位成本	1 000	1 552	434	2 986

表 9-5　产品成本明细账

批号：1002　　投产日期：20××年 10 月 11 日　　批量：180 台

产品名称：丙产品　　完工日期：20××年×月×日　　单位：元

月	日	摘要	直接材料	直接人工	制造费用	合计
10	31	材料费用分配表	331 200			331 200
10	31	人工费用分配表		95 040		95 040
10	31	制造费用分配表			37 200	37 200
10	31	本月生产费用合计	331 200	95 040	37 200	463 440
10	31	生产费用累计	331 200	95 040	37 200	463 440

第三节　简化的分批法——间接费用累计分配法

在单件、小批生产的企业或车间中，如果出现同一月份内投产的批数很多，往往有几十批甚至上百批，但到月终时，完工产品的批数却较少的情况，则各种间接费用在各批产品之间按月进行分配的工作量就会极为繁重。因此，为了简化核算工作，在投产批数较多而完工批数较少的企业，可采用一种简化的分批法，即累计间接费用分配法（又叫不分批计算在产品成本的分批法），以减少计算间接费用分配的工作量。

一、简化分批法的特点

采用简化分批法计算时，每月发生的人工费用（假设都是间接计入费用）和制造费用等间接费用，不是按月在各批产品之间进行分配，而是将这些间接费用累计起来，待产品完工时，按照完工产品累计的分配标准（生产工时数）

比例，在各批完工产品之间进行分配，所以这种方法被称为间接费用累计分配法。又由于采用这种方法时，月末未完工产品的批别，即月末在产品不再分配间接费用，所以这种方法又被称为不分批计算在产品成本的分批法。

二、简化分批法的核算程序

（一）产品成本明细账的设置

采用简化分批法时，仍应按照产品的批别设置产品成本明细账。在各批产品完工之前，明细账内只需按月登记直接费用（如原材料费用）和间接费用的分配标准数额（如生产工时）。

（二）设置生产成本二级账

由于各批产品成本明细账上归集的生产费用不完整，在简化分批法下，应设置一张产品生产成本二级账。账中不仅要登记全部产品的生产费用（包括月初在产品费用、本月费用和累计费用），而且还要登记全部产品的间接费用分配标准（如包括月初在产品工时、本月工时和累计工时）。

（三）计算间接费用累计分配率

在有完工产品的月份，根据生产成本二级账中累计的分配标准（累计工时）对间接费用进行分配。

间接费用累计分配率的公式如下：

$$\text{间接费用累计分配率}=\frac{\text{各批产品累计间接费用}}{\text{各批产品累计分配标准（生产工时）总数}}$$

$$\begin{array}{c}\text{完工产品批别应负担}\\\text{的间接费用}\end{array}=\begin{array}{l}\text{该批产品的累计分配}\\\text{标准（生产工时）数}\end{array}\times\text{间接费用累计分配率}$$

各项间接费用一般按工时比例进行分配。

（四）完工产品成本的计算

某批产品只要有完工产品，就要按照该批完工产品累计工时的比例计算其完工产品应分摊的间接费用，然后将计算出的完工产品应分摊的各项间接费用计入完工产品成本明细账，计算出各批完工产品的总成本和单位成本。

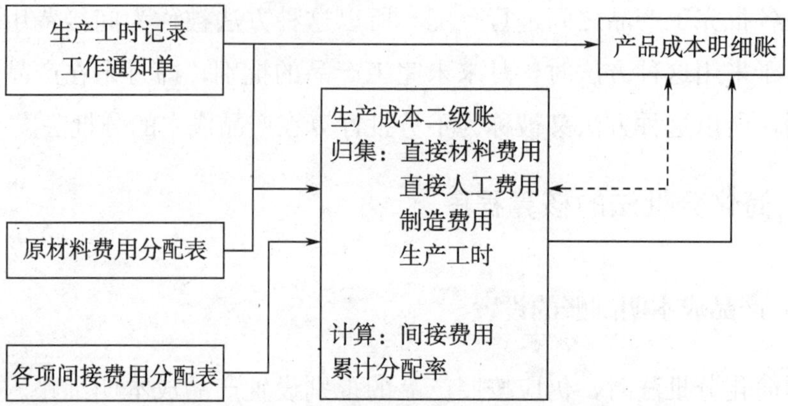

图 9-1 简化分批法程序及账簿体系

说明：

(1) 根据原材料费用分配表和工作通知单或工序进程单等工时记录，将各批产品耗用的直接材料费用、生产工时等分别计入生产成本二级账和各批产品成本明细账。

(2) 根据间接费用分配表，将人工费用和制造费用等计入生产成本二级账。

(3) 月终，将生产成本二级账中的直接材料费用、生产工时与各批产品成本明细账进行核对。

(4) 月终，如有完工批别产品，计算累计分配率，并据此分配人工费用和制造费用等间接费用。

三、简化分批法的举例

假设某厂属小批生产，产品批数多。为了简化核算，采用简化的分批法，即间接费用累计分配法进行计算。该厂 8 月份的产品批号有：

6003 批号：甲产品 10 台，6 月份投产，本月完工。

6004 批号：乙产品 15 台，6 月份投产，本月完工 10 台（系一次投料）。

7002 批号：丙产品 8 台，7 月份投产，本月尚未完工。

8001 批号：丁产品 5 台，8 月份投产，本月尚未完工。

8002 批号：戊产品 4 台，8 月份投产，本月完工 2 台（系一次投料）。

6004 批乙产品和 8002 批戊产品本月部分完工，产品所耗原材料在生产开始时一次投入。直接材料费用按完工产品与月末在产品的数量比例分配，其他成本项目按生产工时计算。乙产品月末在产品定额工时总数为 2 000 小时，戊产品月末在产品定额工时总数为 380 小时。

该厂 8 月份的月初在产品成本和本期生产费用以及生产工时已归集在基本生产成本二级账和各批产品成本明细账内，见表 9-6。

表 9-6　基本生产成本二级账

单位：元

月	日	摘要	直接材料	工时	直接人工	制造费用	合计
7	31	月末在产品	93 600	8 540	32 452	46 970	173 022
8	31	本月发生	38 320	7 220	30 588	47 590	116 498
8	31	累计	131 920	15 760	63 040	94 560	289 520
8	31	间接费用累计分配率			4	6	
8	31	完工转出	70 040	9 760	39 040	58 560	167 640
8	31	月末在产品	61 880	6 000	24 000	36 000	121 880

当本月内甲产品全部完工，乙、戊产品部分产品完工时，按所耗工时和各项费用数计算某项费用的累计分配率，然后计算某批完工产品应负担的某项费用额。本例的累计分配率计算如下：

直接人工分配率＝63 040÷15 760＝4

制造费用分配率＝94 560÷15 760＝6

基本生产成本二级账中完工转出的直接材料费用和生产工时，应根据其所属各批产品成本明细账中完工转出的直接材料和生产工时汇总登记。本月完工转出的直接人工、制造费用可根据账中完工产品的生产工时分别乘以各该累计费用分配率计算登记，也可根据其所属各批产品成本明细账中完工转出的各该费用分别汇总登记。

表 9-7　生产成本明细账

批号：6003　　投产日期：20××年 6 月 13 日　　批量：10 台

产品名称：甲产品　　完工日期：20××年 8 月 25 日　　单位：元

月	日	摘要	直接材料	工时	直接人工	制造费用	合计
6	30	本月发生额	19 872	1 600			

续表

月	日	摘要	直接材料	工时	直接人工	制造费用	合计
6	30	月末在产品	19 872	1 600			
7	31	本月发生额	13 248	1 600			
7	31	月末在产品	33 120	3 200			
8	31	本月发生额		800			
8	31	累计数及累计费用分配率	33 120	4 000	4	6	
8	31	本月完工产品转出	33 120	4 000	16 000	24 000	73 120
8	31	单位成本	3 312	400	1 600	2 400	7 312

表 9-8　生产成本明细账

批号：6004　　投产日期：20××年 6 月 16 日　　批量：15 台

产品名称：乙产品　完工数量：10 台　完工日期：20××年 8 月 25 日　　单位：元

月	日	摘要	直接材料	工时	直接人工	制造费用	合计
6	30	本月发生额	43 200	2 000			
6	30	月末在产品	43 200	2 000			
7	31	本月发生额		2 500			
7	31	月末在产品	43 200	4 500			
8	31	本月发生额		2 500			
8	31	累计数及累计费用分配率	43 200	7 000	4	6	
8	31	本月完工产品转出	28 800	5 000	20 000	30 000	78 800
8	31	月末在产品	14 400	2 000			

表 9-9　生产成本明细账

批号：7002　　投产日期：20××年 7 月 10 日　　批量：8 台

产品名称：丙产品　　完工日期：20××年×月×日　　单位：元

月	日	摘要	直接材料	工时	直接人工	制造费用	合计
7	31	本月发生额	17 280	840			
7	31	月末在产品	17 280	840			
8	31	本月发生额	11 520	1 400			
8	31	月末在产品	28 800	2 240			

表 9-10　生产成本明细账

批号：8001　　　　投产日期：20××年8月1日　　　　批量：5台

产品名称：丁产品　　　　完工日期：20××年×月×日　　　　单位：元

月	日	摘要	直接材料	工时	直接人工	制造费用	合计
8	31	本月发生额	10 560	1 380			
8	31	月末在产品	10 560	1 380			

表 9-11　生产成本明细账

批号：8002　　　　投产日期：20××年8月6日　　　　批量：4台

产品名称：戊产品　　完工数量：2台　完工日期：20××年8月31日　　单位：元

月	日	摘要	直接材料	工时	直接人工	制造费用	合计
8	31	本月发生额	16 240	1 140			
8	31	累计数及累计费用分配率	16 240	1 140	4	6	
8	31	本月完工产品转出	8 120	760	3 040	4 560	15 720
8	31	月末在产品	8 120	380			

在各批产品成本明细账中，在有完工产品的月份，除了登记直接材料费用和生产工时，以及各该累计数以外，还应根据生产成本二级账登记各项间接费用累计分配率，计算该批产品负担的间接费用。在没有完工产品的月份，则不登记间接费用。因而在各批产品成本明细账中，月末在产品只反映生产工时和直接材料费用。

四、简化分批法的优缺点

简化分批法下，间接费用在各批产品之间的分配，以及在完工产品和在产品之间的分配，是在有产品完工时，利用间接费用累计分配率一次分批完成的。这不仅简化了间接费用的分配，还可简化对未完工批别产品成本明细账的登记工作。未完工批数越多，核算越简化。

但简化分批法存在两个缺点：

第一，各批未完工产品成本明细账上，不反映工费成本，也就不能完整地反映各批产品的在产品成本。

第二，完工产品的成本是按完工月份的分配率一次计入的，如果各月份工费成本的波动较大，就可能与实际发生的工费不相符合，会影响成本计算的正确性。假定前几个月间接费用较高，而本月较低，则对当月投产、当月完工的产品，按累计间接费用分配率分配计算，就会发生成本偏高的现象。因此，这一方法在各月工费成本大致均衡的情况下比较适用。

【思考与练习】

一、判断题

1. 分批法适用于单件、小批生产的企业或车间。

2. 分批法下，由于成本计算期是不固定的，与生产周期一致，因此在任何情况下，月末不存在完工产品与在产品之间分配费用的问题。

3. 如果一张订单规定有几种产品，应合为一批组织生产。

4. 如果各月间间接计入费用水平相差悬殊或月末未完工产品批数较多，则不宜采用累计间接费用分配法。

5. 分批法下，如果批内产品跨月陆续完工出货，则完工产品的成本不论批量大小，都只能按实际成本计算结转。

6. 采用简化分批法时，各批产品之间分配间接计入费用的工作和完工产品与在产品之间分配间接计入费用的工作，都是利用累计间接计入费用分配率，到产品完工时合并在一起进行的。

7. 为了使同一批产品同时完工，避免跨月陆续完工的情况，减少在完工产品与月末在产品之间分配费用的工作，产品的批量越小越好。

8. 采用简化的分批法时，必须设立基本生产成本二级账。

9. 简化分批法下，在各该批产品完工以前，产品成本明细账只需按月登记直接费用。

10. 简化分批法在各该批产品完工以前，生产成本二级账只需登记累计的生产工时和累计的直接费用。

二、单项选择题

1. 分批法是按照（　　）计算产品成本的一种方法。

A. 产品品种　　　　B. 产品工艺过程

C. 产品批别　　　　D. 产品种类

2. 如果一张订单中有几种不同的产品，则其成本明细账应按（　　）设置。

A. 该订单

B. 该订单下不同的产品

C. 该订单下各产品的不同步骤

D. 产品完工的先后顺序

3. 简化的分批法与分批法的区别主要表现在（　　）。

A. 不进行间接费用的分配　　B. 不分批核算原材料费用

C. 不分批计算完工产品成本　　D. 不分批计算在产品成本

4. 分批法、简化分批法成本计算期的确定是（　　）。

A. 分批法按生产周期进行；简化分批法是定期的，即按月进行

B. 分批法按月定期进行，简化分批法按生产周期进行

C. 两种方法全部按月进行，与生产周期不同步

D. 两种方法全部是不定期的，按生产周期进行

5. 采用简化分批法时，在产品完工之前，产品成本明细账（　　）。

A. 不登记任何费用

B. 只登记直接计入费用（如原材料费用）和生产工时

C. 只登记原材料费用

D. 登记间接计入费用，不登记直接计入费用

6. 在简化分批法下，累计间接计入费用分配率（　　）。

A. 只是在各批产品之间分配间接计入费用的依据

B. 只是在各批在产品之间分配间接计入费用的依据

C. 既是在各批产品之间，也是在完工产品与在产品之间分配间接计入费用的依据

D. 只是在完工产品与在产品之间分配间接计入费用的依据

7. 某企业采用分批法计算产品成本。6 月 1 日投产甲产品 5 件，乙产品 3 件；6 月 15 日投产甲产品 4 件，乙产品 4 件，丙产品 3 件；6 月 26 日投产甲产品 6 件。该企业 6 月份应开设产品成本明细账的张数是（　　）。

A. 3 张　　B. 4 张　　C. 5 张　　D. 6 张

8. 简化分批法是（　　）。

A. 不计算在产品成本的分批法

B. 不分批计算在产品成本的分批法

C. 不分批计算完工产品成本的分批法

D. 分批计算完工产品和在产品成本的分批法

9. 下列成本计算方法中，成本计算期与生产周期一致的有（　　）。

A. 品种法　　B. 分批法　　C. 分类法　　D. 分步法

10. 下列情况中，不宜采用简化分批法的是（　　）。

A. 各月间接计入费用水平相差较多

B. 月末未完工产品批数较多

C. 同一月份投产的批数较多

D. 各月间接计入费用水平相差不多

三、多项选择题

1. 产品成本计算的分批法适用于（　　）。

A. 小批生产　　B. 单件生产

C. 分批轮番生产同一种产品　　D. 大量生产

E. 大批生产

2. 分批法下，产品批别可以按（　　）设置。

A. 客户的订单　　B. 产品的种类

C. 一张订单下不同的产品　　D. 按订单分步骤

E. 相同产品的不同订单

3. 生产成本二级账中月末在产品的各项间接费用的金额，可以根据（　　）登记。

A. 该二级账月末在产品生产工时分别乘以各该费用累计分配率计算

B. 各批产品成本明细账月末在产品的各该费用分别汇总

C. 各该费用的累计数分别减去完工产品的相应费用计算

D. 各批产品成本明细账月末在产品的生产工时之和乘以各该费用累计分配率计算

4. 采用简化分批法，各月（　　）。

A. 只计算完工产品成本

B. 只对完工产品分配间接计入费用

C. 不分批计算在产品成本

D. 月末在产品成本只以总额反映在基本生产成本二级账中

5. 采用简化分批法（　　）。

A. 必须设立基本生产成本二级账

B. 在产品完工之前，产品成本明细账只登记直接计入费用和生产工时

C. 在基本生产成本二级账中累计登记间接计入费用

D. 不分批计算在产品成本

四、业务题

1. 资料：某厂采用分批法计算产品成本。20××年 8 月投产 801 批产品，同时继续生产 7 月份投产的 702 号产品。

（1）本月发生原材料费用如下表，按定额费用比例进行分配，转入成本计算单（单位：元）。

批号	产品	定额总费用	共同用料（计划成本）	材料成本差异（差异率 5%）	实际成本
801 批	甲	20 000			
702 批	乙	30 000			
合计	—	50 000	60 000		

（2）工时、直接人工及制造费用情况如下表，要求按各批产品工时比例分配人工费用和制造费用，然后转入成本计算单（单位：元）。

批号	产品	生产工时（小时）	直接人工	制造费用
801 批	甲	6 000		
702 批	乙	8 000		
合计		14 000	7 000	4 000

（3）801 批甲产品系 8 月份投产，批量 100 件，本月完工 20 件，按单位计划成本 267 元转出，其项目单位成本为：原材料 190 元，直接人工 25 元，制造费用 52 元。

（4）702 批乙产品系 7 月份投产，批量 200 件。其中 7 月份完工 50 件，按单位计划成本 456 元转出，其项目单位成本为：原材料 340 元，直接人工 40 元，制造费用 76 元。剩余 150 件在 8 月份全部完工，计算全部产品的实际成本。7 月份发生的费用合计为 41 000 元，其各成本项目分别为：原材料 30 000 元，直接人工 3 800 元，制造费用 7 200 元。

要求：采用分批法编制 801、702 批的产品成本计算单。

2. 资料：某厂属小批生产企业，产品批数多，但月末未完工产品又很多，因而采用简化分批法计算产品成本。

(1) 10月份该厂产品的批号有：

807：甲产品16件，8月12日投产，本月16日完工；

901：乙产品20件，9月15日投产，尚未完工；

902：丙产品14件，9月17日投产，本月28日完工；

903：丁产品10件，9月25日投产，尚未完工；

1001：戊产品8件，10月14日投产，尚未完工。

(2) 各批号直接费用与工时如下表：

批号	产品	原材料费用（元）			工时（小时）		
		8月	9月	10月	8月	9月	10月
807	甲	48 000	16 000	1 600	1 700	1 960	1 040
901	乙	—	70 000	—	—	2 400	3 000
902	丙	—	12 880	—	—	2 800	2 400
903	丁	—	8 600	2 000	—	3 600	3 200
1001	戊	—	—	8 600	—	—	4 200

(3) 该厂8月份汇总的生产工人人工费用为2 500元，9月份为21 008元，10月份为28 040元。

(4) 该厂8月份汇总的制造费用为1 052元，9月份为13 600元，10月份为14 278元。

要求：(1) 根据上述资料，采用简化分批法，计算各批完工产品的成本，其中901批产品原材料为生产开始时一次投入。

(2) 登记基本生产成本二级账，并将余额与各批产品成本明细账中的月末在产品余额核对相符。

(3) 编制完工产品成本的会计分录。

CHAPTER 10 第十章

分步法

第一节　分步法概述

一、分步法的含义

分步法是以产品的生产步骤为成本计算对象，分别不同产品的各个生产步骤，归集生产费用，计算产品成本的方法。它适用于大量、大批、多步骤生产的企业，如冶金、纺织、机械制造等企业。在这类企业中，产品的生产可以划分为若干个生产步骤进行，每个生产步骤就要形成一种半成品。这些半成品是下一步骤的加工对象，直到最后步骤生产出产成品。为了加强各生产步骤的成本管理，往往不仅要求按照产品的品种计算成本，而且还要求按照生产步骤计算成本，以便为考核和分析各种产品及其各生产步骤的成本计划执行情况提供资料。对于某些以大量流水生产或装配式复杂生产为主要生产方式的企业，也可采用分步法计算产品成本，以满足企业内部生产管理、成本管理的需要。

二、分步法的特点

分步法计算产品成本的特点可归纳如下：

（一）成本计算对象

分步法的成本计算对象是各步骤的半成品和最后步骤的产成品。也就是说，在分步法下，不仅要按照产品品种计算成本，而且还要求按照生产步骤计算成本。因此，在计算产品成本时，应按产品的生产步骤和产品的品种设立产品成本明细账。对于生产过程中发生的材料、工资、其他费用应分别生产步骤进行核算，属于各产品的费用按产品归集；对于每一步骤的一般费用，先按整个步骤归集，然后按一定标准在该步骤的各种产品之间进行分配。

但是，在实际工作中，成本计算的各步骤划分要考虑成本管理的需要，不一定与实际的生产步骤完全一致。在管理上不要求对某些加工步骤单独计算成本，为了简化成本计算工作，可将若干生产步骤归并为一个步骤计算成本。如造纸厂的纸浆车间有备料、蒸煮、漂白、抄浆、打浆等实际加工步骤，造纸厂通常将上述生产步骤合并为制浆步骤，归集生产费用和计算产品成本。此外，在按生产步骤设立车间的企业中，一般说来，分步计算成本也就是分车间计算成本。但是，如果企业生产规模很小，管理上不要求分车间计算成本，也可以将几个车间合并为一个步骤计算成本。相反，如果企业生产规模很大，车间内还可以分成几个生产步骤，管理上又要求分步计算成本，这时，也可在车间内分步计算成本。总之，企业应根据成本管理要求，结合简化计算工作的原则，以产品生产步骤为基础确定成本计算对象。

（二）成本计算期

分步法计算成本是定期进行的，成本计算期与会计报告期一致，而与产品生产周期不一致。在大量、大批生产的企业，由于连续不断地重复投入产出，即原材料连续投入，产品也连续不断完工，在生产过程中始终有一定数量的在产品存在，不划分生产批次，不规定生产工期，所以产品的成本计算不可能按产品的生产周期进行，只能在会计分期前提之下，按月定期计算产品成本。

（三）生产费用在完工产品和在产品之间的分配

分步法计算成本需要将成本费用在完工产品和在产品之间进行分配。由于大量、大批、多步骤生产的工艺复杂，生产过程是连续不断的，在月末计算产品成本时，各步骤一般都会有一些未完工的产品存在。因此，在计算成本时，就需要采用一定的方法，将各步骤本期所发生的生产费用在完工产品与在产品之间进行分配，以计算出完工产品（包括半成品和产成品）成本和月末在产品成本。

另外，由于分步法下，前步骤生产的半成品又是下步骤生产的原料，因此分步法在运用中还需要考虑如何将前步骤生产的半成品成本结转计入下一步骤。这是分步法不同于其他方法的特征。

三、分步法的种类

分步法按是否需要计算和结转各步骤半成品成本，可以分为逐步结转分步法和平行结转分步法两种。如果成本管理要求计算和结转各步骤半成品成本，可以采用逐步结转分步法计算产品成本。这种方法可以提供半成品的成本，也称为计列半成品成本法。如果成本管理不要求计算各步骤半成品成本，可以采用平行结转分步法计算产品成本。因此，这种方法也称为不计列半成品成本法。

第二节 逐步结转分步法

逐步结转分步法又称顺序结转分步法，是指按照产品加工步骤的先后顺序，逐步计算并结转半成品成本，前一步骤的半成品成本，随着半成品实物的转移而结转到后一步骤的产品成本中，直到最后步骤累计计算出产成品成本的一种成本计算方法。这种方法的显著特点是能够提供各步骤完整的半成品成本资料，因此它也被称为计列半成品成本法。它适用于半成品具有独立经济意义、需要对外销售，或管理上要求提供半成品成本资料的大量、大批、多步骤生产的企业。

一、逐步结转分步法的核算程序

（一）产品成本明细账的设置

企业所生产的各种产品都应分别按照规定的成本计算步骤设置明细账，账内按照成本项目设置“直接材料（或自制半成品）”、“直接人工”和“制造费用”等专栏，用以归集和分配各生产步骤的各种成本费用。

如果企业生产一种产品，则只需要按该种产品及规定步骤或车间设置其成本明细账；如果企业同时生产几种产品并都要求分步骤计算成本，则首先在分别产品品种设账的前提下，对每一种产品的成本计算步骤或车间分设相应的明细账，以便分别归集费用，正确计算产品成本。

（二）生产费用的归集

如果一个步骤只生产一种产品，那么这个步骤所发生的费用都可以直接计入该产品的成本明细账内。如果一个步骤生产多种产品，凡可以区分的费用也应直接计入各该产品的成本明细账内；若是几种产品共同耗用的费用，那么需按照适当的分配方法进行分配后计入。

（三）结转半成品成本

在逐步结转分步法下，各步骤完工转出的半成品成本，应该从各该步骤的产品成本明细账中转出；各步骤领用的半成品成本，构成下一步骤的一项费用，称为半成品费用，应该计入各该步骤的产品成本明细账中。即先归集第一步骤所发生的生产费用，计算第一步骤半成品的成本；然后，随半成品的转移将第一步骤半成品成本转入第二步骤，再加上本步骤生产费用，以求得第二步骤的生产成本；以此类推，直至最后一个步骤计算出产成品的成本。

半成品实物的流转程序有两种：一种是半成品不通过仓库收发，另外一种是半成品通过仓库收发。

1. 半成品不通过仓库收发

如果半成品完工后，不通过半成品库收发，而直接为下一步骤领用，则半成品成本应在各步骤的产品成本明细账之间直接结转。其核算程序见图 10-1。

第一步骤产品成本明细账(元)	
直接材料	9 800
直接人工	4 200
制造费用	3 300
第一步骤半成品成本	13 000
第一步骤在产品成本	4 300

第二步骤产品成本明细账(元)	
上步骤转入半成品成本	13 000
直接人工	4 500
制造费用	1 500
第二步骤半成品成本	15 500
第二步骤在产品成本	3 500

最后步骤产品成本明细账(元)	
上步骤转入半成品成本	15 500
直接人工	2 800
制造费用	2 000
最后步骤半成品成本	18 000
最后步骤在产品成本	2 300

图 10-1　逐步结转分步法成本核算程序（不通过仓库）

2. 半成品通过仓库收发

如果各步骤半成品完工后须通过仓库收发，那么应设置自制半成品明细账进行核算，并在收发时编制相应的会计分录。在验收入库时，应借记“自制半成品”科目，贷记“生产成本——基本生产成本——N 步骤”科目；在下一步骤领用时，结转发出成本，借记“生产成本——基本生产成本——N+1 步骤”科目，贷记“自制半成品”科目。其核算程序见图 10-2。

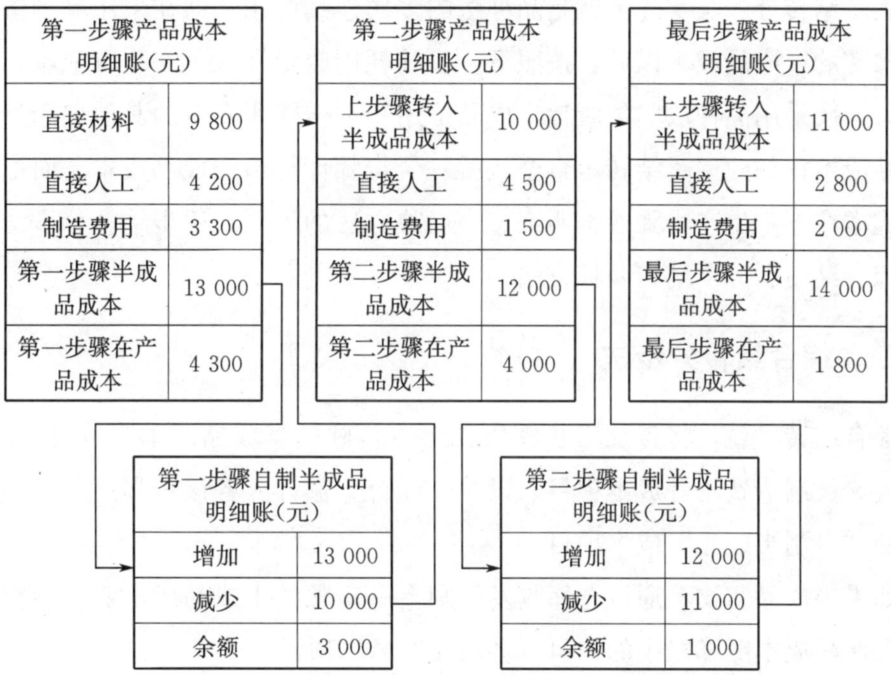

图 10-2　逐步结转分步法成本核算程序（通过仓库）

二、逐步结转分步法的特点

（一）半成品成本随实物转移同步转移

各加工步骤的半成品成本随着半成品实物的转移在各加工步骤之间顺序结转。如前所述，半成品实物转移的方式有两种：一种是上一步骤完工的半成品，直接转入下一步骤继续加工；另一种是半成品完工后，不为下一步骤直接领用，而要通过半成品仓库收发。不论哪种方式，半成品的实物均未与其成本脱离。该方法不仅反映最终产品成本，而且也反映各加工步骤半成品成本，以满足企业对半成品成本核算的需要。

（二）在产品的含义

逐步结转分步法下的在产品是狭义的在产品，仅指某车间或某步骤正在加工或装配中的零件、部件和半成品。因此，在产品成本是按在产品实物所在地反映的。各步骤产品成本明细账的期末余额，反映结存在该步骤在产品的全部成本。

逐步结转分步法实际上就是品种法的多次连续应用，即在采用品种法计算上一步骤的半成品成本以后，按照下一步的耗用数量转入下一步骤成本；下一步骤再一次采用品种法归集所耗半成品费用和本步骤所发生的其他费用计算其半成品成本；如此逐步结转，直至最后一个步骤计算出产成品成本。而按照半成品成本在下一生产步骤成本明细账中反映方法的不同，逐步结转分步法又可分为综合结转和分项结转两种方法。

三、综合结转分步法

综合结转，就是将各加工步骤所耗上一步骤的半成品成本不分直接材料、直接人工、制造费用等成本项目，以一个综合金额计入各该步骤产品成本明细账中的"自制半成品"成本项目。

如果半成品实物不通过仓库收发，则上一步骤的半成品成本要等额转入下一步骤产品成本明细账中的"自制半成品"成本项目。

如果半成品实物通过仓库收发，需要企业增设"自制半成品"科目，并按照半成品的种类设置明细账。此时，半成品可以按实际成本结转，也可以按计划成本结转。半成品按实际成本结转时，由于各月所产半成品的实际单位成本往往不等，因此所耗半成品的实际单位成本要采用先进先出法、加权平均法等方法来确定。半成品按计划成本结转时，半成品的日常收发均按计划成本核算。待计算出半成品实际成本后，再计算半成品的成本差异率，调整所耗半成品的计划成本为实际成本。

（一）综合结转分步法举例

【例 10-1】某厂生产甲产品，分两个步骤分别在两个车间进行加工。第一步骤生产 A 半成品，完工后全部交给半成品仓库；第二步骤从半成品仓库中领用A半成品继续加工成甲产成品，全部交产成品仓库。半成品仓库发出的A半成品按全月一次加权平均法计算其实际成本。根据以下资料，采用综合结转的逐步结转分步法计算甲产品成本。

1. 产量资料见下表：

表 10-1　产量资料

产品名称：甲产品　　　　20××年5月份　　　　单位：件

项目	月初在产品	本月投入或转入	本月完工或转出	月末在产品
第一步骤	150	450	500	100
第二步骤	200	700	600	300

原材料在第一步骤开工时一次投入，第二步骤领用的半成品也在该生产步骤生产开始时投入。工费随加工程度发生，各加工步骤的月末在产品加工程度均为50%。

2. 月初各步骤在产品成本资料见下表：

表 10-2　月初在产品成本资料

20××年5月　　　　单位：元

项目	直接材料	自制半成品	直接人工	制造费用	合计
第一步骤	2 850		1 650	3 450	7 950
第二步骤		7 700	1 800	3 825	13 325

3. 月初库存A半成品400件，其实际成本为17 700元。

4. 本月发生生产费用（第二步骤不包括上步骤转入的费用）见表10-3。

表 10-3　本月生产费用

20××年5月　　　　单位：元

项目	直接材料	直接人工	制造费用	合计
第一步骤	9 390	4 537.50	2 242.50	16 170
第二步骤		6 075	13 050	19 125

5. 各步骤成本计算为：

（1）第一步骤产品成本计算单：

表 10-4 产品成本计算单

第一步骤 A 半成品　　20××年 5 月　　单位：元

项目	直接材料	直接人工	制造费用	合计
月初在产品成本	2 850	1 650	3 450	7 950
本月生产费用	9 390	4 537.50	2 242.50	16 170
合计	12 240	6 187.50	5 692.50	24 120
约当生产总量	600	550	550	
分配率（单位成本）	20.4	11.25	10.35	42
完工半成品成本	10 200	5 625	5 175	21 000
月末在产品成本	2 040	562.50	517.50	3 120

原材料的约当生产总量＝500＋100＝600

工费的约当生产总量＝500＋100×50%＝550

根据第一步骤完工产品交库单，编制会计分录如下：

借：自制半成品——A 半成品　　21 000

　　贷：生产成本——基本生产成本——第一步骤　　21 000

（2）登记自制半成品明细账：

表 10-5 自制半成品明细账

产品名称：A 半成品　　20××年 5 月　　单位：元

摘要	收入			发出			结存		
	数量（件）	单价	金额	数量（件）	单价	金额	数量（件）	单价	金额
月初结存							400	44.25	17 700
本月入库	500	42	21 000				900	43	38 700
本月发出				700	43	30 100	200	43	8 600

A 半成品的加权平均单位成本$=\frac{400\times 44.25+500\times 42}{400+500}=43$（元）

第二步骤领用 A 半成品数量为 700 件，加权平均单价为 43 元，则第二步骤领用 A 半成品总成本为：

43×700＝30 100（元）

编制第二步骤领用 A 半成品的会计分录如下：

借：生产成本——基本生产成本——第二步骤　　30 100

贷：自制半成品——A半成品　　　　　　　　　30 100

（3）第二步骤产品成本计算单：

表 10-6　产品成本计算单

产品名称：甲产品　　　　　　　　20××年5月　　　　　　　　　单位：元

项目	自制半成品	直接人工	制造费用	合计
月初在产品成本	7 700	1 800	3 825	13 325
本月生产费用	30 100	6 075	13 050	49 225
合计	37 800	7 875	16 875	62 550
约当产量总量	900	750	750	
分配率（单位成本）	42	10.5	22.5	75
完工产品成本	25 200	6 300	13 500	45 000
月末在产品成本	12 600	1 575	3 375	17 550

自制半成品约当总产量＝600＋300＝900（件）

工费约当总产量＝600＋300×50%＝750（件）

6. 假定半成品成本按计划成本计算，A半成品计划单位成本为45元。有关半成品成本的调整和自制半成品明细账的登记见表10-7。

表 10-7　自制半成品明细账

半成品：A半成品　　　　　　　　　　　　　　　　　　　　　　单位：元

月份	月初结存			本月增加			
	数量(件)(1)	计划成本(2)	实际成本(3)	数量(件)(4)	计划成本(5)	实际成本(6)	数量(件)(7)＝(1)＋(4)
5	400	18 000	17 700	500	22 500	21 000	900
6	200	9 000	8 598.6				

月份	合计				本月减少		
	计划成本(8)＝(2)＋(5)	实际成本(9)＝(3)＋(6)	成本差异(10)＝(9)－(8)	差异率(11)＝(10)/(8)	数量(件)(12)	计划成本(13)＝(12)×45	实际成本(14)＝(13)＋(13)×(11)
5	40 500	38 700	－1 800	－4.44%	700	31 500	30 101.4
6							

根据第一步骤的产品成本计算单，完工半成品入库的会计分录如下：

借：自制半成品——A半成品　　　　　　22 500

　　贷：生产成本——基本生产成本——第一步骤　　22 500

借：生产成本——基本生产成本——第一步骤　　　　1 500

　　贷：材料成本差异——自制半成品差异　　　　　　1 500

第二步骤领用A半成品的会计分录如下：

借：生产成本——基本生产成本——第二步骤　　　　31 500

　　贷：自制半成品——A半成品　　　　　　　　　　31 500

借：材料成本差异——自制半成品差异　　　　　　1 398.6

　　贷：生产成本——基本生产成本——第二步骤　　　1 398.6

在按计划成本综合结转的情况下，为了调整所耗半成品的成本差异，自制半成品明细账不仅要反映半成品收支和结存的数量和实际成本，而且要反映半成品收支和结存计划成本、成本差异和差异率。在产品成本计算单中，对于所耗上步骤半成品成本，可以按调整成本差异后的实际成本登记，也可以按所耗半成品的计划成本和成本差异分别登记，以便分析上一步骤半成品成本差异对本步骤成本的影响。这时产品成本计算单"自制半成品"项目要分设"计划成本"、"成本差异"、"实际成本"三栏。

半成品按计划成本结转，可以简化和加速核算工作，也便于进行成本考核和分析，但要对所耗半成品的计划成本进行调整。按实际成本结转，不利于明确责任，并且会影响成本计算的及时性。企业具体采用哪种计价方法，需根据自己的生产特点和管理要求来决定。

(二) 成本还原

1. 成本还原的意义

采用综合结转法结转半成品成本，在加工步骤较多的情况下，产成品成本中"自制半成品"成本项目所占的比重很大，其综合了以前各加工步骤生产产品发生的各项费用；而工、费等成本项目中只反映最后一个步骤的费用，其在产成品成本中所占比重很小。这不符合产成品成本构成的实际情况，不利于从整个企业角度考核与分析产成品成本的结构。因此，必须对产成品成本中的"自制半成品"成本项目进行还原，将产成品成本还原为按原始成本项目反映的成本，以满足企业考核和分析产成品成本构成的需要。

2. 成本还原的方法

成本还原的基本方法是按照反工艺顺序进行的。即从最后一个生产步骤开始，将其所耗用的上一生产步骤自制半成品的综合成本，按照一定的还原方法依次向前逐步分解，直到第一生产步骤还原为原始成本项目反映的成本。然后，将各生产步骤相同成本项目的成本数额加以汇总，即可求得按原始成本项目反映的产成品实际总成本。这一实际总成本与成本还原前产成品的实际成本一定是相等的。成本还原改变了产成品成本的构成，但不会增加或减少产成品的总成本。

成本还原的具体方法通常有以下两种：

（1）按半成品各成本项目占全部成本的比重还原

采用这种方法，首先要确定各步骤完工产品的成本结构，即各成本项目占全部成本的比重。然后，从最后一个生产步骤开始，将产成品成本中的半成品综合成本乘以前一步骤该种半成品的各成本项目的比重，就可以把综合成本进行分解。如果成本计算在两步以上，那么第一次成本还原后，还会有未还原的半成品成本。这时应将未还原的半成品成本再乘以前一步骤该种半成品各成本项目的比重，依此类推，直到半成品成本还原为原始成本项目为止。

下面，以本节例题为例说明这种方法。

首先，计算第一步骤半成品的成本结构，见表 10-8。

表 10-8　A 半成品成本结构

项目	直接材料	直接人工	制造费用	合计
单位成本	20.4	11.25	10.35	42
比重	48.571 4%	26.785 7%	24.642 9%	100%

产成品成本 45 000 元中所耗自制半成品成本为 25 200 元，按上述 A 半成品成本结算 25 200 元半成品的成本构成如下：

直接材料费用＝25 200×48.571 4%＝12 239.99（元）

直接人工费用＝25 200×26.785 7%＝6 750（元）

制造费用＝25 200－12 239.99－6 750＝6 210.01（元）

最后，将各步骤相同成本项目金额相加，计算还原后产成品的成本。

直接材料项目：12 239.99（元）

直接人工项目：6 750+6 300=13 050（元）

制造费用项目：6 210.01+13 500=19 710.01（元）

合计：45 000（元）

实际工作中，通常通过编制产成品成本还原计算表来进行成本还原。

表 10-9　产成品成本还原计算表

产品名称：甲产品　　　　20××年 5 月　　　　单位：元

项目	A 半成品	直接材料	直接人工	制造费用	合计
还原前总成本	25 200		6 300	13 500	45 000
A 半成品单位成本		20.4	11.25	10.35	42
A 半成品成本结构		48.571 4%	26.785 7%	24.642 9%	100%
A 半成品成本还原	−25 200	12 239.99	6 750	6 210.01	
还原后总成本		12 239.99	13 050	19 710.01	45 000

（2）成本还原分配率法

这种方法是按各步骤耗用上一步骤半成品成本占上一步骤半成品总成本的比例，计算成本还原分配率。

$$成本还原分配率=\frac{本月产成品所耗上一步骤半成品成本}{本月所产该种半成品成本}$$

$$\begin{matrix}半成品成本还原为\\各成本项目金额\end{matrix}=\begin{matrix}本月所产半成品成本中\\的各该成本项目金额\end{matrix}\times成本还原分配率$$

下面，仍以本节例题为例，采用该方法，将半成品成本 25 200 元还原成直接材料、直接人工、制造费用项目。具体计算过程如下：

$$成本还原分配率=\frac{25\ 200}{21\ 000}=1.2$$

25 200 元半成品的成本构成如下：

直接材料费用=10 200×1.2=12 240（元）

直接人工费用=5 625×1.2=6 750（元）

制造费用=5 175×1.2=6 210（元）

最后，将相同成本项目金额相加，计算甲产成品的成本。同样，也可以通过编制产成品成本还原计算表来计算，见表 10-10。

表 10-10　产成品成本计算　　单位：元

项目	成本还原分配率	自制 A 半成品	直接材料	直接人工	制造费用	合计
还原前产成品成本		25 200		6 300	13 500	45 000
本月所产半成品成本			10 200	5 625	5 175	21 000
产成品成本中半成品成本还原	1.2	－25 200	12 240	6 750	6 210	
还原后产成品成本			12 240	13 050	19 710	45 000

上例本月产成品中所耗自制半成品费用为 25 200 元，而本月所产该自制半成品成本为 21 000 元，其中 25 200－21 000＝4 200 元是以前月份所产的自制半成品成本。以前月份所产的自制半成品结构可能与本月份所产自制半成品结构不一致。如果产成品中所耗的自制半成品中以前月份所产的部分比较小，或者各月所产自制半成品的成本结构变动不大，为了简化成本还原工作，在对产成品成本进行还原时可以不考虑以前月份所产自制半成品的成本结构对本月产成品成本所耗自制半成品成本结构的影响。但如果产成品中所耗的自制半成品中以前月份所产的部分比较大，而且各月所产自制半成品的成本结构变动比较大，为了提高成本还原的正确性，还应考虑以前月份所产自制半成品的结构对本月产成品中所耗自制半成品的成本结构的影响。本例中没有考虑以前月份所产自制半成品对本月产成品所耗自制半成品成本结构的影响。

四、分项结转分步法

分项结转分步法，是将各步骤所耗半成品成本，按照实际发生的成本项目分项转入各步骤产品成本明细账的各相应的成本项目中，即在领用步骤的成本明细账中体现为“直接材料”、“直接人工”、“制造费用”等原始的成本项目，而不直接反映为“自制半成品”项目。如果半成品通过半成品仓库收发，那么半成品明细账也要按照成本项目分别登记半成品成本。

在分项结转法下，可以按半成品的实际单位成本结转；也可以按照半成品的计划单位成本结转，然后按照成本项目分项调整成本差异。后一种方法的计算工作量较大，因此在实际工作中一般采用按实际成本分项结转的方法。

【例 10-2】某企业大量生产甲产品，顺序经过三个生产步骤，分设三个车间进行加工。原材料在生产开始时一次投入，其他费用陆续发生，各步骤完工的半成品不通过半成品库收发。半成品成本按实际成本分项结转，各步骤产品成本采用约当产量法计算，月初、月末在产品完工率均为50%。甲产品本月产量及有关费用资料见表10-11、表10-12。

表 10-11 产品产量记录

20××年6月　　　　单位：件

项目	第一车间	第二车间	第三车间
月初在产品	160	20	140
本月投（或转）入	440	500	400
本月完工	500	400	480
月末在产品	100	120	60

表 10-12 费用资料

20××年6月　　　　单位：元

摘要	车间	直接材料	直接人工	制造费用	合计
月初在产品成本	第一车间	2 400	120	360	2 880
	第二车间	300	105	195	600
	第三车间	2 100	1 470	2 520	6 000
本月发生费用	第一车间	6 600	705	2 115	9 420
	第二车间		3 375	4 725	8 100
	第三车间		1 320	2 640	3 960

根据上述资料，采用分项逐步结转分步法计算产品成本。其计算过程见表10-13、表10-14、表10-15。

表 10-13 产品成本明细账

车间：第一车间　　　　20××年6月　　　　单位：元

项目	直接材料	直接人工	制造费用	合计
月初在产品成本	2 400	120	360	2 880
本月生产费用	6 600	705	2 115	9 420
合计	9 000	825	2 475	12 300
约当总产量	600	550	550	
分配率（单位成本）	15	1.5	4.5	21
完工半成品成本	7 500	750	2 250	10 500
月末在产品成本	1 500	75	225	1800

表 10-14 产品成本明细账

车间：第二车间　　20××年 6 月　　单位：元

项目		直接材料	直接人工	制造费用	合计
月初在产品成本		300	105	195	600
本车间本月发生成本	总成本	—	3 375	4 725	8 100
	单位成本		7.5	10.5	18
上步骤转入半成品成本	总成本	7 500	750	2 250	10 500
	单位成本	15	1.5	4.5	21
费用合计		7 800	4 230	7 170	19 200
完工半成品成本	总成本	6 000	3 600	6 000	15 600
	单位成本	15	9	15	39
月末在产品成本		1 800	630	1 170	3 600

成本计算单中有关项目计算过程如下：

（1）本车间本月发生费用单位成本：

$$直接人工单位成本=\frac{3\ 375}{400+120\times50\%-20\times50\%}=7.5（元/件）$$

$$制造费用单位成本=\frac{4\ 725}{400+120\times50\%-20\times50\%}=10.5（元/件）$$

（2）完工半成品成本：

直接材料费用＝15×400＝6 000（元）

直接人工费用＝（7.5＋1.5）×400＝3 600（元）

制造费用＝（10.5＋4.5）×400＝6 000（元）

（3）月末在产品成本：

直接材料费用＝15×120＝1 800（元）

直接人工费用＝1.5×120＋7.5×120×50%＝630（元）

制造费用＝4.5×120＋10.5×120×50%＝1 170（元）

表 10-15 产品成本计算单

车间：第三车间　　20××年×月　　单位：元

项目	直接材料	直接人工	制造费用	合计
月初在产品成本	2 100	1 470	2 520	6 090

续表

项目		直接材料	直接人工	制造费用	合计
本车间本月发生成本	总成本		1 320	2 640	3 960
	单位成本		3	6	9
上步骤转入半成品成本	总成本	6 000	3 600	6 000	15 600
	单位成本	15	9	15	39
费用合计		8 100	6 390	11 160	25 650
完工半成品成本	总成本	7 200	5 760	10 080	23 040
	单位成本	15	12	21	48
月末在产品成本		900	630	1 080	2 610

成本计算单中有关项目的计算过程如下：

(1) 本车间本月发生费用单位成本：

$$直接人工单位成本=\frac{1\ 320}{480+60\times50\%-140\times50\%}=3\text{（元/件）}$$

$$制造费用单位成本=\frac{2\ 640}{480+60\times50\%-140\times50\%}=6\text{（元/件）}$$

(2) 完工产成品成本：

直接材料费用＝15×480＝7 200（元）

直接人工费用＝（3＋9）×480＝5 760（元）

制造费用＝（6＋15）×480＝10 080（元）

(3) 月末在产品成本：

直接材料费用＝15×60＝900（元）

直接人工费用＝9×60＋3×60×50%＝630（元）

制造费用＝15×60＋6×60×50%＝1 080（元）

从上例的计算可以看出，分项结转中各步骤在将自制半成品转移至下一步骤时，其实际发生的成本也要按成本项目分项转入下一步骤的成本明细账。但在对各步骤完工半成品（或产品）和期末在产品之间分配费用时，应将上一步骤转来的半成品成本和本步骤发生的加工费用分别计算。这是因为上步骤转来的半成品和本步骤对半成品继续加工的加工程度有所不同，否则计算出来的各步骤完工半成品（或产品）和期末在产品的成本将不能反映出实际发生情况。

采用分项结转法结转半成品成本，可以直接提供按原始成本项目反映的企业产品成本资料，不需要进行成本还原，有利于从整个企业角度分析产成品成本的构成。但是，这一方法的成本结转工作比较复杂，特别是在半成品通过仓库收发时，分项结转半成品成本的核算工作量比较大，而且各加工步骤完工产品成本中看不出其所耗上一步骤半成品成本是多少、本步骤加工费用是多少，不便于对各加工步骤完工产品的成本进行考核和分析。因此，分项结转法一般适用于只要求按原始成本项目计算产品成本、对各加工步骤成本管理要求不高的企业。

五、逐步结转法的优缺点及适用范围

逐步结转分步法不仅提供产成品成本资料，而且还提供各步骤半成品成本资料。由于半成品成本随着实物转移而结转，因此有利于加强半成品和在产品的实物管理和资金管理。综合结转半成品成本，还有利于对各加工步骤完工产品成本进行分析、考核。

但是在逐步结转分步法下，各加工步骤的半成品成本是按加工顺序逐步结转的，影响了成本计算工作的及时性。另外，在综合结转分步法下，如果要从整个企业角度分析产成品成本构成，则成本还原工作量较大。在分项结转分步法下，不利于对各加工步骤完工产品成本进行分析和考核。

在大量、大批、多步骤生产的企业中，某一步骤半成品可能加工成几种不同的产品，还可能作为商品对外销售。为了满足计算半成品销售成本、计算各种产品成本以及企业内部进行成本考核和分析的需要，一般采用逐步结转分步法计算成本。

第三节 平行结转分步法

采用平行结转分步法计算产品成本时，各步骤不计算其所产半成品的成本，也不计算各步骤耗用上一步骤的半成品成本，只计算本步骤发生的生产费用，以及这些费用应计入产成品成本的份额。然后将同一产品的各步骤成本计算单中应计入产成品的份额平行结转、汇总，即可计算出产成品成本。平行结转分步法也称不计算半成品成本的分步法。

一、平行结转分步法的核算程序

第一，按各加工步骤的各种产品设置产品成本明细账，归集其在本步骤发生的各项生产费用，但不包括其所耗上一步骤半成品成本。

第二，月末采用一定的方法将各加工步骤所归集的生产费用在最终完工产品和广义在产品之间分配，计算出各加工步骤应计入产成品成本中的份额。

第三，将各加工步骤生产费用中应计入产成品成本中的份额平行结转、汇总，计算出产成品成本。其成本核算程序见图 10-3。

第一步骤产品成本明细账(元)	
直接材料	6 600
直接人工	2 300
制造费用	2 100
应计入产成品成本的份额	在产品成本
6 500	4 500

第二步骤产品成本明细账(元)	
直接人工	3 600
制造费用	3 200
应计入产成品成本的份额	在产品成本
4 000	2 800

最后步骤产品成本明细账(元)	
直接人工	2 400
制造费用	1 600
应计入产成品成本的份额	在产品成本
2 200	1 800

产成品成本 12 700

图 10-3 平行结转分步法成本核算程序

二、平行结转分步法的特点

与逐步结转分步法相比，平行结转分步法有其自身的特点，主要表现在：

(一) 不设置"自制半成品"账户

在平行结转分步法下，各加工步骤明细账仅归集在本步骤发生的费用，既不反映耗用的上一步骤半成品成本，也不计算本步骤半成品成本，所以不论半成品是通过仓库收发，还是在各加工步骤间直接转移，都不通过"自制半成品"账户进行成本核算，只需进行自制半成品的数量核算。

（二）半成品成本不随实物转移而结转

在平行结转分步法下，各步骤半成品成本不随实物转移而结转，而是留在其所经过加工的各步骤产品成本明细账中，与实物相脱节。

（三）各步骤生产费用的分配

在平行结转分步法下，各个加工步骤所归集的生产费用也要在完工产品和月末在产品之间分配，但这里的完工产品是指最终完工的产成品，不是指各步骤完工的半成品，因而某步骤产品成本明细账中转出的完工产品费用，是指该步骤生产费用中应由产成品负担的份额。

（四）在产品的含义

在平行结转分步法下的在产品指的是广义在产品，不仅包括正在本步骤加工的产品，还包括本步骤已完工并转入半成品仓库的半成品和本步骤已加工完毕但正在以后步骤进一步加工、尚未验收入库的产品。因此，平行结转分步法下的在产品成本是指广义在产品的成本，它包括本步骤加工中的在产品成本和本步骤已加工完成，但未形成最终产品的半成品成本。也就是说，在产品的成本按其发生地点分散记录和反映在各加工步骤的产品成本明细账中。

三、产成品成本份额的计算

各步骤产品成本明细账所归集的生产费用要在最终完工产成品和广义在产品之间分配，计算时应计入产成品成本的份额。通常采用定额比例法和约当产量法等方法。

（一）按约当产量比例分配费用

按约当产量比例分配费用时，各步骤产品成本明细账所归集的生产费用中应计入产成品成本的份额可按下列步骤计算：

$$\text{某步骤约当总产量}=\text{产成品数量}+\begin{matrix}\text{该步骤月末狭义}\\\text{在产品约当量}\end{matrix}+\begin{matrix}\text{该步骤完工留存在半成品库}\\\text{和后续各步骤月末在产品数量}\end{matrix}$$

$$\text{某步骤半成品单位成本}=\frac{\text{该步骤月初广义在产品成本}+\text{该步骤本月生产费用}}{\text{该步骤约当总产量}}$$

某步骤应计入产成品成本的份额＝产成品数量×该步骤半成品单位成本

（二）按定额比例分配费用

根据完工产品和广义在产品的定额消耗量或定额费用的比例，确定各项费用分配率，从而确定各步骤生产费用应计入最终完工产品成本的份额。产成品的定额消耗量或定额费用，可根据产成品数量乘以单位产品消耗定额或费用定额计算。广义在产品的定额消耗量或定额费用，可以通过月末对广义在产品的实物进行盘存计算得到；或者在企业能够准确提供月初在产品和本期投入的定额消耗量或定额费用的情况下，采用倒挤的方法计算出月末广义在产品的定额消耗量或费用定额。计算公式可表示如下：

$$\text{某步骤某项费用分配率}=\frac{\begin{matrix}\text{该步骤该项月初}\\\text{在产品成本}\end{matrix}+\begin{matrix}\text{该步骤该项本月}\\\text{发生费用}\end{matrix}}{\begin{matrix}\text{产成品定额消耗量}\\\text{或定额消耗费用}\end{matrix}+\begin{matrix}\text{月末广义在产品定额}\\\text{消耗量或定额消耗费用}\end{matrix}}$$

$$\begin{matrix}\text{某步骤某项费用}\\\text{应计入产成品成本的份额}\end{matrix}=\text{产成品定额消耗数量}\times\text{该步骤该项费用分配率}$$

四、平行结转分步法应用举例

（一）按约当产量比例分配费用的应用举例

【例 10-3】某工厂设有三个车间，分别执行生产过程中的三个步骤，共同完成丁产品。原材料在第一车间生产开始时一次投入，生产 A 半成品；直接转移给第二车间再进行加工，成为 B 半成品；再转移给第三车间，最后加工成为丁产品。

该工厂 20××年 9 月份的资料如下：

1. 产量记录

表 10-16　产量记录　　单位：件

摘要		第一车间	第二车间	第三车间
月初在产品		75	120	45
本月投入		500	495	515
本月完工		495	515	500
月末在产品	数量	80	100	60
	完工程度	60%	70%	40%

2. 月初在产品成本资料

表 10-17　月初在产品成本　　单位：元

项目	直接材料	直接人工	制造费用	合计
第一车间	18 620	8 707.5	7 695	35 022.5
第二车间		6 817.5	2 828.25	9 645.75
第三车间		1 080	756	1 836

3. 本月生产费用资料

表 10-18　本月生产费用　　单位：元

项目	直接材料	直接人工	制造费用	合计
第一车间	41 875	21 736.5	19 209	82 820.5
第二车间		24 997.5	10 370.25	35 367.75
第三车间		19 880	13 916	33 796

根据上述资料，采用平行结转分步法计算完工产成品的成本，分别登记第一、第二、第三车间的成本明细账，见表 10-19。

表 10-19　第一车间生产成本明细账　　单位：元

项目	直接材料	直接人工	制造费用	合计
月初在产品成本	18 620	8 707.5	7 695	35 022.5
本月生产费用	41 875	21 736.5	19 209	82 820.5
合计	60 495	30 444	26 904	117 843
约当总产量	740	708	708	
分配率（单位成本）	81.75	43	38	162.75
计入产成品成本	40 875	21 500	19 000	81 375
月末在产品成本	19 620	8 944	7 904	36 468

直接材料费用分配的约当总产量＝500＋60＋100＋80＝740（件）

工费分配的约当总产量＝500＋60＋100＋80×60%＝708（件）

直接材料费用的分配率＝60 495÷740＝81.75

直接人工费用的分配率＝30 444÷708＝43

制造费用的分配率＝26 904÷708＝38

表 10-20　第二车间生产成本明细账　　单位：元

项目	直接材料	直接人工	制造费用	合计
月初在产品成本		6 817.5	2 828.25	9 645.75
本月生产费用		24 997.5	10 370.25	35 367.75
合计		31 815	13 198.5	45 013.5
约当总产量		630	630	
分配率（单位成本）		50.5	20.95	71.45
计入产成品成本		25 250	10 475	35 725
月末在产品成本		6 565	2 723.5	9 288.5

工费分配的约当总产量＝500＋60＋100×70％＝630（件）

直接人工费用的分配率＝31 815÷630＝50.5

制造费用的分配率＝13 198.5÷630＝20.95

表 10-21　第三车间生产成本明细账　　单位：元

项目	直接材料	直接人工	制造费用	合计
月初在产品成本		1 080	756	1 836
本月生产费用		19 880	13 916	33 796
合计		20 960	14 672	35 632
约当总产量		524	524	
分配率（单位成本）		40	28	68
计入产成品成本		20 000	14 000	34 000
月末在产品成本		960	672	1 632

工费分配的约当总产量＝500＋60×40％＝524（件）

直接人工费用的分配率＝20 960÷524＝40

制造费用的分配率＝14 672÷524＝28

表 10-22　生产成本明细账

产品名称：丁产品　　单位：元

项目	直接材料	直接人工	制造费用	合计
第一车间	40 875	21 500	19 000	81 375
第二车间		25 250	10 475	35 725
第三车间		20 000	14 000	34 000
合计	40 875	66 750	43 475	151 100

（二）按定额比例分配费用的应用举例

【例 10-4】某厂经过两个车间生产丙产品。第一车间生产的丙半成品转给第二车间继续加工为丙产成品。材料费用在两个车间分别投入，各车间计入产成品成本的费用份额采用定额比例法计算。

根据第一车间定额资料和有关费用分配凭证登记其明细账，并计算计入产成品成本的份额，直接在账内计算（下同），见表 10-23。

表 10-23　第一步骤产品成本明细账　　单位：元

摘要	直接材料		定额工时	直接人工	制造费用	合计
	定额成本	实际成本				
月初在产品	15 000	14 000	1 750	8 750	4 200	26 950
本月发生	15 000	15 400	2 950	17 100	9 900	42 400
合计	30 000	29 400	4 700	25 850	14 100	69 350
分配率		0.98		5.5	3	
计入产成品成本份额	18 000	17 640	3 000	16 500	9 000	43 140
月末在产品	12 000	11 760	1 700	9 350	5 100	26 210

直接材料分配率＝29 400÷（18 000＋12 000）＝0.98

直接人工分配率＝25 850÷（3 000＋1 700）＝5.5

制造费用分配率＝14 100÷（3 000＋1 700）＝3

表 10-24　第二步骤产品成本明细账　　单位：元

摘要	直接材料		定额工时	直接人工	制造费用	合计
	定额成本	实际成本				
月初在产品	3 600	3 780	300	1 710	1 200	6 690
本月发生	12 600	16 470	1 950	12 465	7 350	36 285
合计	16 200	20 250	2 250	14 175	8 550	42 975
分配率		1.25		6.3	3.8	
计入产成品成本份额	108 000	13 500	1 800	11 340	6 840	31 680
月末在产品	5 400	6 750	450	2 835	1 710	11 295

直接材料分配率＝20 250÷（10 800＋5 400）＝1.25

直接人工分配率＝14 175÷（1 800＋450）＝6.3

制造费用分配率＝8 550÷（1 800＋450）＝3.8

表 10-25　产成品成本汇总计算

产品名称：丙产品　　　　　　　　　　　　　　　　　　　　　单位：元

	直接材料	直接人工	制造费用	合计
第一步骤	17 640	16 500	9 000	43 140
第二步骤	13 500	11 340	6 840	31 680
总成本（600 件）	31 140	27 840	15 840	74 820
单位成本	51.9	46.4	26.4	124.7

五、平行结转分步法的优缺点及适用范围

（一）平行结转分步法的优点

在平行结转分步法下，各步骤可以同时计算产成品应负担的本步骤费用，平行汇总计算产成品成本，不必等上一步骤半成品成本的结转，因而可以加速成本计算工作。产成品成本可以直接按照原始成本项目反映，不必进行成本还原，因而简化了成本计算工作。另外，由于各步骤成本水平不受上一步骤的影响，因而有利于控制和分析各步骤成本水平。

（二）平行结转分步法的缺点

在平行结转分步法下，由于不计算各步骤半成品成本，因而不能提供各步骤半成品成本资料；由于在产品成本的反映与在产品实物所在地不相一致，因而不利于加强对在产品实物和资金的管理；由于半成品成本不随实物转移而结转，因而不能完整地反映各加工步骤产品的实际生产耗费水平（第一生产步骤除外）。

（三）平行结转分步法的适用范围

在半成品种类比较多，计算和结转各步骤半成品成本工作量比较大，而且管理上不要求提供各步骤半成品成本资料的大量、大批、多步骤生产企业，包括连续加工式和平行装配式生产的企业，可以采用平行结转分步法。但在平行

结转分步法下，为了弥补在产品成本和在产品实物脱节这一缺陷，必须加强在产品收发结存的数量核算，及时反映在产品报废、短缺和毁损造成的损失。

【思考与练习】

一、判断题

1. 逐步结转分步法实际上应是品种法的多次连续应用。

2. 产品成本计算的分步法均应顺序结转半成品成本，在最后步骤计算出产成品成本。

3. 采用逐步结转分步法时，无论是综合结转还是分项结转，第一个生产步骤的产品成本明细账的登记方法相同。

4. 在平行结转分步法下，如果半成品通过仓库收发，应设置“自制半成品”账户核算。

5. 在逐步结转分步法下，各步骤在产品成本是按其费用发生地反映的；在平行结转分步法下，各步骤在产品成本是按其实物所在地反映的。

6. 分步法下，产品成本计算的分步与产品实际生产步骤完全一致。

7. 逐步综合结转分步法的成本还原率只能大于1，不可能小于1。

8. 成本还原的对象是产成品成本。

9. 采用平行结转分步法时，各生产步骤都不能全面地反映其生产耗费的水平。

10. 分项结转半成品成本时，在各步骤完工产品成本中看不出所耗上一步骤半成品的费用和本步骤加工费用的水平。

二、单项选择题

1. 管理上要求分步计算半成品成本时，应当采用（　　）。

A. 分类法　　B. 平行结转分步法
C. 分批法　　D. 逐步结转分步法

2. 在采用综合逐步结转分步法的情况下，下一步骤耗用的上一步骤半成品的成本应转入下步骤产品成本明细账中的（　　）。

A. 直接材料项目　　B. 直接人工项目
C. 制造费用项目　　D. 直接材料或自制半成品项目

3. 采用平行结转法时，在完工产品与在产品之间分配费用是指在（　　）之间分配费用。

A. 产成品与广义在产品

B. 产成品与狭义在产品

C. 产成品与月末在产品

D. 完工半成品与正在加工中的在产品

4. 采用逐步综合结转分步法时，在完工产品与在产品之间分配费用是指在（　　）之间分配费用。

A. 产成品与月末在产品

B. 产成品与广义在产品

C. 广义在产品与狭义在产品

D. 前面步骤的完工半成品与加工中的在产品，最后步骤的产成品与加工中的在产品

5. 进行成本还原时，应当以成本还原分配率乘以（　　）。

A. 本月所耗该种半成品各个成本项目的费用

B. 本月所产该种半成品各个成本项目的费用

C. 本月所产半成品各个成本项目费用

D. 本月所耗半成品各个成本项目费用

6. 成本还原是指从（　　）一个生产步骤开始，将其耗用的上一步骤自制半成品的综合成本，按照上一步骤完工半成品的成本构成，还原成原始成本项目的成本。

A. 最后　　B. 最前　　C. 中间　　D. 任意

7. 在分步法下，需进行成本还原的是（　　）。

A. 逐步结转分步法　　B. 综合结转分步法

C. 分项结转分步法　　D. 平行结转分步法

8. 采用逐步综合结转方式，当上一步骤完工的半成品全部转入下一步骤继续加工时，上一步骤成本计算单中的完工产品成本与下一步骤成本计算单中自制半成品项目的本月发生额的关系是（　　）。

A. 没有必然联系　　B. 前者大于后者

C. 两者必然相等　　D. 后者大于前者

9. 某种产品经过三个步骤加工而成，采用逐步结转分步法计算成本。本月第一生产步骤转入第二生产步骤的生产费用为 2 600 元，第二生产步骤转入第

三生产步骤的生产费用为 5 100 元。本月第三生产步骤发生的费用为 2 900 元（不包括第二生产步骤转入的费用），第三生产步骤月初在产品成本为 1 200 元，月末在产品成本为 1 500 元。本月该种产品的产成品成本为（　　）元。

A. 10 300　　B. 7 700　　C. 5 100　　D. 2 600

10. 某产品采用逐步综合结转分步法计算。第一步骤本月发生的费用为 15 000元，完工半成品成本为 20 000 元；第二步骤本月发生的半成品费用为 10 000元，完工产成品成本中半成品项目金额为 18 000 元。该种产品成本还原分配率为（　　）。

A. 0.5　　B. 0.9　　C. 1.2　　D. 1.8

三、多项选择题

1. 采用逐步结转分步法，按照结转的半成品成本在下一步骤产品成本明细账中的反映方法，分为（　　）。

A. 综合结转法　　B. 分项结转法

C. 按计划成本结转　　D. 按实际成本结转

2. 下列情况中，要求进行成本还原的有（　　）。

A. 各步骤半成品成本结转采用综合结转法

B. 各步骤半成品按计划成本结转

C. 各步骤半成品按实际成本结转

D. 管理要求从整个企业角度考核和分析产品成本的构成和水平

3. 按实际成本综合结转半成品成本的缺点是（　　）。

A. 领用半成品的实际单位成本计算繁琐

B. 各步骤不能同时计算成本

C. 不能直接提供按原始成本项目反映的产品成本

D. 不能从整个企业角度考核和分析产品成本的构成和水平

4. 采用平行结转法，（　　）。

A. 各步骤可以同时计算产品成本（应计入产成品成本的份额）

B. 不能提供半成品成本资料

C. 费用结转与半成品实物转移脱节

D. 不能全面地反映各个生产步骤产品的生产耗费水平

5. 广义在产品是指（　　）。

A. 尚在本步骤加工中的在产品

B. 转入各半成品库的半成品

C. 已从半成品库转到以后各步骤进一步加工、尚未最后制成的半成品

D. 全部加工中的在产品和半成品

四、业务题

1. 资料：某厂经过两个车间连续加工生产甲产品，采用逐步综合结转分步法计算产品成本。各步骤均按约当产量法分配完工产品与在产品费用，半成品不经仓库收发，产成品中的半成品成本按本月所产半成品成本进行还原。

(1) 各步骤的产量资料（单位：件）

车间	月初在产品	本月投入	本月产出	月末在产品情况		
				结存数量	投料程度	完工程度
第一车间	120	300	240	180	50%	50%
第二车间	90	240	270	60	100%	25%

(2) 月初各步骤在产品成本资料（单位：元）

项目	直接材料	自制半成品	直接人工	制造费用	合计
第一车间	3 300		1 290	3 660	8 250
第二车间		7 980	675	1 755	10 410

(3) 各步骤本月生产费用（单位：元）

项目	直接材料	自制半成品	直接人工	制造费用	合计
第一车间	18 150		3 825	6 900	28 875
第二车间			2 175	4 800	6 975

要求：(1) 按逐步综合结转分步法计算完工甲产品的总成本和单位成本。

(2) 进行成本还原。

2. 资料：(1) 第二车间月初在产品成本为：直接材料费用 4 920 元，直接人工费用 2 260 元，制造费用 5 805 元。

(2) 第二车间产成品与月末在产品之间费用分配采用在产品按定额成本计价法。费用定额为：工资费用 0.35 元/小时，制造费用 0.75 元/小时。月末 60

件在产品已累计完成 4 400 个定额工时，材料费用为 63 元/件。

要求：以习题一第一车间成本资料和本题所给第二车间月初费用资料，用分项结转分步法计算甲产品成本。

3. 资料：某企业丙产品经过三个步骤加工制成，第一步骤生产 A 半成品，经第二步骤加工生产 B 半成品，经第三步骤生产丙产品。

本月各步骤完工产品成本资料如下（单位：元）。

摘要	直接材料	A 半成品	B 半成品	直接人工	制造费用	合计
本月所产 A 半成品成本	11 700			8 400	6 800	26 900
本月所产 B 半成品成本		22 000		30 000	22 000	74 000
本月所产丙产成品成本			75 340	27 150	26 750	129 240

要求：按本月所产半成品成本进行成本还原。

4. 资料：（1）某厂生产 AB 产品。第一车间生产 A 零件，第二车间生产 B 零件，第三车间将 A 零件和 B 零件装配成 AB 产品，每件 AB 产品由 A、B 各 1 件组成。

（2）20××年 3 月份各车间生产情况如下表所示（单位：件）。

项目	A 零件	B 零件	AB 产品
月初在产品	80	120	200
本期投产	800	720	760
完工转出	760	760	800
月末在产品	120	80	160

A 零件耗用的原材料在生产开始时一次投入，B 零件所耗用的原材料随着加工进度逐步投入。各车间在产品完工程度均为 50%。

（3）各车间月初在产品成本资料如下表所示（单位：元）。

车间	直接材料	直接人工	制造费用	合计
第一车间	4 700	760	690	6 150
第二车间	2 100	550	390	3 040
第三车间		100	160	260

（4）各车间本月生产费用如下表所示（单位：元）。

车间	直接材料	直接人工	制造费用	合计
第一车间	14 740	3 320	2 472	20 532
第二车间	6 400	1 550	1 110	9 060
第三车间		912	1 248	2 160

要求：（1）计算各车间应计入产品成本的份额及月末在产品成本（采用约当产量法在完工产品和在产品之间进行费用分配）。

（2）编制产品成本汇总表，计算完工产品总成本和单位成本。

5. 资料：某厂分两步骤大量生产丙产品，经过第一、第二两个生产车间连续加工后形成产成品。原材料于生产开工时一次投入，各车间月末在产品完工率分别是 30%和 80%。

（1）20××年 8 月份各车间生产情况

项目	计量单位	第一车间	第二车间
月初在产品数量	件	80	60
本月投（转）入数量	件	440	400
本月完工转出数量	件	400	420
月末在产品数量	件	120	40

（2）20××年 8 月生产费用资料（单位：元）

项目	直接材料	直接人工	制造费用	合计
月初在产品成本：				
第一车间	2 420	650	1 106	4 176
第二车间		960	1 240	2 200
本月生产费用：				
第一车间	14 980	3 381	6 334	24 695
第二车间		5 594	7 574	13 168

要求：采用平行结转分步法计算丙产品成本。（各步在产品与产成品之间的费用分配采用约当产量法）

6. 资料：某厂经两个车间生产 A 产品，第一车间生产的 B 半成品转给第二车间继续加工。产成品与在产品之间的费用采用定额比例法分配。

第一车间产品成本计算单　　单位：元

摘要	产量（件）	直接材料		定额工时（小时）	直接人工	制造费用	合计
		定额成本	实际成本				
月初在产品成本			4 200		4 300	6 000	14 500
本月生产费用			35 000		16 000	18 000	69 000
合计			39 200		20 300	24 000	83 800
分配率							
计入产成品成本	2 000	30 000		30 000			
月末在产品成本		10 000		20 000			

第二车间产品成本计算单

车间：第二车间（A产成品）　　20××年×月　　单位：元

摘要	产量（件）	直接材料		定额工时（小时）	直接人工	制造费用	合计
		定额成本	实际成本				
月初在产品成本					5 000	5 100	10 100
本月生产费用					16 500	9 300	25 800
合计					21 500	14 400	39 500
分配率							
计入产成品成本	2 000			35 000			
月末在产品成本				5 000			

产品成本汇总表

项目	直接材料	直接人工	制造费用	合计
第一车间				
第二车间				
总成本				
单位成本				

要求：根据上述资料，采用平行结转分步法计算A产品成本（直接在表中计算）。

第十一章 CHAPTER 11

分类法

第一节 分类法概述

一、成本计算分类法的含义

成本计算分类法是指以产品的类别为成本计算对象归集生产费用，计算各类完工产品总成本，再按一定标准分配计算类内各种产品成本的一种成本计算方法。在产品的品种、规格繁多，并且可以按照一定标准划分为若干类别的企业或车间，如制鞋企业、无线电元器件企业等，为了简化成本核算工作，可以考虑采用分类法计算产品成本。

二、成本计算分类法的特点

分类法的特点主要表现在如下方面：

(一) 成本计算对象

分类法以产品的类别为成本计算对象，归集该类产品的生产费用。

产品类别的确定是否适当，是采用分类法时能否做到既简化成本计算工作，又使各类产品成本计算相对正确的关键。一般应将产品的结构、生产工艺技术和所耗原材料基本相同或相近的产品归为一类。类距定得太大，会影响成本计算的正确性；类距定得太小，起不到简化成本计算工作的作用。

(二) 成本计算期

分类法的成本计算期要根据生产特点及管理要求来确定。

分类法并不是一种独立的基本成本计算方法。它要根据各类产品不同的生产工艺特点和管理的要求，与品种法、分批法、分步法结合使用。因此，如果与品种法或分步法结合使用，则应定期在月末进行成本计算；如果与分批法结合运用，成本计算期可不固定，而与生产周期一致。

(三) 生产费用在完工产品和在产品之间的分配

采用分类法计算产品成本时，如果月末在产品数量较多，则应将该类产品生产费用总额在完工产品和月末在产品之间进行分配。

三、分类法产品成本计算程序

第一，将产品划分为不同的类别，按产品类别设立成本明细账。采用分类法计算产品成本时，首先要将产品按照性质、结构、用途、生产工艺过程、耗用原材料的不同等标志，划分若干类别，然后以产品类别为成本计算对象设立成本明细账。

第二，在开设的成本明细账内，按照规定的成本项目归集生产费用，计算各类产品的总成本。直接费用直接计入；各类产品共同耗用的费用，采用一定的分配标准分配计入，汇总计算出该类产品总成本。

第三，采用适当的方法计算类内各产品的总成本和单位成本。在求出每类产品的总成本后，选择合理的分配标准，在每类产品的各种产品之间分配费用，计算每类产品内各种产品的成本。

类内产品费用分配标准是否合理，是影响各种产品成本计算是否正确的关键。类内产品费用分配标准一般有：定额消耗量、定额费用、售价，以及产品的重量、体积和长度等。选择分配标准时，必须尽可能选择与产品成本的高低关系较大的分配标准。各成本项目可采用同一分配标准，也可采用不同的分配标准，以便使分配结果更加合理。

四、分类法的适用范围

第一，适用于用同样原材料、经过同样工艺过程生产出来的不同规格的产品。例如，灯泡厂生产各种不同类别和瓦数的灯泡，服装厂生产不同款式和型号的衣服等。

第二，适用于用同一种原材料进行加工而同时生产出几种主要产品——联产品的成本计算。联产品耗用的原材料和生产工艺过程相同，只能归为一类计算成本。

第三，适用于在生产主要产品的生产过程中，附带生产一些非主要产品——副产品的生产。将主、副产品归为一类计算成本，然后将副产品按一定方法计价，从总成本中扣除，余额即为主产品成本。

第四，适用于由于内部结构、所耗原材料质量或工艺技术等客观因素发生变化而造成的不同等级的产品。但如果不同等级的产品是由工人操作失误造成的，则不能采用分类法计算成本。

第五，适用于除主要产品之外的零星产品生产。虽然零星产品所耗原材料、生产工艺过程不同，品种、规格较多，但由于数量比较少，费用比较小，为了简化成本计算，可以归类计算产品成本。

五、分类法的优缺点

分类法在产品品种繁多，但可以按一定标准分类的情况下，减少了成本计算对象，从而简化了成本计算工作。而且分类法不仅提供了各种产品的成本水平信息，还提供了各类产品的成本水平信息，从而便于企业对各类产品成本进行考核和分析。

但是由于分类法按产品类别归集生产费用，类内各种产品是按一定标准分配成本的，所以分配结果具有一定的假定性；而且如果类别成本增加或减少，那么该类内各种产品成本就同增或同减相应幅度，这就形成了类内产品之间成本的平均化，在一定程度上也影响了成本计算的正确性。

第二节　分类法的应用

一、系数分配法（标准产量法）

（一）系数分配法步骤

系数法（标准产量法）是将分配标准折算成相对固定的系数，按照系数在类别内部各种产品之间分配费用，计算产品成本的方法。所谓系数，是指各种规格产品之间的比例关系。这种分配方法的关键是合理确定系数。系数一经确定，在一定时期内应保持相对的稳定性。具体步骤是：

第一，确定分配标准。同类产品内各种产品之间分配费用的标准，有定额消耗量、定额费用、售价，以及产品的技术性指标如重量、体积和长度等。选择分配标准时，应遵循相关性原则。各成本项目根据情况可以采用同一分配标准分配；也可以按照成本项目的性质，分别采用不同的分配标准分配，使分配结果更加合理。

第二，将分配标准折算成固定系数。在同类产品中选择一种产量较大、生产比较稳定或规格折中的产品作为标准产品，将单位标准产品的分配标准数量的系数定为 1，将其他各种产品的分配标准数量与标准产品的分配标准数量相比，其比率即为类内其他各种产品系数。对于不同的成本项目，如果分配标准不同，其系数也不同。

$$某产品分配标准系数=\frac{该产品分配标准数量}{标准产品分配标准数量}$$

第三，系数确定后，将各种产品的实际产量按系数折算为标准产品产量（即总系数）。

某产品标准产量＝该产品实际产量×该产品系数

第四，计算费用分配率。

$$某类产品某项费用分配率=\frac{该类产品某项费用总额}{类内各产品标准产量之和}$$

第五，计算各种产品的成本。按照各种产品的标准产量与费用分配率，计算分配各种产品的成本。

某种产品应负担的某项费用＝该产品标准产量×某项费用分配率

产品系数有综合系数和单项系数两种。综合系数是指产品各成本项目用同一分配标准计算的系数分配，单项系数是指产品各成本项目采用不同的分配标准计算的系数。企业可根据核算要求选择使用。

（二）分类法举例——系数分配法

【例 11-1】某厂产品品种繁多，采用分类法计算产品成本。该厂生产的甲类产品中，包括 A、B、C 三种产品，以其中的 A 产品为标准产品。各产品材料在生产开始时一次投入。20××年11月份有关产量、费用资料见表11-1至表11-6。

表11-1　各产品消耗定额

产品名称	原材料消耗定额（千克）	工时消耗定额（小时）
A产品	24	8
B产品	36	16
C产品	4.8	4

表11-2　甲类产品11月份月末产量记录　单位：件

产品名称	月末在产品		完工产品数量
	数量	完工程度	
A	480	50%	3 000
B	300	50%	1 600
C	—	—	4 000

表11-3　甲类产品11月份费用资料　单位：元

摘要	直接材料	直接人工	制造费用	合计
月初在产品	15 600	2 880	3 200	21 680
本月发生费用	198 300	75 780	84 200	358 280
合计	213 900	78 660	87 400	379 960

根据上述资料，采用系数法，甲类产品内各产品成本计算过程如下：

1. 确定系数

表11-4　系数计算

类别：甲类产品　　20××年11月

产品名称	原材料消耗定额（千克）	系数	工时消耗定额（小时）	系数
A产品	24	1	8	1
B产品	36	1.5	16	2
C产品	4.8	0.2	4	0.5

2. 计算标准产品产量

表 11-5　标准产品产量计算

类别：甲类产品　　20××年 11 月　　单位：件

产品名称	完工产品数量	在产品数量	原材料			
			系数	完工产品折合标准产量	在产品折合标准产量	标准产量合计
栏次	(1)	(2)	(3)	(4)＝(1)×(3)	(5)＝(2)×(3)	(6)＝(4)＋(5)
A 产品	3 000	480	1	3 000	480	3 480
B 产品	1 600	300	1.5	2 400	450	2 850
C 产品	4 000	—	0.2	800	—	800
合计				6 200	930	7 130

产品名称	工费				
	系数	完工产品折合标准产量	在产品约当产量	在产品折合标准产量	标准产量合计
栏次	(7)	(8)＝(1)×(7)	(9)	(10)＝(9)×(7)	(11)＝(8)＋(10)
A 产品	1	3 000	240	240	3 240
B 产品	2	3 200	150	300	3 500
C 产品	0.5	2 000	—	—	2 000
合计		8 200		540	8 740

3. 计算甲类完工产品成本

表 11-6　生产成本明细账

产品类别：甲类产品　　20××年 11 月　　单位：元

摘要	直接材料	直接人工	制造费用	合计
月初在产品成本	15 600	2 880	3 200	21 680
本月生产费用	198 300	75 780	84 200	358 280
合计	213 900	78 660	87 400	379 960
完工产品成本	186 000	73 800	82 000	341 800
月末在产品成本	27 900	4 860	5 400	38 160

表中的计算如下：

直接材料分配率＝213 900÷7 130＝30（元/件）

完工产品直接材料成本＝6 200×30＝186 000（元）

月末在产品直接材料成本＝930×30＝27 900（元）

直接人工分配率＝78 660÷8 740＝9（元/件）

完工产品直接人工成本＝8 200×9＝73 800（元）

月末在产品直接人工成本＝540×9＝4 860（元）

制造费用分配率＝87 400÷8 740＝10（元/件）

完工产品制造费用成本＝8 200×10＝82 000（元）

月末在产品制造费用成本＝540×10＝5 400（元）

4. 甲类产品内各种产成品成本计算见表 11-7

表 11-7　甲类产品内各种产成品成本计算

20××年 11 月　　　　单位：元

项目	产量	分配材料费用的标准产量	分配工费的标准产量	直接材料	直接人工	制造费用	总成本	单位成本
栏次	①	②	③	④＝②×分配率	⑤＝③×分配率	⑥＝③×分配率	⑦＝④＋⑤＋⑥	⑧＝⑦/①
费用分配率				30	9	10		
A	3 000	3 000	3 000	90 000	27 000	30 000	147 000	49
B	1 600	2 400	3 200	72 000	28 800	32 000	132 800	83
C	4 000	800	2 000	24 000	18 000	20 000	62 000	15.5
合计		6 200	8 200	186 000	73 800	82 000	341 800	

二、定额比例法

（一）定额比例法计算步骤

如果企业定额基础比较好，各项消耗定额比较齐全、准确和稳定，类内产品总成本（月初在产品成本加上本月发生的生产费用）可按照定额比例在本类完工产品和在产品以及类内各种完工产品之间进行分配。其计算步骤如下：

1. 计算本期定额耗用量总数

分别成本项目，计算出每类产品的本月定额成本或定额消耗总数。在实际工作中，为简化起见，通常只计算原材料定额消耗量或定额费用和定额工时指标。计算公式为：

本月定额耗用量总数＝月初在产品定额耗用量＋本月投入产品定额耗用量

或　　　　　　　　＝本月完工产品定额耗用量＋月末在产品定额耗用量

2. 计算费用分配率

分成本项目计算其实际成本对定额费用或定额消耗量的比率。计算公式为：

$$直接材料分配率=\frac{某类产品直接材料实际总成本}{某类产品直接材料定额总成本}$$

$$加工费用分配率=\frac{某类产品加工费用实际总成本}{某类产品定额工时总数}$$

3. 计算完工产品成本

完工产品各成本项目的定额成本或定额消耗量乘以上述分配率，即可计算出完工产品的实际成本。计算公式为：

$$\begin{matrix}同类产品中某种\\产品直接材料成本\end{matrix}=\begin{matrix}该种产品直接\\材料定额成本\end{matrix}\times直接材料分配率$$

在产品直接材料成本＝在产品直接材料定额成本×直接材料分配率

同类产品中某种产品加工费成本＝该种产品定额工时×加工费用分配率

在产品加工费成本＝在产品定额工时×加工费用分配率

（二）分类法举例——定额比例法

【例 11-2】某厂生产的甲、乙、丙三种产品的结构、所用材料和工艺过程基本相同，合并为一类（A 类），采用分类法计算成本。20××年 6 月份 A 类产品成本明细账已按品种法的程序和方法分配和归集，见表 11-8。

表 11-8　20××年 6 月份 A 类产品成本明细账　　单位：元

摘要	直接材料	直接人工	制造费用	合计
月初在产品	28 440	5 000	6 250	39 690
本月生产费用	302 415	119 200	86 900	508 515
合计	330 855	124 200	93 150	548 205

该厂 6 月份 A 类产品的产量、定额资料及定额计算见表 11-9。生产系一次投料，月末在产品加工程度为 50%。

表 11-9　产品产量及定额计算

20××年 6 月

产品名称	数量（件）	材料定额成本（元）		工时定额（小时）	
		单位定额	定额总成本	单位定额	定额总工时
甲产品	450	300	135 000	15	6 750
乙产品	375	180	67 500	10	3 750
丙产品	300	100	30 000	12	3 600
小计			232 500		14 100
甲在产品	130	300	39 000	7.5	975
乙在产品	90	180	16 200	5	450
小计			55 200		1 425
合计			287 700		15 525

A 类产品成本计算见表 11-10。

表 11-10　A 类产品成本计算

20××年 6 月　　单位：元

摘要	直接材料		定额工时	直接人工	制造费用	合计
	定额成本	实际成本				
月初在产品		28 440		5 000	6 250	39 690
本月生产		302 415		119 200	86 900	508 515
合计	287 700	330 855	15 525	124 200	93 150	548 205
分配率		1.15		8	6	
完工产品	232 500	267 375	14 100	112 800	84 600	464 775
月末在产品	55 200	63 480	1 425	11 400	8 550	83 430

A 类产品内各种产品成本计算见表 11-11。

表 11-11　A 类产品内各种产品成本计算

20××年 6 月　　单位：元

项目	产量（件）	直接材料		定额工时	直接人工	制造费用	总成本	单位成本
		定额成本	实际成本					
费用分配率			1.15		8	6		
甲产品	450	135 000	155 250	6 750	54 000	40 500	249 750	555

续表

项目	产量（件）	直接材料		定额工时	直接人工	制造费用	总成本	单位成本
		定额成本	实际成本					
乙产品	375	67 500	77 625	3 750	30 000	22 500	130 125	347
丙产品	300	30 000	34 500	3 600	28 800	21 600	84 900	283
合计		232 500	267 375	14 100	112 800	84 600	464 775	

第三节 联产品、副产品、等级品成本计算

在有些企业里，往往会出现使用相同的原材料，经过相同的生产过程，生产出两种或两种以上的产品；或者使用相同的原材料，经过相同的生产过程，由于生产条件所限或加工操作等方面的原因，产生了不同等级的同一产品的情况。这些产品根据其不同的情况，可分为联产品、副产品和等级产品。

一、联产品的成本计算

（一）联产品的含义

联产品是指使用同种原材料，经过相同的生产过程，同时生产出的两种或两种以上具有同等地位的主要产品。这些联产品在性质或用途上各有不同，但它们都是企业的生产目的，对企业的经济都有着重要的影响。如炼油厂使用原油可生产出汽油、煤油、柴油、润滑油等联产品，对水进行电解同时可生产出氢气和氧气等。

由于联产品具有同等地位，所以在成本计算时，应对各联产品同等对待，采用相同的成本计算方法，确定各种产品的总成本和单位成本。

（二）联产品的成本计算

联产品从原材料投入到产品销售要经过两个阶段：分离前和分离后。因此，联产品的成本计算可分两个阶段进行。联产品在分离前可合并成同一类产品，以该类产品为成本计算对象，采用适当的成本计算方法汇集计算其成本，

这一成本可称为联合成本。产品分离时将联合成本按一定的分配标准在联产品之间进行分配，求出各联产品应负担的联合成本。

分离后的联产品，有的可以直接出售，有的还需进一步加工才能出售。这时，应采用适当的方法计算分离后的加工成本。这一成本因可辨明其承担主体，所以又称为可归属成本。联产品应负担的联合成本与可归属成本之和即该联产品的成本。联产品成本构成如图 11-1 所示。

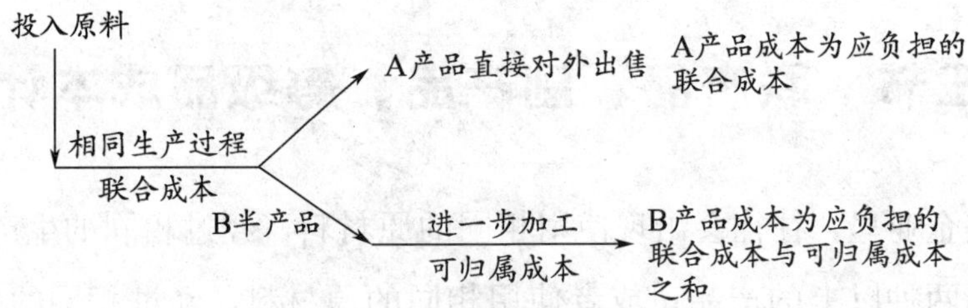

图 11-1 联产品成本构成

由图可知，联产品成本计算的关键是联合成本的分配。联合成本的分配方法常用的有系数分配法、实物量分配法、相对售价比例分配法和净实现价值分配法。

（三）联产品成本分配方法

1. 系数分配法

系数分配法是将各种联产品的实际产量按事先规定的系数折算为标准产量（因此，该方法也称标准产量比例法），然后按各联产品标准产量的比例将联合成本在各联产品之间进行分配，以计算各联产品的总成本及单位成本的方法。采用该方法分配联合成本时，其正确程度取决于系数的确定。这里系数的确定与分类法中系数的确定相同，因此决定系数的两个主要因素是分配标准和标准产品的确定。

【例 11-3】某企业利用同一种原材料，在同一工艺流程中生产出甲、乙、丙三种主要产品。进行联合成本分配时，以单位售价为标准确定系数。本例以甲产品为标准产品，其系数确定为 1。甲产品分离后还要继续加工。联产品的有关资料见表 11-12 和表 11-13。

表 11-12 联产品产量、售价和系数计算

产品名称	产量（千克）	单位售价（元）	系数
甲产品	2 400	20	1
乙产品	1 000	28	1.4
丙产品	1 500	16	0.8

表 11-13 联产品成本资料 单位：元

项目	直接材料	直接人工	制造费用	合计
分离前的联合成本	58 366	12 320	6 314	77 000
各成本项目占总成本比重	75.8%	16%	8.2%	100%
分离后甲产品加工成本	2 800.32	1 670.4	1 769.28	6 240

联产品成本计算程序如下：

（1）编制联产品成本计算表，见表 11-14。

表 11-14 联产品成本计算 单位：元

产品名称	产量（千克）	系数	总系数	联合成本	分配率	应分配的联合成本
甲产品	2 400	1	2 400			36 960
乙产品	1 000	1.4	1 400			21 560
丙产品	1 500	0.8	1 200			18 480
合计	—	—	5 000	77 000	15.4	77 000

（2）编制甲产品成本汇总计算表，见表 11-15。

表 11-15 甲产品成本汇总计算 单位：元

项目	分配的联合成本		分离后的加工成本	总成本	单位成本
	比重	金额			
直接材料	75.8%	28 015.68	2 800.32	30 816	12.84
直接人工	16%	5 913.60	1 670.4	7 584	3.16
制造费用	8.2%	3 030.72	1 769.28	4 800	2
合计	100%	36 960	6 240	43 200	18

乙、丙产品成本的计算同甲产品，在此不再赘述。

2. 实物量分配法

实物量分配法是将产品的联合成本按各联产品之间的实物量比例进行分配的方法。这里的实物量一般是指产品的重量、长度或容积。采用这种方法计算出的单位成本是平均单位成本，即各联产品的单位成本是一致的。该方法简便易行，但其缺陷也比较明显：一是并非所有的成本发生都与实物量直接相关；二是未考虑各联产品的特性和含量，未考虑其各自的销售价值，有可能出现销售价值低的产品亏损的情况。因此，这种分配方法一般适用于成本的发生与产量关系密切，而且各联产品销售价值较为均衡的联合成本的分配。

以表 11-12 和表 11-13 的资料为例，采用实物量分配法进行联产品成本的分配，计算结果见表 11-16。

表 11-16　联产品成本计算

产品名称	产量（千克）	分配率	应分配成本（元）	单位成本（元）
甲产品	2 400		37 714. 32	15. 71
乙产品	1 000		15 714. 3	15. 71
丙产品	1 500		23 571. 38	15. 71
合计	4 900	15. 714 3	77 000	

3. 相对售价比例分配法

相对售价比例分配法是将联合成本按各联产品的总售价的比例来分配的方法。采用这种方法时，售价较高的联产品成比例地负担较高的联合成本，而售价较低的产品则相应负担较低的联合成本，以使各联产品取得相同的毛利率。这种方法克服了实物量分配法的不足，但其本身也存在缺陷：一是并非所有的成本都与售价有关，价格较高的产品不一定要负担较高的成本；二是并非所有的联产品都具有相同的获利能力。

【例 11-4】假设某工厂用某种原材料，经过同一生产过程，同时生产出 A、B 两种联产品。20××年 6 月共生产 A 产品 2 500 千克，B 产品 1 000 千克。无期初、期末在产品。该月生产这些联产品的联合成本为 60 000 元。A 产品每千克售价 20 元，B 产品每千克售价 30 元。采用相对售价比例分配法进行联产品成本的分配，计算结果见表 11-17。

表 11-17 联产品的成本计算　　单位：元

产品名称	产量（千克）	单位售价	销售价值	比重	分配联合成本	单位成本	毛利	毛利率
A产品	2 500	20	50 000	62.5%	37 500	15	12 500	25%
B产品	1 000	30	30 000	37.5%	22 500	22.5	7 500	25%
合计	3 500		80 000	100%	60 000		20 000	25%

这种方法一般适用于分离后不再加工，而且价格波动不大的联产品成本计算。若企业的某些联产品分离后仍需进一步加工方可销售，这时联合成本的分配可考虑采用净实现价值分配法。

4. 净实现价值分配法

净实现价值分配法是将联产品的联合成本按净实现价值的比例分配。

净实现价值＝产品销售价格－该产品可归属成本

采用净实现价值分配联合成本可以避免需要进一步加工的联产品出现利润率过低或亏损的情况，但因为采用此方法分配成本使进一步加工不再产生利润，所以需要进一步加工才能对外销售的联产品的毛利率低于不需要进一步加工的联产品。

假如上例中联产品分离后，A、B两产品还需要继续加工，其继续加工的成本分别为3 200元和4 800元。按净实现价值分配法计算两种产品的成本见表11-18。

表 11-18　联产品成本计算　　单位：元

产品名称	产量（千克）	单位售价	销售价值	分离后成本	净实现价值	比重	应负担成本
A产品	2 500	20	50 000	3 200	46 800	65%	39 000
B产品	1 000	30	30 000	4 800	25 200	35%	21 000
合计	3 500		80 000	8 000	72 000	100%	60 000

以上几种方法各有优缺点，企业应根据各自的特点和联产品加工的情况，选择适当的方法，使联产品的成本计算尽可能地做到正确合理。

二、副产品成本计算

（一）副产品的含义

副产品是指在同一生产过程中，使用同种原材料，在生产主要产品的同时，附带生产有一定经济用途的非主要产品。如肥皂厂在生产主产品肥皂时附带生产出副产品甘油，面粉厂在生产主产品面粉时附带生产出副产品麸皮等。这些副产品虽然价值不大，数量不多，也不是企业生产的主要目的，但它们具有一定的经济价值，可以满足社会的需要。为了充分利用物资，提高企业综合效益，应采用一定的成本计算方法进行核算。

主、副产品一般是在同一生产过程中形成的，很难划分两者的生产费用，因此可将主、副产品作为一类产品，采用分类法及其他成本计算的基本方法计算成本。副产品是随主要产品生产附带而来，其价值较低，因此计算其成本时，可以采用简便的方法，将副产品按一定标准作价，从分离前的联合成本中扣除。由此可见，副产品成本计算的关键是副产品的计价问题。

（二）副产品的计价方法

副产品的计价，可以根据不同情况分别采用不同方法，常见的方法包括：

1. 副产品不计价法

如果副产品在分离后，可以作为产成品直接销售，而且价值较低（与主产品相比甚微），则副产品可不负担分离前的联合成本，即副产品不计价。由于不需要进一步加工，也不发生可归属成本，所以这部分副产品的成本为零，其销售所取得的收入可直接作为其他业务收入处理。这种方法一般适用于副产品分离后不再加工，而且其价值较低的情况。采用这种方法的优点是计算简便，但由于副产品成本是由主产品负担的，从而会影响主产品成本的准确性。

2. 副产品按分离后的成本计价法

副产品与主产品分离后，如果还需要单独进行加工后才能出售，则在价值较小的情况下，副产品可考虑只负担可归属成本，不负担分离前发生的任何成本，这样只把分离后进一步加工的成本作为该副产品的成本即可。

例如，某厂生产甲产品过程中附带生产出可以加工成乙副产品的材料，该材料需继续加工后才能对外销售。某月生产甲产品 5 000 千克，乙副产品的材料 1 000 千克，发生联合成本 106 000 元。用乙副产品的材料进一步加工成乙副产品 800 千克，加工成本为 2 480 元。则甲产品的总成本为 106 000 元，单位成本为 21.2 元；乙副产品的总成本为 2 480 元，单位成本为 3.10 元。

3. 副产品按固定成本计价法

这种计价法是指将确定的固定成本作为副产品的成本，从联合成本中扣除。其中，固定成本可按固定价格计价，也可以按计划单位成本计价。这种方法计算简便，但是当副产品成本变动较大、市价不稳定时，会影响主产品成本的正确性。

例如，仍以上述资料为例，假定乙副产品材料的计划单价为 2.1 元/千克。则计算如下：

乙副产品应负担的联合成本＝1 000×2.1＝2100（元）

乙副产品总成本＝2 100＋2 480＝4 580（元）

乙副产品单位成本＝4 580÷800＝5.725（元）

甲产品总成本＝106 000－2 100＝103 900（元）

甲产品单位成本＝103 900÷5 000＝20.78（元）

4. 副产品按销售价格扣除销售税金、销售费用后的余额计价法

如果副产品价值较高，往往以其销售价格为计价的依据。一般是将销售价格扣除税金、销售费用和正常销售利润后的金额作为副产品的成本，从联合成本中扣除。如果副产品在分离后还需进一步加工才能出售，那么按这一方法对副产品计价时，还应从售价中扣除分离后的加工费。

副产品成本计算出来后，还需要考虑如何从联合成本中扣除的问题。副产品成本从联合成本中扣除的方法可以有两种：一是将副产品成本（副产品计价额）从分离前联合成本中的“直接材料”成本项目中扣除，二是按比例从各成本项目中扣除。对利用废料经过简单加工制成的副产品，可以将其成本从全部成本的原材料项目中扣除，不再按各项目扣除。

【例 11-5】某工业企业在生产主要产品的同时，生产出甲副产品。主、副产品的共同成本为：直接材料费用 50 000 元，直接人工费用 30 000 元，制造费用20 000元。甲副产品产量 1 000 千克，单位售价 30 元，单位税金 1.32 元，销售费用 2 元，销售利润 4.68 元。副产品成本按比例从各成本项目中扣除，则成本计算见表 11-19。

表 11-19　甲副产品成本计算　　单位：元

成本项目	共同成本		甲副产品应负担成本	主产品应负担成本
	金额	比重		
直接材料	50 000	50%	11 000	39 000

续表

成本项目	共同成本		甲副产品应负担成本	主产品应负担成本
	金额	比重		
直接人工	30 000	30%	6 600	23 400
制造费用	20 000	20%	4 400	15 600
合计	100 000	100%	22 000	78 000

甲副产品应负担成本＝（30－1.32－2－4.68）×1 000＝22 000（元）

在本例中，假设甲副产品在分离后还需要进一步加工，其人工费用为2 000元，制造费用为1 800元。则计算如下：

甲副产品应负担成本＝（30－1.32－2－4.68）×1 000－2 000－1 800＝18 200（元）

此时，主、副产品应负担的成本见表11-20。

表11-20 主、副产品成本计算 单位：元

成本项目	共同成本		甲副产品成本			主产品成本
	金额	比重	分离前成本	分离后成本	总成本	
直接材料	50 000	50%	9 100		9 100	40 900
直接人工	30 000	30%	5 460	2 000	7 460	24 540
制造费用	20 000	20%	3 640	1 800	5 440	16 360
合计	100 000	100%	18 200	3 800	22 000	81 800

联产品与副产品之间的联系主要表现在它们都是联合生产过程的产物；都是投入相同的原材料，经过同一生产过程而产生的。两者的主要区别是价值，联产品价值一般较大，而副产品的价值一般较小。对企业而言，联产品和副产品的划分并非一成不变。另外，很难有什么绝对的标准来判断该企业的某产品是联产品还是副产品。在会计处理上，如果认为有必要，可将有些副产品按联产品处理。

三、等级产品的成本计算

（一）等级产品的定义

等级产品是指使用相同的原材料，经过相同的生产过程，生产出来的品级

或质量不同的同一种产品。等级产品质量上的差别一般是设计所允许的范围之内的，这些差别一般不影响产品的正常使用，所以等级产品都是合格产品。

（二）等级产品的成本计算

等级产品成本的计算方法，需视等级产品造成的原因而定。等级产品产生的原因通常有两种：

第一，由工人操作不慎、技术不熟练、生产管理不善所造成的等级品。对于这种属由主观原因造成的等级品，在生产投入时，各等级产品的单位投入是相同的，其成本不应有别，即不同等级的产品应具有相同的成本。这样，次级产品可能由于售价较低而造成亏损。这正好说明企业生产经营管理上的缺陷，从而可以促进企业不断改善工作，提高产品质量。这种情况下，可采用实物量比例分配法计算各等级产品的成本。

第二，由投入的原材料质量不同、工艺技术上的要求不同或目前生产技术水平等原因造成的等级品。这些等级品是由客观原因造成的。在计算等级产品成本时，应对不同等级的合格品计算不同的单位成本。对于这种情况，往往以单位售价的比例定出系数，按系数比例来分配各等级产品应分摊的联合成本。其计算结果是售价高的产品负担较多的联合成本。

【思考与练习】

一、判断题

1. 分类法是以产品类别为成本计算对象的一种产品成本计算方法。

2. 只要产品的品种、规格繁多，就可以采用分类法计算产品成本。

3. 采用分类法计算产品成本时，每类产品内各种产品的直接计入费用和间接计入费用均采用分配方法分配计算。

4. 如果副产品的销售价值很小，主、副产品的联合成本可以全部由主产品负担。

5. 用分类法计算出的类内各种产品的成本具有一定的假定性。

6. 主、副产品在分离前作为同一类产品归集生产费用。

7. 在按系数在类内各种产品之间分配费用的情况下，若系数是按消耗定额或费用定额计算确定的，则按系数分配的结果与直接按定额消耗量或定额比例分配的结果相同。

8. 分类法的适用与否与产品的生产类型有着直接的关系。

9. 副产品在与主产品分离后，还需要单独进行加工的，应按其分离后继续加工的生产特点和管理的要求单独计算成本。

10. 产品内部结构、所用原材料、工艺技术过程完全相同，但对于由于工人操作而造成的质量等级不同的产品，可以应用分类法的原理，按照不同售价在它们之间分配费用。

二、单项选择题

1. 产品成本计算的分类法适用于（　　）。

A. 品种、规格繁多的产品

B. 可以按照一定标准分类的产品

C. 品种、规格繁多，而且可以按照产品结构、所用原材料和工艺过程的不同划分为若干类别的产品

D. 只适用大批、大量生产的产品

2. 采用分类法的目的在于（　　）。

A. 分类计算产品成本

B. 简化各种产品的成本计算工作

C. 简化各类产品的成本计算工作

D. 准确计算各种产品的成本

3. 必须采用分类法计算成本的产品是（　　）。

A. 等级品　　B. 主产品　　C. 副产品　　D. 联产品

4. 产品成本计算分类法的特点是（　　）。

A. 按照产品品种计算成本

B. 按照产品类别计算成本

C. 按照产品类别归集生产费用，同类产品内各种产品的各种费用均采用分配方法计算

D. 按照产品类别归集生产费用，同类产品内各种产品的直接计入费用直接计入，间接计入费用采用分配方法分配计入

5. 联产品与副产品的区别主要在于（　　）。

A. 成本的计算方法不同　　B. 投入的原材料不同

C. 生产工艺流程不同　　D. 出售的价值大小不同

6. 下列产品成本计算方法具有一定假定性的是（　　）。

A. 品种法　　B. 分类法　　C. 分步法　　D. 分批法

三、多项选择题

1. 可以或者应该采用分类法计算成本的产品是（　　）。

A. 联产品

B. 由工人操作所造成的质量等级不同的产品

C. 品种、规格繁多，但可按规定标准分类的产品

D. 品种多、规格多，且数量少、费用比重小的一些零星产品

2. 采用分类法计算成本的优点有（　　）。

A. 可以简化成本计算工作

B. 可以分类掌握产品成本情况

C. 可以使类内的各种产品成本的计算结果更为准确

D. 便于成本日常控制

3. 在采用分类法的情况下，做到既简化成本计算工作，又使成本计算相对正确的关键是（　　）。

A. 适当地进行产品分类

B. 产品类距越小越好

C. 必须对各成本项目采用同一费用分配标准

D. 恰当地选择费用分配标准

4. 采用分类法计算产品成本时，同类产品内各种产品之间分配费用的标准有（　　）。

A. 定额消耗量　　B. 定额费用

C. 产品体积、长度或重量　　D. 售价

5. 采用分类法计算产品成本的缺点是（　　）。

A. 减少了成本计算对象，简化了成本计算工作

B. 类内各种产品成本具有一定假定性

C. 类内各种产品成本平均化

D. 只能在大量、大批生产的企业采用

四、业务题

1. 资料：甲公司大量生产 A、B、C 三种产品。这三种产品的原材料和工

艺过程相近，因而归为一类产品，采用分类法计算成本；月末在产品按定额成本计价。7月月初、月末在产品的定额总成本及生产费用见该类产品成本明细账数据。

该公司类内各种产品成本的分配方法是：直接材料费用按用料系数比例分配，其他各项费用按定额工时比例分配。公司规定以A产品为标准产品。A产品用料系数为1，B产品用料系数为0.6，C产品用料系数为1.52。工时消耗定额为：A产品10小时，B产品12小时，C产品18小时。

本月完工产品的产量为：A产品2 000件，B产品4 000件，C产品5 000件。

要求：(1) 登记该类产品成本明细账（该类产品成本明细账如下表所示）。

月	日	摘要	直接材料	直接人工	制造费用	合计
7	1	月初在产品成本（定额成本）	3 000	4 000	4 400	11 400
7	31	本月生产费用	35 400	36 000	45 600	117 000
7	31	生产费用累计				
7	31	完工转出产成品成本				
7	31	月末在产品成本（定额成本）	2 400	8 400	2 600	13 400

(2) 计算类内产品各费用分配率。

(3) 编制类内各种产品成本计算表。

2. 资料：鸿运工厂采用分类法计算产品成本。该企业生产的B类产品中包括甲、乙、丙三种产品。本月生产甲产品4 000件，乙产品1 500件，丙产品2 400件。月末甲在产品160件，乙在产品240件，丙产品已全部完工。各产品均是一次投料，月末在产品加工程度均为50%。

(1) 该企业将甲产品定为标准产品，原材料的标准产品换算系数按单位产品原材料消耗定额计算，工费的标准产品换算系数按单位产品工时消耗定额计算。各产品的消耗定额见下表。

产品名称	原材料消耗定额（千克）	工时消耗定额（小时）
甲产品	36	16
乙产品	54	32
丙产品	7.2	8

（2）月初在产品成本和本月发生成本见下表（单位：元）。

项目	原材料	直接人工	制造费用
月初在产品成本	10 800	3 600	4 200
本月发生成本	315 450	111 420	123 600

要求：计算类内三种产品的总成本和单位成本。

3. 资料：某企业用某种原材料同时生产出甲、乙两种联产品。某月共生产甲产品 2 000 千克，乙产品 1 000 千克，无期初、期末在产品。生产这些联产品的联合成本为：材料费用 450 000 元，直接人工费用 162 000 元，制造费用 180 000 元。甲产品的单位售价 375 元/千克，乙产品的单位售价 450 元/千克。

要求：根据以上资料，分别用下列方法计算甲、乙两种产品的成本。

（1）按产品产量计算。

（2）按系数分配法计算（甲产品为标准产品，系数为 1，乙产品系数为 1.12）。

（3）按相对售价比例分配法计算。

（4）若联产品分离后，甲、乙产品还需要继续加工，其继续加工的成本分别为 100 200 元和 50 000 元。按净实现价值法计算两种产品的成本。

4. 资料：某工业企业在生产主产品——甲产品的过程中，还生产出副产品——乙产品的材料。对该种材料进一步加工后，制造出乙产品。甲产品的生产和乙产品的加工在同一车间进行，甲产品和乙产品都是大量、大批、单步骤生产。某月甲、乙产品成本计算的有关资料如下：

（1）甲产品的月初在产品定额成本为 50 000 元，其中直接材料费用26 000 元，直接人工费用 10 000 元，制造费用 14 000 元。

（2）本月发生的生产费用为：生产甲产品领用材料费用 175 000 元，该车间生产工人薪酬费用 54 000 元，该车间制造费用 62 000 元。

（3）本月甲、乙产品耗用的生产工时分别为 9 000 小时和 1 000 小时，本月甲、乙完工产品的产量分别为 5 000 件和 4 000 件。

（4）本月生产甲产品过程中生产出乙产品的材料 1 500 千克，每千克计划单价 2 元，全部被乙产品耗用。

（5）甲产品的月末在产品定额成本为 47 000 元，其中直接材料费用25 000

元，直接人工费用10 500元，制造费用11 500元。

要求：(1) 按生产工时比例分别计算甲、乙产品应负担的薪酬费用和制造费用。

(2) 计算甲、乙完工产品的总成本和单位成本。甲产品月末在产品按定额成本计价，乙产品月末在产品不计算成本。

CHAPTER 12 第十二章

定额法

第一节　定额法概述

一、定额法的含义

定额法是以定额成本为目标成本，及时揭示生产费用脱离定额的差异，加强成本管理，并根据定额成本、脱离定额差异和定额变动差异计算产品实际成本的一种成本管理和成本计算方法。在定额法下，实际费用发生时，将其划分为定额成本与脱离定额差异两部分来归集，并分析产生差异的原因，及时反馈到管理部门；月终以产品定额成本为基础，加减所归集和分配的脱离定额差异、定额变动差异、材料成本差异，求得产品实际成本。

产品实际成本=产品定额成本±脱离定额差异±定额变动差异±材料成本差异

定额法是在品种法、分步法、分批法的基础上，运用一种特殊汇集费用的技术，计算产品成本的方法。这种方法是为了克服前述成本计算方法的弱点而提出来的。在前述的几种成本计算方法下，生产费用的日常核算都是按照其实际发生额进行的，不能及时反映和监督生产费用、产品成本脱离定额的差异；只有在月末成本计算终了以后才能把实际成本资料与定额成本资料进行对比反映，致使问题处理不及时，从而不能更好地加强定额管理，实行成本控制。采用定额法计算产品成本，能及时揭示差异，提供有关成本形成动态的各种信息，有助于促使企业控制和节约费用。这种方法一般适用于企业定额管理制度较健全，而且产品生产定额、消耗定额比较准确、稳定的企业。

二、定额成本的制订

（一）定额成本制订的意义

采用定额法，必须事先制订单位产品的消耗定额、费用定额，并据以计算产品的定额成本，作为衡量实际生产费用的节约或超支的标准。制订产品的定额成本，就是对产品成本进行事先控制。各种消耗定额、费用定额，以及产品定额成本，既是对生产耗费进行事中控制的目标，又是计算产品实际成本的基础，也是事后对成本进行分析和考核的依据。

定额成本与计划成本都是目标成本，即根据预定的目标实现制订的成本。计划成本是以计划期内平均消耗定额为依据计算的预计成本，表明计划期内应达到的平均成本水平。定额成本是以现行消耗定额计算的预计成本，其目的是要保证计划成本的完成。在计划期内，企业通过各项措施有步骤地降低现行定额，以求达到计划中规定的成本水平。

为了便于分析和考核，定额成本的编制方法、成本项目的划分应与计划成本、实际成本保持一致。但是定额成本和计划成本一般不包括废品损失和停工损失。因此，实际发生的废品损失和停工损失，都是超过定额成本的差异。

（二）定额成本的计算方法

定额成本的计算是通过编制定额成本计算表进行的，其编制方法应根据企业的具体情况确定。在产品结构简单、零部件较少的情况下，可以先计算零件定额成本，然后再汇总计算部件定额成本，最后计算产品定额成本。如果产品的结构复杂、零件较多，可以以产品为对象，直接计算产品定额成本。在规模较大、实行两级成本核算的企业中，定额成本的计算不仅要按产品品种，而且还要按产品生产所经过的车间来进行。

定额成本各成本项目的计算公式如下：

单位产品直接材料定额成本 $= \sum$（材料消耗定额×材料的计划单价）

单位产品直接人工定额成本＝工时消耗定额×计划小时人工费用率

单位产品制造费用定额成本＝工时消耗定额×计划小时制造费用率

各成本项目的定额成本相加，即产品的单位定额成本。单位定额成本乘以实际产量，即总定额成本。定额成本计算表见表12-1。

表12-1 产品定额成本计算单

产品名称：甲产品　　　　20××年8月　　　　单位：元

成本项目		定额材料		定额工时（小时）	计划小时直接人工费用率	计划小时制造费用率	金额
		数量（千克）	计划单价				
直接材料	A材料	10	50				500
	B材料	4	10				40
	小计						540
直接人工				20	20		400
制造费用				20		13	260
单位产品定额成本							1 200

三、定额法计算产品成本的程序

采用定额法计算产品的一般程序如下：

第一，按照企业的生产工艺特点和管理要求，确定成本计算对象及成本计算的基本方法。

第二，按照定额成本标准进行逐项分解，计算各成本项目的定额费用，编制产品定额成本表。

第三，生产费用发生时，将其划分为定额成本和脱离定额差异两部分，分别编制凭证予以汇总，并对其中的重点差异实行例外管理。

第四，按确定的成本计算的基本方法，归集、结转各项费用的定额成本及脱离定额差异，并按一定标准在完工产品与在产品之间进行分配。

第五，将产品定额成本加减所分配的脱离定额差异、定额变动差异及材料成本差异，即可求得产品实际成本。

第二节 定额法下各类差异的揭示

定额法下计算和控制产品成本，需要揭示三类差异：脱离定额差异、材料成本差异、定额变动差异。

一、脱离定额差异的揭示

脱离定额差异是实际费用与定额成本的差异，超支、节约分别表现为正、负差异。

计算和分析脱离定额成本的差异是定额法的核心内容。制订定额成本的目的，就是加强对生产耗费的日常控制，计算和汇总脱离定额的差异，及时分析产生差异的原因，明确责任，采取有效措施，减少生产耗费，降低产品成本。

脱离定额差异的计算是分别成本项目进行的，即分别计算直接材料脱离定额差异、直接人工费用脱离定额差异和制造费用脱离定额差异。

（一）直接材料脱离定额差异的计算

直接材料费用由于通常在产品成本中占较大比重，所以是定额法控制的重点。直接材料脱离定额差异的计算可以采用材料凭证限额法、分批切割法和定期盘存法。

1. 材料凭证限额法

材料凭证限额法是在材料发出时，分别编制定额凭证（限额领料单）和差异凭证来反映材料在生产过程中使用情况的一种方法。

如果发料是在限额内的，填写限额领料单。对于经批准超定额领用或领用替代材料的，需填写超额领料单或代用材料领料单。对于已领未用的材料，需要填写退料单。在生产任务完成后，限额领料单所列示未领材料的余额，扣除代用领料单金额，加上退料单所列金额，就是材料的节约差异。超额领料单上所列数量则为超支差异。

例如，某企业本月投产某产品500件，单位产品A材料消耗定额30千克，每千克计划单位成本5元，超额领料单本月登记数量为150千克。该产品A材料定额差异计算如下：

某产品A材料定额成本=500×30×5=75 000（元）

该产品A材料脱离定额差异=150×5=750（元）

2. 切割核算法

切割核算法适用于需要经过切割才能进一步加工的材料定额差异揭示。材料进行分割时，可以使用按切割材料批别开设的“材料切割核算单”，分别核算材料定额消耗量和脱离定额差异。将切割后的材料数量乘以材料消耗定额，得出切割后材料的定额耗用量；再与实际耗用量（实际领用量减去退料数量）相比较，以确定脱离定额差异。材料切割核算单的格式及内容见表 12-2。

表 12-2　材料切割核算单

材料编号或名称：B 材料　　　　材料计划单位成本：4 元

产品名称：乙产品　　　　废料计划单位成本：0.5 元

切割工人工号和姓名：李艺　　　　材料计量单位：千克

切割日期：20××年 3 月 3 日　　　　完工日期：20××年 3 月 5 日

<table>
<tr><td colspan="2">发料数量</td><td colspan="2">退回余料数量</td><td colspan="2">材料实际消耗量</td><td colspan="2">废料回收数量</td></tr>
<tr><td colspan="2">156</td><td colspan="2">6</td><td colspan="2">150</td><td colspan="2">9</td></tr>
<tr><td>单件消耗定额</td><td colspan="2">单件回收废料定额</td><td>应割成的毛坯数量</td><td>实际割成的毛坯数量</td><td colspan="2">材料定额消耗量</td><td>废料定额回收数量</td></tr>
<tr><td>10</td><td colspan="2">0.4</td><td>15</td><td>14</td><td colspan="2">140</td><td>5.6</td></tr>
<tr><td colspan="2">材料脱离定额差异</td><td colspan="2">废料脱离定额差异</td><td colspan="3">差异原因</td><td>过失人</td></tr>
<tr><td>数量</td><td>金额</td><td>数量</td><td>金额</td><td colspan="3" rowspan="2">未按规程操作，多留了角料，减少了毛坯的数量</td><td rowspan="2">操作人</td></tr>
<tr><td>＋10</td><td>40</td><td>－3.4</td><td>－1.7</td></tr>
</table>

说明：

（1）回收废料超过定额的差异可以冲减材料费用，故列负数；相反，低于定额的差异应列正数。

（2）应切割成的毛坯数量＝材料实际消耗量÷材料消耗定额＝150÷10＝15（件）

材料定额消耗量＝实际切割毛坯数量×材料消耗定额＝14×10＝140（千克）

废品定额消耗量＝实际切割毛坯数量×废品回收定额＝14×0.4＝5.6（千克）

材料脱离定额差异＝（材料实际消耗量－材料定额消耗量）×材料计划单位成本＝（150－140）×4＝40（元）

废料脱离定额差异＝（废料实际回收数量－废料定额回收数量）×废料计划单位成本＝（9－5.6）×0.5＝1.7（元）

3. 盘存法

在连续或大量生产产品的企业中，产品不能按批别划分，可采用定期盘存法核算差异。其基本程序如下：

（1）定期对在产品进行盘存，确定在产品数量。

（2）根据产量凭证所列完工产品数量及盘存在产品数量，计算产品投产数量。其计算公式如下：

产品投产数量＝完工产品数量＋期末在产品数量－期初在产品数量

如果材料不是在生产一开始即全部投入，而是随着生产进度逐步投入，则还要按材料消耗定额计算期初、期末在产品的约当产量，替代上述公式中的期初、期末在产品数量。

（3）计算材料定额消耗量。其计算公式如下：

材料定额消耗量＝产品投产数量×材料消耗定额

（4）根据领料单、退料单和车间材料盘存单计算材料实际消耗量。

（5）计算材料脱离定额的差异。其计算公式如下：

材料脱离定额的差异＝（材料实际消耗量－材料定额消耗量）×材料的计划单位成本

4. 原材料定额费用和脱离定额差异汇总表的编制

采用上述各种方法所确定的原材料脱离定额差异，是材料消耗量的差异乘以材料计划单位成本，也就是按计划单位成本反映的原材料脱离定额的数量差异。它不包括原材料的价格差异（材料成本差异）。

无论采用何种方法计算定额差异，都应定期根据上述有关核算资料，按产品成本计算对象汇总编制原材料定额费用和脱离定额差异汇总表，并分析产生差异的原因，及时采取措施控制成本。

例如，某工业企业生产甲产品，列示其 9 月份原材料定额费用和脱离定额差异汇总表，见表 12-3。

表 12-3　原材料定额费用和脱离定额差异汇总

产品名称：甲产品　　20××年 9 月　　单位：元

材料名称	计量单位	计划单位成本	计划成本费用		定额费用		脱离定额差异		差异原因
			实际耗用量	金额	定额耗用量	金额	耗用量	金额	
A	千克	50	2 950	147 500	3 000	150 000	－50	－2 500	略
B	千克	10	1 245	12 450	1 200	12 000	45	450	略
合计				159 950		162 000		－2 050	

领用自制半成品时，定额消耗量、定额费用和脱离定额差异的计算确定方法，与原材料相同。

（二）直接人工费用脱离定额差异的核算

人工费用脱离定额差异的核算，因采用工资形式的不同而有所区别。

采用计件工资形式时，按计件工资单价支付的工资属工资定额成本，在计件工资之外所付的奖金、津贴等都属于工资的定额差异，用专设的差异凭证反映。其脱离定额差异的计算与原材料项目类似。

采用计时工资形式时，直接人工费用脱离定额差异不能在平时按照产品直接计算，只有在月末实际生产工人工资总额确定以后，按下列公式计算：

$$计划小时人工费用率=\frac{计划产量的直接人工预算}{计划产量的定额生产工时总数}$$

$$实际小时人工费用率=\frac{实际直接人工总额}{实际生产工时总数}$$

某产品直接人工定额成本＝该产品实际产量的定额生产工时×计划小时人工费用率

该产品直接人工实际成本＝该产品实际产量的实际生产工时×实际小时人工费用率

该产品直接人工费用脱离定额差异＝该产品直接人工实际成本－该产品直接人工定额成本

例如，假设某企业生产甲产品，20××年9月实际加工产品314件，计划每小时人工费用为20元，每件产品定额工时为20小时。本月实际人工费用为126 350元。其直接人工费用脱离定额差异计算如下：

甲产品直接人工定额成本＝314×20×20＝125 600（元）

甲产品直接人工费用脱离定额差异＝126 350－125 600＝750（元）

无论采用哪种工资形式，都应根据上述核算资料，按照成本计算对象汇总编制定额工资及脱离定额差异汇总表，其格式见表12-4。

表12-4　直接人工费用定额和脱离定额差异汇总表

车间：×车间　　　　20××年9月　　　　金额单位：元

产品名称	产量（件）	单位工时定额	人工费用定额			实际人工费用			脱离定额差异
			定额工时	计划小时人工费用率	直接人工定额成本	实际工时	实际小时人工费用率	直接人工实际成本	
甲产品	314	20	6 280	20	125 600	5 054	25	126 350	750

（三）制造费用脱离定额差异的核算

制造费用属于间接费用，即发生时先按发生地点进行归集，月末直接或分配计入产品成本。所以，在日常核算中，不能按照产品直接核算制造费用脱离定额的差异，只能定期（一般按月）根据费用计划，按照费用项目核算制造费用脱离定额的差异，据以控制和监督费用的发生。计算公式如下：

$$计划小时制造费用率=\frac{某车间计划制造费用总额}{该车间计划产量的定额生产工时总数}$$

$$实际小时制造费用率=\frac{某车间实际制造费用总额}{该车间实际生产工时总数}$$

某产品定额制造费用＝该产品实际产量的定额生产工时×计划小时制造费用率

某产品实际制造费用＝该产品实际产量的实际生产工时×实际小时制造费用率

该产品制造费用脱离定额差异＝该产品实际制造费用－该产品定额制造费用

制造费用定额和脱离定额差异，是通过编制制造费用定额和脱离定额差异汇总表进行计算的，其格式见表 12-5。

表 12-5　制造费用定额和脱离定额差异汇总

车间：×车间　　　　20××年 9 月

产品名称	产量（件）	单位工时定额（元）	制造费用定额			实际制造费用			脱离定额差异（元）
			定额工时	计划小时制造费用率	定额制造费用（元）	实际工时	实际小时制造费用率	实际制造费用（元）	
甲产品	314	20	6 280	13	81 640	5 054	16.074 4	81 240	－400

二、材料成本差异的揭示

在定额法下，为了加强对产品成本的考核和分析，材料日常核算都按计划成本进行。因此，日常所发生的材料费用，包括材料定额成本和材料脱离定额差异，都按材料的计划单位成本计算。也就是说，前述的直接材料脱离定额差异，仅是以计划单位成本反映消耗数量上的差异，未包括价格因素。因此，还应在月末计算出材料成本差异率后分配应负担的材料成本差异。计算公式如下：

某产品应负担的材料成本差异＝（该产品直接材料定额成本±材料脱离定额差异）×材料成本差异率

产品直接材料实际成本＝产品直接材料定额成本±材料脱离定额差异±应负担的材料成本差异

例如，根据表12-3，若该厂9月份A、B材料的成本差异率分别为－0.5％和2％，则计算如下：

甲产品应分配的材料成本差异＝（150 000－2 500）×（－0.5％）＋（12 000＋450）×2％＝－488.5（元）

甲产品耗用材料的实际成本＝（150 000－2 500）＋（12 000＋450）－4 88.5＝159 461.5（元）

三、定额变动差异的揭示

定额变动差异是指由于修订消耗定额而产生的新旧定额之间的差额。新定额一般在月初开始实行，当月投入的产品费用都应按新定额来计算定额成本和脱离定额差异。但在定额变动后，月初在产品的定额成本并未修订，仍然是按旧的定额计算。为了使按旧定额计算的月初在产品定额成本和按新定额计算的本月投入产品的定额成本在新定额的同一基础上相加，以计算产品的实际成本，需要对月初按旧定额计算的定额成本按新定额进行调整。原定额成本与调整后的定额成本之差额即定额变动差异，在定额成本降低时用正数表示，定额成本提高时用负数表示。由此可见，定额变动差异主要是指月初在产品由于定额变动产生的差异。

调整定额修订当月月初在产品的定额成本，计算定额变动，只是统一计量基础，并不改变产品成本总额。因此，在定额降低时，同金额减少定额成本和增加定额变动差异；在定额提高时，同金额增加定额成本和减少定额变动差异。

定额变动差异的计算应分别成本项目进行，其计算公式如下：

月初在产品定额变动差异＝月初在产品按旧定额计算的定额成本－月初在产品按新定额计算的定额成本

例如，某企业9月初在产品50件，单位产品旧的材料消耗定额为4.6千克。从20××年9月1日起修订材料消耗定额，新的材料消耗定额为每单位产品4千克，材料计划单价为10元。

月初在产品按旧定额计算的定额成本＝50×4.6×10＝2 300（元）

月初在产品按新定额计算的定额成本＝50×4×10＝2 000（元）

月初在产品定额变动差异＝2 300－2 000＝300（元）

这种方法一般要按零部件计算定额消耗量。在构成产品零部件种类较多的情况下，计算工作量较大。为了简化核算工作，可按照单位产品采用系数折算的方法计算。其计算公式如下：

$$定额变动系数=\frac{按新定额计算的单位产品成本}{按旧定额计算的单位产品成本}$$

月初在产品定额变动差异＝按旧定额计算的月初在产品成本×（1－定额变动系数）

例如，甲产品的某些零件从20××年8月1日起修订材料消耗定额。单位产品旧的材料消耗定额为100元，新的材料消耗定额为95元。该产品月初在产品按旧定额计算的材料定额成本为16 000元。其月初在产品定额变动差异计算如下：

$$定额变动系数=\frac{95}{100}=0.95$$

月初在产品定额变动差异＝16 000×（1－0.95）＝800（元）

四、脱离定额差异、定额变动差异、材料成本差异的分配

在定额法下，各种差异可按当月完工产品定额成本和月末在产品定额成本的比例分配。其计算公式如下：

$$差异分配率=\frac{月初在产品差异+本月发生差异}{完工产品定额成本+月末在产品定额成本}\times100\%$$

完工产品应负担的差异＝完工产品定额成本×差异分配率

月末在产品应负担的差异＝月末在产品定额成本×差异分配率

如果差异金额较小，也可完全由完工产品成本负担，月末在产品按定额成本计价。

第三节 定额法应用举例

一、定额法举例

某企业大批生产乙产品，各项消耗定额比较准确、稳定。为加强定额管理和成本控制，采用定额法计算产品成本。乙产品是在一个封闭车间里生产的，不分步计算产品成本。该企业对脱离定额差异按完工产品与月末在产品的定额成本比例进行分配，规定对材料成本差异和定额变动差异全部由完工产品成本负担。

20××年9月份生产情况和定额资料如下：

月初在产品50件（加工程度为60%），本月投入产品300件，本月完工310件，月末在产品40件，加工程度为85%。原材料A、B系开工时一次投入。A材料消耗定额为10千克，材料计划单位成本为50元；B材料消耗定额由4.6千克降为4千克，材料计划单位成本为10元。材料成本差异率为2%。工时定额为20小时，计划小时工资率为20元，计划小时制造费用率为13元。

其他资料如下：

（1）月初在产品各成本项目脱离定额差异为：直接材料脱离定额差异为＋160元，直接人工费用脱离定额差异为＋350.8元，制造费用脱离定额差异为－136.64元。

（2）本月直接材料脱离定额差异为－2 050元，直接人工费用脱离定额差异为＋750元，制造费用脱离定额差异为－400元。

（3）定额变动差异、材料成本差异全部由完工产品负担，脱离定额差异由完工产品和月末在产品按定额成本比例分配。

在采用定额法下，20××年9月份完工产品实际成本计算结果见表12-6。

表12-6 产品成本计算单

产品名称：乙产品　　　　20××年9月　　　　单位：元

成本项目	月初在产品		月初在产品定额变动		本月费用			生产费用合计			
	定额成本	脱离定额差异	定额成本调整	定额变动差异	定额成本	脱离定额差异	材料成本差异	定额成本	脱离定额差异	材料成本差异	定额变动差异
栏次	(1)	(2)	(3)	(4)	(5)	(6)	(7)	(8)	(9)	(10)	(11)

续表

成本项目	月初在产品		月初在产品定额变动		本月费用			生产费用合计			
	定额成本	脱离定额差异	定额成本调整	定额变动差异	定额成本	脱离定额差异	材料成本差异	定额成本	脱离定额差异	材料成本差异	定额变动差异
直接材料	27 300	160	−300	300	162 000	−2 050	3 199	189 000	−1 890	3 199	300
直接人工	12 000	350.8			125 600	750		137 600	1 100.8		
制造费用	7 800	−136.64			81 640	−400		89 440	−536.64		
合计	47 100	374.16	−300	300	369 240	−1 700	3 199	416 040	−1 325.84	3 199	300

成本项目	分配率	产成品成本					月末在产品	
	脱离定额差异	定额成本	脱离定额差异	材料成本差异	定额变动差异	实际成本	定额成本	脱离定额差异
栏次	(12)	(13)	(14)	(15)	(16)	(17)	(18)	(19)
直接材料	−1%	167 400	−1 674	3 199	300	169 225	21 600	−216
直接人工	0.8%	124 000	992			124 992	13 600	108.8
制造费用	−0.6%	80 600	−483.6			801 16.4	8 840	−53.04
合计		372 000	−1 165.6	3 199	300	374 333.4	44 040	−160.24

在表 12-6 中，栏次（1）月初在产品定额成本可根据上月末成本明细账登记，也可以按如下过程计算：

直接材料定额成本＝50×10×50＋50×4.6×10＝27 300（元）

直接人工定额成本＝50×20×20×60%＝12 000（元）

制造费用定额成本＝50×20×13×60%＝7 800（元）

栏次（3）、（4）的计算过程如下：

定额变动调整＝50×4×10－50×4.6×10＝－300（元）

定额变动差异＝50×4.6×10－50×4×10＝300（元）

栏次（5）定额成本的计算过程如下：

直接材料定额成本＝300×10×50＋300×4×10＝162 000（元）

直接人工定额成本＝（310＋40×85%－50×60%）×20×20＝125 600（元）

制造费用定额成本＝（310＋40×85%－50×60%）×20×13＝81 640（元）

栏次（7）材料成本差异的计算如下：

材料成本差异＝（162 000－2 050）×2%＝3 199（元）

本月费用合计栏次的计算如下：

(8) 栏＝ (1) 栏＋ (3) 栏＋ (5) 栏

(9) 栏＝ (2) 栏＋ (6) 栏

(10) 栏＝ (7) 栏

(11) 栏＝ (4) 栏

栏次 (12) 脱离定额差异率的计算如下：

$$直接材料脱离定额差异率=\frac{(9)}{(8)}=\frac{-1\ 890}{189\ 000}\times100\%=-1\%$$

$$直接人工脱离定额差异率=\frac{(9)}{(8)}=\frac{1\ 100.8}{137\ 600}\times100\%=0.8\%$$

$$制造费用脱离定额差异率=\frac{(9)}{(8)}=\frac{-536.64}{89\ 440}\times100\%=-0.6\%$$

栏次 (13) 完工产品定额成本的计算如下：

直接材料定额成本＝310× (10×50＋4×10) ＝167 400 (元)

直接人工定额成本＝310×20×20＝124 000 (元)

制造费用定额成本＝310×20×13＝80 600 (元)

栏次 (14) 完工产品应负担的脱离定额差异的计算如下：

(14) 栏＝ (12) 栏× (13) 栏

栏次 (17) 完工产品实际成本的计算如下：

(17) 栏＝ (13) 栏＋ (14) 栏＋ (15) 栏＋ (16) 栏

栏次 (18)、(19) 月末在产品的定额成本及应负担的脱离定额差异的计算如下：

(18) 栏＝ (8) 栏－ (13) 栏

(19) 栏＝ (9) 栏－ (14) 栏

二、定额法的优缺点及应用条件

(一) 定额法的优缺点

定额法将产品成本的定额管理、核算和分析工作有机地结合起来。定额法的优点主要表现在：在生产过程中就能揭示脱离定额差异，有利于及时分析产生差异的原因，加强对产品成本的事中控制。此外，采用定额法计算产品成本，也有利于合理、简便地解决大量、大批、装配式、复杂生产条件下在产品的计价问题。

但是在定额法下，由于要制订定额成本，单独反映定额差异；在定额修订时还要相应调整定额成本，计算定额变动，因而计算工作量较大。另外，在定额法下，对于间接费用无法在其发生时就按产品揭示差异，往往只能在月末反映，即只能事后反映，不能有效解决对间接费用的日常控制。

（二）定额法的应用条件

定额法与生产类型没有直接关系。无论何种生产类型，只要企业的定额管理制度比较健全，定额管理工作的基础较好，而且产品生产已经定型，各项消耗定额的资料比较准确、稳定，就都可采用定额法核算生产费用，计算产品成本。

【思考与练习】

一、判断题

1. 定额法是成本计算的辅助方法，可以单独应用于各种类型的生产。

2. 实际工作中，如果是定额管理基础比较好的企业，则可以单独采用定额法计算产品成本。

3. 定额法是一种单纯计算产品实际成本的成本计算方法。

4. 定额成本是一种目标成本，是企业进行成本控制和考核的依据。

5. 只有大批、大量生产的企业才能采用定额法计算产品成本。

6. 编制定额成本计算表时所采用的成本项目和成本计算方法，可以与编制计划成本、计算实际成本时所采用的成本项目和成本计算方法不相一致。

7. 在定额法下，退料单是一种差异凭证。

8. 在计件工资形式下，生产工人工资属于直接费用，因而其脱离定额差异的核算与原材料相类似。

9. 在计时工资形式下，生产工人工资脱离定额的差异一般不能按照产品进行日常核算。

10. 在生产两种或两种以上产品的车间中，制造费用脱离定额的差异不能按照产品进行日常核算。

二、单项选择题

1. 下列各项中，既是一种成本计算方法，又是一种成本管理方法的是(　　)。

A. 分类法　　B. 分批法　　C. 品种法　　D. 定额法

2. 采用定额法时，产品实际所消耗材料应分配的材料成本差异的计算方法是（　　）。

A. 材料定额费用×材料成本差异率

B. （材料定额费用±材料脱离定额差异）×材料成本差异率

C. 材料实际消耗量×材料成本差异率

D. 材料定额消耗量×材料计划单价×材料成本差异率

3. 产品成本计算定额法的特点是（　　）。

A. 对产品成本进行事前控制

B. 对成本差异进行日常核算、分析和控制

C. 用定额成本加减各种成本差异，计算产品的实际成本，并进行成本的定期分析和考核

D. 上列三点都具备

4. 产品成本计算的定额法，在适用范围上（　　）。

A. 与生产的类型没有直接关系

B. 与生产的类型有直接关系

C. 只适用大批、大量生产的机械制造业

D. 只适用于小批、单件生产的企业

5. 在完工产品成本中，如果月初在产品定额变动差异是正数，说明（　　）。

A. 定额提高了

B. 定额降低了

C. 本月定额管理和成本管理不力

D. 本月定额管理和成本管理取得了成绩

6. 为了核算材料脱离定额差异，对于经过切割才能使用的材料，应该采用（　　）。

A. 限额法　　B. 切割核算法

C. 盘存法　　D. 上述三种方法必须同时具备

7. 原材料脱离定额差异，是（　　）。

A. 数量差异　　B. 价格差异

C. 一种定额变动差异　　D. 原材料成本差异

8. 在定额法下，当消耗定额降低时，月初在产品的定额成本调整数和定额变动差异数（　　）。

A. 都是正数　　B. 都是负数

C. 前者是正数，后者是负数　　D. 前者是负数，后者是正数

9. 某厂甲产品的部分零件从年初起修订原材料消耗定额，每件产品原材料费用的老定额为 200 元，新定额为 192 元，则甲产品定额变动系数为（　　）。

A. 0.04　　B. 0.96　　C. 0.041 7　　D. 1.041 7

10. 计算零件的月初定额变动差异，与（　　）数量有关。

A. 本月投产的该零件　　B. 月初在产品中的该零件

C. 本月完工的该零件　　D. 月末在产品中的该零件

三、多项选择题

1. 在脱离定额差异的核算中，与原材料脱离定额差异核算方法相同或类似的有（　　）。

A. 自制半成品

B. 计件工资形式下的生产工人工资

C. 计时工资形式下的生产工人工资

D. 制造费用

2. 定额法的主要优点是（　　）。

A. 较其他成本计算方法核算工作量小

B. 有利于加强成本控制，便于成本定期分析

C. 有利于提高成本的定额管理和计划管理水平

D. 能够较为合理、简便地解决完工产品和月末在产品之间的费用分配问题

E. 有利于提高产品成本核算的正确性

3. 在定额法下，产品的实际成本是（　　）的代数和。

A. 按现行定额计算的产品定额成本

B. 脱离现行定额的差异

C. 材料成本差异

D. 月初在产品定额变动差异

E. 月末在产品定额变动差异

4. 常用的核算原材料定额差异的方法有（　　）。

A. 盘存法　　B. 切割核算法　　C. 总量法　　D. 限额法

5. 实际所耗材料应负担的材料成本差异是（　　）。

A. 材料实际消耗量乘以材料计划单价，再乘以材料成本差异率

B. 材料定额消耗量乘以材料计划单价，再乘以材料成本差异率

C. 材料定额费用乘以材料成本差异率

D. 材料计划单价乘以材料成本差异率

E. 材料定额费用与材料脱离定额差异之和乘以材料成本差异率

四、业务题

1. 资料：某厂生产甲产品，采用定额法计算产品成本。本月生产甲产品耗用原材料情况如下表所示：

材料名称	实际耗用量（千克）	定额耗用量（千克）	计划单价（元）	材料成本差异率（%）
A	30 000	27 500	3	−2
B	6 000	7 000	5	−2

要求：计算本月投产甲产品所发生原材料费用的脱离定额差异和材料成本差异。

2. 资料：乙产品采用定额法计算产品成本。乙产品生产只消耗一种原材料，原材料是在生产开始时一次投入的。有关乙产品的其他资料如下：

（1）从本月开始实行新的原材料消耗定额，即原材料消耗定额由原来的20千克降低至18千克。原材料的计划单价不变，为每千克10元。

（2）月初在产品的原材料定额费用为20 000元，脱离定额差异为节约2 200元。

（3）本月投产1 000件，实际耗用原材料18 418千克。

（4）本月原材料成本差异率为节约2%。

（5）本月完工产品为900件。

要求：（1）计算月初在产品定额变动差异。

(2) 计算完工产品和月末在产品的原材料实际费用（脱离定额差异按定额费用比例在完工产品与月末在产品之间进行分配，定额变动差异和原材料成本差异全部由完工产品负担）。

3. 资料：某企业第一车间实行计时工资制，对所生产的A产品采用定额法进行产品成本的计算，有关资料如下：

(1) A产品的工时定额为12小时，计划小时直接人工费用率为5元。

(2) 本月计划产量为2 100件，实际产量为2 000件。

(3) 本月实际发生直接人工费用132 000元，实际耗用工时25 000小时。

(4) 本月月初、月末均无在产品。

要求：计算A产品本月直接人工费用脱离定额差异。

4. 资料：某企业B产品采用定额法计算产品成本，本月份有关该产品的原材料费用资料如下：

(1) 月初在产品定额费用为5 000元，月初在产品脱离定额的差异为－242元。

(2) 月初在产品的定额费用按新定额计算应为4 500元。

(3) 本月定额费用为30 000元，脱离定额的差异为－1 000元。

(4) 材料成本差异为4 000元。

(5) 本月完工产品定额费用为25 000元。

要求：(1) 计算月末在产品原材料费用定额。

(2) 计算完工产品和月末在产品的原材料实际费用（定额变动差异、材料成本差异全部由完工产品成本负担，脱离定额差异按定额费用比例在完工产品与月末在产品之间分配）。

5. 资料：某厂生产丙产品，采用定额法计算产品成本。原材料在生产开始时一次投入。

(1) 20××年8月初在产品成本资料如下（单位：元）：

成本项目	定额成本	脱离定额差异	材料成本差异
直接材料	8 000	－232	－370
直接人工	744	＋33.2	—
制造费用	1 550	－86	—

（2）自 8 月 1 日起，丙产品原材料消耗定额由 4 千克/件下降为 3.6 千克/件。原材料计划单价仍为 2 元/千克。

（3）8 月份投产丙产品 11 000 件，实际耗用原材料 39 500 千克。该月材料成本差异分配率为－5%。

（4）丙产品计划小时直接人工费用率为 4.8 元，8 月份实际小时工资率为 5 元/工时。该月实际完成定额工时 3 255 小时，实际耗用工时 3 260 小时。

（5）8 月份制造费用预算为 31 000 元，预算完成定额工时 3 100 小时，该月实际发生制造费用 34 000 元。

（6）该月完工产品 10 000 件，月末在产品 2 000 件，材料已全部投足。单件产品工时定额为 0.31 小时，月末在产品已完成定额工时 310 小时。

要求：采用定额法编制丙产品生产成本明细账。脱离定额差异与材料成本差异由完工产品与月末在产品共同负担。定额变动差异全部由完工产品成本负担。

第十三章 CHAPTER 13

成本报表的编制

第一节　成本报表的作用和编制要求

成本报表是根据成本核算资料及其他有关资料编制的，是用以反映和监督企业一定时期成本和期间费用水平及其构成情况的报告文件。

成本报表是向企业经营管理者提供成本信息的内部管理会计报表，是为满足企业内部经营管理的需要而编制的，是成本会计工作的重要内容。根据《企业财务会计报告条例》和《企业会计准则》的规定，在企业会计报告体系中，成本报表不是法定对外报送的会计报告，而是作为内部会计报表，主要服务于企业的内部经营管理。在市场经济条件下，企业竞争日趋激烈，成本的高低决定着企业的生存和发展。为了以较少的投入取得较高的经济效益，就必须对企业的成本加强管理，认真做好成本预测、决策、计划、控制、核算和分析考核工作。只有充分挖掘企业的内部潜力，不断地降低成本，才能在市场竞争中处于优势。所以，企业都应该重视成本报表的编制，以满足企业成本管理的需要。成本资料属于企业的商业机密，不宜对外公开。

一、成本报表的作用

（一）反映企业报告期内产品成本水平

产品成本是反映企业生产技术经营成果的一项综合性指标，企业在一定时期内的物质消耗、劳动效率、工艺水平、生产经营管理水平都会直接或间接地在产品成本中综合体现出来。通过编制成本报表，能够及时地发现企业在生产、技术、质量、管理等方面取得的成绩和存在的问题，不断总结经验，提高企业经济效益。

（二）反映企业成本计划的完成情况

成本报表中所反映的各项产品成本指标，对掌握企业一定时期的成本水平、分析和考核产品成本计划完成情况及加强成本管理具有重要作用。

（三）为制定成本计划提供依据

计划年度的成本计划是在报告年度产品成本实际水平的基础上，结合报告年度成本计划执行情况，考虑计划年度中可能出现的有利因素和不利因素而制定的，所以本期报表所提供的资料是制定下期成本计划的重要参考依据。各管理部门还可以根据成本报表的资料对未来时期的成本进行预测，为企业制定正确的经营决策及时提供相关而有用的数据。

（四）为企业的成本决策提供信息

对成本报表进行分析，可以发现成本管理工作中存在的问题，揭示成本差异对产品成本升降的影响程度，从而把注意力集中放在那些不正常的对成本有重要影响的关键性差异上，查明原因和责任，以便采取有针对性的措施，促使成本水平的不断降低，为企业挖掘降低成本的潜力指明方向。

二、成本报表的特点

成本报表从实质上看是企业内部成本管理的报表。企业内部成本报表的主要特点有：

（一）编报的目的主要是服务于内部

过去在计划经济下的成本报表和新体制下的成本报表在编报服务对象和目的上是有差别的。在计划经济模式下，成本报表与其他财务报表一样都是向外、向上编报，以为上级服务为主。在市场经济模式下，成本报表主要为企业内部管理服务，满足企业管理者、成本责任者对成本信息的需求，有利于观察、分析、考核成本的动态，有利于控制计划成本目标的实现，也有利于预测工作的进行。

（二）内部成本报表的内容灵活

对外报表的内容，由国家统一规定，强调完整性。内部成本报表主要围绕着成本管理需要反映的内容，没有明确规定一个统一的内容和范围，不强调成本报告内容的完整性，往往从管理出发对某一问题或某一侧面进行重点反映，揭示差异，找出原因，分清责任。因此，内部成本报表的成本指标可以是多样化的，以适应不同使用者和不同管理目的对成本信息的需求，使内部成本报表真正为企业成本管理服务。

（三）内部成本报表格式与内容相适应

对外报表的格式与内容一样，都由国家统一规定，企业不能随意改动。而内部成本报表的格式是随着反映的具体内容的不同而变化的，可以自己设计，允许不同内容有不同格式，允许同一内容在不同时期有不同格式。总之，只要有利于为企业成本管理服务，就可以拟订不同报表格式进行反映和服务。

（四）内部成本报表编报不定时

对外报表一般都是定期编制和报送的，并规定在一定时间内必须报送。而内部成本报表主要是为企业内部成本管理服务，所以内部成本报表可以根据内部管理的需要适时地、不定期地进行编制，使成本报表及时地反映和反馈成本信息，揭示存在的问题，促使有关部门和人员及时采取措施，改进工作，提高服务效率，控制费用的发生，达到节约的目的。

（五）内部成本报表按生产经营组织体系上报

对外报表一般是按时间编报的，目前主要是报送财政、银行和主管部门。而内部成本报表根据企业生产经营组织体系逐级上报，或者在为解决某一特定问题的权责范围内进行传递，使有关部门和成本责任者及时掌握成本计划目标执行的情况，揭示差异，查找原因和责任，评价内部环节和人员的业绩。

三、成本报表的分类

（一）按报表反映的内容分类

1. 反映成本计划执行情况的报表

这类报表主要有商品产品成本报表、主要产品单位成本报表、制造费用明细表。它们可以揭示企业为生产一定产品所付出的成本是否达到了预定的要求。在报表中，可将报告期实际成本水平与计划成本水平、历史成本水平以及同行业成本水平进行比较，以反映成本管理工作的成效，并为深入进行成本分析、挖掘成本降低的潜力提供资料。

2. 反映费用支出情况的报表

这类报表主要有财务费用明细表、管理费用明细表、销售费用明细表。通过它们可以了解到企业在一定时期内费用支出的总额及其构成的情况，了解到费用支出的合理程度和变动趋势，以便有利于企业管理部门正确制定费用预算，考核各项消耗和支出指标的完成情况，明确各有关部门和人员的经济责任。

3. 反映生产经营情况的报表

这类报表有生产情况表、材料耗用表、材料差异分析表等。这类报表属于专题报表，主要反映生产中影响产品生产成本的某些特定的重要问题，一般依据实际需要灵活设置。

（二）按报表编制的时间分类

成本报表在报送内容上虽不像财务报表那样规范，尤其在报送时间上具有很大灵活性，但主要报表仍可按编报时间分为年报、季报、月报、旬报、周报、日报等。

四、成本报表的编制依据和要求

（一）成本报表的编制依据

成本报表一般根据企业的生产特点与管理需要自行设置，并可随着情况的变化对报表的种类、格式进行调整。在设置成本报表时应重点考虑以下几个方面：

1. 报表的专题性

专题性即指成本报表的设置要反映成本管理的某一方面的需要，突出管理中的重点问题，要对成本形成影响大、费用发生集中的部门设置报表，使成本报表的编制能取得最好的效果。

2. 报表指标内容的实用性

成本报表指标的设置以适应企业内部管理的需要为基础。成本指标既可按完全成本反映，也可按变动成本反映，还可以考虑将成本指标与生产工艺规程及各项消耗定额对照，以便从最原始的资料入手，分析成本升降的原因，挖掘降低产品成本的潜力。

3. 报表格式的针对性

要求成本报表能针对某一具体业务的特点及其存在的问题设计格式，重点突出，简明扼要。

（二）成本报表的编制要求

1. 数字准确

数字准确，是指报表中的各项数据必须真实可靠，不能任意估计，更不允许弄虚作假、篡改数字。因此，企业在编制报表前，应将所有的经济业务登记入账，并核对各种账簿之间的记录，做到账账相符。要清查财产、物资，做到账实相符。然后再依据有关账簿的记录编制报表。报表编制完毕后，还应检查各个报表中相关指标的数字是否一致。

2. 内容完整

内容完整，是指主要报表种类应齐全；应填列的报表指标和文字说明必须全面；表内项目和表外补充资料，不论是根据账簿资料直接填列，还是分析计算填列，都应当完整无缺，不得任意取舍。注意保持各成本报表计算口径一致；计算方法如有变动，应在附注中说明。对于定期报送的主要成本报表，还应附有分析、说明生产成本和费用升降情况、原因、措施的文字材料。

3. 编报及时

成本报表有些定期编制，有些不定期编制。无论是定期编制还是不定期编制，都要求及时编制、及时反馈。所谓编报及时，是指根据企业管理部门的需要，迅速提供各种成本报表。只有这样，才能及时地对企业成本完成情况进行检查和分析，从中发现问题，及时采取措施加以解决，以充分发挥成本报表的应有作用。要做到这一点，要求企业不仅要做好日常成本核算工作，还要注意整理、收集有关的历史成本资料、同行业成本资料、统计资料以及成本计划资料、费用预算资料等。

第二节　商品产品成本表

一、商品产品成本表的概念和作用

商品产品成本报表是反映企业在报告期内生产的全部商品产品总成本和单位成本的会计报表。

编制本报表是为了考核企业全部商品产品成本的执行情况以及可比产品成本降低任务的完成情况，以便分析成本增减变化的原因，指出进一步降低产品成本的途径。

二、商品产品成本报表的结构和编制

（一）按产品品种反映的产品生产成本表

这种格式的商品产品成本报表按可比产品和不可比产品分别反映其单位成本和总成本。可比产品是指以前年度或上年度曾经生产过的产品，不可比产品是指以前年度或上年度未正常生产过的产品。对可比产品而言，因需要同上年度实际成本做比较，所以表中不仅要列示本期的计划成本和实际成本，而且还要列示按上年实际平均单位成本计算的总成本。对不可比产品而言，因没有上

年的实际单位成本可比，所以只列示计划成本和实际成本。格式见表13-1。

表13-1　商品产品成本报表

20××年12月

单位：元

产品名称	计量单位	实际产量		单位成本				本月总成本			本年总成本		
		本月	本年累计	上年实际平均	本年计划	本月实际	本年累计实际平均	按上年实际平均单位成本计算	按本年计划单位成本计算	本月实际	按上年实际平均单位成本计算	按本年计划单位成本计算	按本年实际平均单位成本计算
		(1)	(2)	(3)	(4)	(5)＝(9)/(1)	(6)＝(12)/(2)	(7)＝(1)×(3)	(8)＝(1)×(4)	(9)	(10)＝(2)×(3)	(11)＝(2)×(4)	(12)
一、可比产品合计								43 050	40 600	37 025	476 200	448 400	417 000
甲产品	件	30	320	1 010	970	880	900	30 300	29 100	26 400	323 200	310 400	288 000
乙产品	件	25	300	510	460	425	430	12 750	11 500	10 625	153 000	138 000	129 000
二、不可比产品合计									10 800	10 440		102 000	100 300
丙产品	件	18	170		600	580	590		10 800	10 440		102 000	100 300
全部商品产品成本									51 400	47 465		550 400	517 300

补充材料如下：

1. 可比产品成本降低额为59 200元；

2. 可比产品成本降低率为12.43%；

3. 计划成本降低额为33 100元；

4. 计划成本降低率为6%。

（1）“产品名称”栏按企业规定的主要商品产品的品种分别列示，每项注明各该品种的名称、规格和计量单位。

（2）“实际产量”栏数字应根据成本计算单等资料所记录的本月和从年初起到本月末止的各种主要商品产品实际产量填列。

（3）“单位成本”栏数字应按上年度或以前年度报表资料、本期成本计划资料和本期实际成本资料分别计算填列。

（4）“本月总成本”栏数字按本月实际产量分别乘以上年实际平均单位成本、本月计划单位成本和本月实际单位成本的积填列。

（5）“本年累计总成本”栏数字应按自年初到本月末止的本年累计产量分别乘以上年实际平均单位成本、本年计划单位成本和本年累计实际平均单位成本的积填列。

（6）补充资料中，可根据计划、统计和会计等有关资料计算后填列。其中，可比产品的成本降低额和可比产品的成本降低率，可以按下列公式计算后填列：

可比产品成本降低额＝按上年实际平均单位成本计算的可比产品总成本－本年可比产品实际总成本

$$可比产品成本降低率=\frac{可比产品成本降低额}{按上年实际平均单位成本计算的可比产品总成本}\times 100\%$$

根据表 13-1 的资料计算如下：

可比产品成本降低额＝476 200－417 000＝59 200（元）

可比产品成本降低率＝59 200÷476 200×100%＝12.43%

（二）按成本项目反映的产品生产成本表

编制按成本项目反映的产品生产成本表，可以了解报告期内产品生产成本中料、工、费的构成情况，分析生产成本变动的原因。格式见表 13-2。

表 13-2　商品产品成本表

20××年 12 月　　　　单位：元

项目	上年实际	本年计划	本年实际	和上年比		和计划比	
				降低额	降低率%	降低额	降低率%
生产费用：直接材料	1 193 500	1 229 000	1 181 671	－11 829	1	－47 329	4
直接人工	367 000	377 000	363 591	－3 409	0.94	－13 409	3.7
制造费用	291 790	258 714	272 693	－19 097	7	13 979	5.1
生产费用合计	1 852 290	1 864 714	1 817 955	－34 335	1.9	－46 759	－2.6
加：在产品期初余额	110 000	120 000	120 000				

续表

项目	上年实际	本年计划	本年实际	和上年比		和计划比	
				降低额	降低率%	降低额	降低率%
减：在产品期末余额	105 000	110 000	100 000				
产品生产成本合计	1 857 290	1 874 714	1 837 955	−19 335	1.1	−36 759	2.0

第三节　主要产品单位成本表

一、主要产品单位成本表的概念和作用

主要产品单位成本报表，是反映企业一定时期内主要产品生产成本水平、变动情况及构成情况的成本报表。

由于商品产品成本报表中各主要产品的成本只列示总数，无法根据表格分析构成情况，因此要编制本报表作为商品产品成本报表的补充报表。本报表可以反映出主要产品单位成本的变动，并可分析产品成本变动的原因。编制主要产品单位成本报表是为了考核各种主要产品单位成本计划的执行情况，了解单位成本的构成，分析各个成本项目的变化及其原因，以便寻找差距、挖掘潜力、降低成本。

二、主要产品单位成本表的结构和编制

主要产品单位成本报表的格式见表13-3。

表13-3　主要产品单位成本报表

20××年12月　　单位：元

产品名称：A产品　　计量单位：件　　本月产量：4 000

规格型号：　　销售单价：20元　　本年累计实际产量：40 600

成本项目	行次	历史最好水平	上年实际平均	本年计划	本月实际	本年实际累计平均
直接人工	1	9.40	9.90	9.80	9.86	9.80
直接材料	2	0.66	0.70	0.65	0.61	0.66

续表

成本项目	行次	历史最好水平	上年实际平均	本年计划	本月实际	本年实际累计平均
制造费用	3	5.58	5.80	5.80	5.93	5.84
产品生产成本	4	15.64	16.40	16.25	16.10	16.30

补充材料如下：

项目	单　位	上年实际	本年实际
1. 成本利润率	%	22	23
2. 资金利润率	%	12	13
3. 产品销售率	%	96	101
4. 净产值率	%	41	41.8
5. 流动资金周转次数	次	5	6
6. 实际利润率	元	785 400	801 000
7. 职工工资总额	元	1 450 000	1 480 000
8. 年末职工人数	人	460	450
9. 全年平均人数	人	448	441

本报表的特点是按产品的成本项目分别反映产品单位成本及各成本项目的历史先进水平、上年实际平均、本年计划、本月实际和本年累计实际平均的成本资料。

本报表的编制方法如下：

（1）基本部分的产品名称、规格、计量单位、产量，根据有关产品成本计算单填列。

（2）各成本项目的历史先进水平的数字，根据企业的成本历史资料填列。

（3）各成本项目的上年实际平均单位成本的数字，根据上年度的成本资料填列。

（4）各成本项目的本年计划单位成本的数字，根据本年计划资料填列。

（5）各成本项目的本期实际单位成本的数字，根据实际成本资料填列。

（6）各成本项目的本年累计实际平均单位成本的数字，根据本年各项目总成本除以累计产量后的商数填列。

第四节　制造费用明细表

一、制造费用明细表的概念和作用

制造费用明细表是反映企业在一定时期内为组织和管理生产所发生的费用总额和各明细项目数额的报表。利用该表可以分析、考核企业报告期内制造费用的构成及其变动情况，查明制造费用升降的原因，寻求降低费用的途径。

二、制造费用明细表的结构和编制

制造费用明细表中费用明细项目的划分，可参照财政部有关制度的规定，也可根据企业的具体情况增减，但不宜经常变更，以保持各报告期之间相关数据的可比性。若本年度内对某些明细项目的划分做了修改，使得计算结果与上年不一致，应将上年度有关报表的对应明细项目按照本年度划分标准进行调整，并在表后的附注中以文字说明。

制造费用明细表按照其费用明细项目反映企业在本期内实际发生的各项费用。该表按费用项目分别"上年实际"、"本年计划"、"本年实际"进行反映。通过本年实际与上年实际的比较，可了解制造费用各项目的变动情况，从动态上研究其特征及发展规律；通过本年实际与本年计划的比较，可以反映制造费用计划完成情况及节约或超支的原因。制造费用明细表的格式见表 13-4。

表 13-4　制造费用明细

20××年 12 月　　　　单位：元

费用项目	行次	本年计划	上年实际	本年实际
职工薪酬	1	47 800	56 000	45 600
折旧费	2	67 000	70 000	65 000
办公费	3	52 000	45 000	50 000
水电费	4	11 000	11 000	10 000
机物料消耗	5	22 000	180 000	20 000
劳动保护费	6	21 000	21 000	20 000
租赁费	7	4 000	4 000	3 000

续表

费用项目	行次	本年计划	上年实际	本年实际
差旅费	8	10 000	8 000	10 000
保险费	9	14 000	12 000	12 000
其他	10	6 914	46 790	37 093
制造费用合计	11	255 714	291 790	272 693

表中“本年实际”栏应根据制造费用明细账中有关数字填列，“上年实际”栏应根据上年制造费用明细表的有关数字填列，“本年计划”栏应根据本年费用计划资料填列。

第五节　期间费用报表

一、期间费用报表的概念和作用

期间费用报表包括销售费用明细表、管理费用明细表和财务费用明细表，是反映在一定时期内企业发生的销售费用、管理费用、财务费用的构成和变动情况的费用表。通过这些报表，可以分析、考核上述费用的实际构成及其变动情况，寻求降低企业期间费用的途径和措施。

二、期间费用报表的结构和编制

销售费用明细表、管理费用明细表、财务费用明细表应当按照费用项目反映。为便于分析比较，表内按照“本年计划”、“上年实际”、“本年实际”设置专栏。表中“本年实际”栏的费用合计应和同期利润表中的数字相一致。

销售费用明细表、管理费用明细表、财务费用明细表通常为年度表。企业可根据实际需要编制月份、季度费用表，也可以在表内设“本月实际”和“上年同期”专栏，以利于比较其变动情况，便于分析、考核费用升降的原因。

（一）销售费用明细表的编制

销售费用明细表反映企业销售商品过程中发生的运输费、装卸费、广告费等各项费用。本表的一般格式见表 13-5。

表 13-5　销售费用明细

20××年 12 月　　单位：元

项目	行次	本年计划	上年实际	本年实际
职工薪酬	1	13 680	12 540	13 680
业务费	2	10 000	12 000	10 000
运输费	3	9 000	11 000	10 000
装卸费	4	4 500	6 000	5 000
包装费	5	6 000	6 000	5 000
保险费	6	4 000	4 000	3 000
展览费	7	10 000	12 000	10 000
广告费	8	32 000	35 000	30 000
差旅费	9	6 000	7 000	5 000
租赁费	10	9 000	10 000	10000
低值易耗品摊销	11	10 000	9 000	8 000
物料消耗	12	5 000	10 000	10 000
其他	13	30 820	460	26 720
销售费用合计	14	150 000	135 000	146 400

该表“本年计划”栏和“上年实际”栏应根据销售费用本年计划和上年实际资料填列，“本年实际”栏应根据报告期内销售费用明细账的发生额计算填列。

（二）管理费用明细表的编制

管理费用明细表反映企业为组织和管理生产经营而发生的行政管理人员工资、办公费等各项费用。本表的一般格式见表 13-6。

表 13-6　管理费用明细

20××年 12 月　　单位：元

项目	行次	本年计划	上年实际	本年实际
职工薪酬	1	136 800	136 800	136 800
折旧费	2	20 000	20 000	20 000
办公费	3	22 000	20 000	20 000
差旅费	4	10 000	12 000	10 000
运输费	5	9 000	10 000	8 000
保险费	6	10 000	9 000	10 000

续表

项目	行次	本年计划	上年实际	本年实际
租赁费	7			
修理费	8	4 000	6 000	5 000
咨询费	9			
诉讼费	10			
排污费	11	10 000	11 000	10 000
绿化费	12	4 000	5 000	4 000
物料消耗	13	3 000	3 000	3 000
低值易耗品摊销	14	4 000	3 500	4 000
无形资产摊销	15	10 000	10 000	10 000
长期待摊费用摊销	16			
坏账损失	17	9 000	10 000	8 000
研究开发费	18	10 000	10 000	10 000
技术转让费	19			
业务招待费	20	10 000	12 000	10 000
工会经费	21	2 400	2 400	2 400
职工教育经费	22	20 000	18 000	20 000
待业保险费	23	12 000	12 000	12 000
劳动保险费	24	20 000	20 000	20 000
税金	25	8 000	8 000	8 000
其他	26	9 800	11 300	8 800
管理费用合计	27	344 000	350 000	340 000

该表“本年计划”栏和“上年实际”栏应根据管理费用本年计划和上年实际资料填列，“本年实际”栏应根据报告期内管理费用明细账的发生额计算填列。

(三) 财务费用明细表的编制

财务费用明细表是反映企业在报告期内筹集生产经营所需资金等而发生的利息支出、汇兑损失及相关的手续费等费用构成情况的费用表。本表的一般格式见表 13-7。

表 13-7　财务费用明细

20××年 12 月　　单位：元

项目	行次	本年计划	上年实际	本年实际
利息支出	1	40 000	47 000	40 000
汇兑损失	2	10 000	10 000	8 000
金融机构手续费	3	15 000	15 000	14 000
其他筹资费用	4			
财务费用合计	5	65 000	72 000	62 000

该表“上年实际”栏和“本年计划”栏应根据财务费用上年的实际资料和本年的计划指标填列，“本年实际”栏应根据报告期内财务费用总账及其明细分类账的发生额填列。

第六节　其他成本报表

一、责任成本报表

责任成本报表是实行责任成本预算和核算的企业，根据各成本责任中心的日常责任成本核算资料编制的，用以反映和考核责任成本预算执行情况的报表。

责任成本是指责任中心可控的成本。责任成本报表的内容通常按各成本中心的可控制成本列示其预算数、预算调整数、实际数、业务量差异和各种差异。责任成本报表的内容的详细程度应服从于各级成本管理人员的信息需求。对于越低层次的责任，成本报表越概要。责任成本报表的核心是揭示差异。如果预算数小于实际数，称为不利差异，表示可控成本的超支，通常用“＋”或“U”表示；如果预算数大于实际数，称为有利差异，表示可控成本的节约，通常用“－”或“F”表示。

责任成本报表的一般格式见表 13-8。

表 13-8　××车间责任成本报表

20××年 12 月　　　　单位：元

项目	预算	责任预算	实际	业务差量	耗费或效率差异
	(1)	(2)	(3)	(4)=(2)-(1)	(5)=(3)-(2)
直接材料	60 000	54 000	75 600	−6 000	
材料耗费差异					+18 000
材料价格差异					+3 600
直接人工	50 000	45 000	32 400	−5 000	
效率差异					−9 000
费用率差异					−3 600
变动制造费用	40 000	36 000	25 200	−4 000	
效率差异					−7 200
费用率差异					−3 600
变动成本合计	150 000	135 000	133 200	−15 000	−1 800
可控固定成本					
管理人员工资	9 000	9 000	9 600	0	+600
折旧	15 000	15 000	15 000	0	0
合计	24 000	24 000	24 600	0	+600
车间成本合计	174 000	159 000	157 800	−15 000	−1 200

责任成本报表的编制方法如下：（1）栏直接根据各责任中心的责任成本预算填列，（2）栏以实际生产量、标准单耗和标准单价三者的乘积填列，（3）和（5）栏直接根据各责任中心的成本和有关差异账户的数据填列。

二、成本及产量情况表

成本及产量情况表是反映一定期间整个企业、某个部门、某个车间或某种产品的生产数量和相关成本构成的报表。该表可由财会部门编制，采用成本和产量对比方式，以加强对产品成本的控制。成本及产量情况表的一般格式见表 13-9。

表 13-9 成本及产量情况

车间：　　　　产品名称：　　　　20××年 12 月　　　　单位：元

日期	摘要	直接材料	直接人工	制造费用	其他	合计	生产数量			
							投产数	完工入库数	在产品数	废品数

表内的各项成本数可以根据产品成本计算单等成本核算资料填列；生产数量的完工入库数根据产成品入库单填列；在产品数可根据“期初在产品数＋本期投产数－本期完工入库数－废品数”推算，或根据在产品台账填列。

三、主要材料成本考核表

主要材料成本考核表是对主要材料的耗用量和成本进行考核的内部报表，该表可分别由仓库部门和财会部门编制。前者主要从耗用量角度报告一定时期内某种材料的领用情况，后者主要从成本比较的角度报告一定时期内某种材料的成本情况。其月报表格式见表 13-10、表 13-11、表 13-12。

表 13-10 材料耗用量月报表

仓库：　　　　材料名称：　　　　20××年 12 月　　　　单位：千克

日期	本月累计数				本年累计数				本日数			
	实际用量	定额用量	差异	差异率	实际用量	定额用量	差异	差异率	实际用量	定额用量	差异	差异率
1 2 ⋮												
合计												

表 13-11 材料耗用成本报表

20××年 12 月　　　　单位：元

部门	计划价格成本	定额成本	差异额	差异率
一车间 二车间				
合计				

表 13-12　材料成本差异分析

20××年 12 月　　单位：元

凭证编号	供货单位	材料名称	计量单位	采购数量	实际成本		计划成本		差异		
					单位成本	总成本	单位成本	总成本	单位成本	总成本	差异率

四、人工成本考核表

人工成本考核表主要用来分析、考核工人在生产期间内的工作效率。该表可由班组或车间逐级编报，可以报告工时完成情况，也可以报告计件工作量完成情况等。具体格式不再列示。

【思考与练习】

一、思考题

1. 成本报表有哪些作用？

2. 成本报表有哪些分类？

3. 成本报表的编制要求有哪些？

4. 商品产品成本表的结构和编制方法如何？

5. 主要产品单位成本表结构和编制方法如何？

二、选择题

1. 下列不属于成本报表的是（　　）。

A. 商品产品成本表　　B. 主要产品单位成本表

C. 现金流量表　　D. 制造费用明细表

2. 编制成本报表的基本要求是（　　）。

A. 数字准确　　B. 格式统一　　C. 内容完整　　D. 方法统一

E. 编报及时

3. 企业编制的成本报表中，除了商品产品成本表和主要产品单位成本表外，还要编制的其他成本报表有（　　）。

A. 制造费用明细表　　B. 财务费用明细表

C. 管理费用明细表　　D. 销售费用明细表

4. 编制商品产品成本表的作用在于（　　）。

A. 考核全部商品产品成本计划的完成情况

B. 考核主要商品产品成本计划的完成情况

C. 分析可比产品成本降低任务的完成情况

D. 分析不可比产品成本降低任务的完成情况

CHAPTER 14 第十四章

成本分析

第一节 成本分析概述

一、成本分析的内涵及意义

成本分析是为了满足企业各管理层次了解成本状况及进行经营决策的需要，以成本核算资料为基础，结合其他有关的核算、计划和统计资料，采用一定的方法解剖成本变动的原因、经营管理问题及业绩的管理活动。

通过成本分析，可以考核企业成本计划的执行情况，评价企业过去的成本管理工作；可以揭示问题和差距，促使企业挖掘降低成本的潜力，寻求降低成本的途径和方法；可以认识和掌握成本变动的规律性，从中总结成本管理的经验和教训，提高企业经营管理的水平；可以为企业编制成本计划、预算和进行经营决策提供可靠的依据；可以检查企业成本管理行为的合理性、合法性，从而促进企业更好地贯彻执行有关成本管理的法规和制度；可以划清成本管理的经济责任，了解各项成本管理责任制度是否健全，促进企业完善成本管理责任制度。

二、成本分析的内容

成本分析的内容是十分丰富的，贯穿于成本管理工作的始终。成本分析的基本内容包括以下两方面：

（一）商品产品成本的分析

商品产品成本的分析包括商品产品的总成本分析、可比产品成本降低情况的分析以及产品单位成本的分析等。

（二）技术经济指标对产品成本影响的分析

技术经济指标对产品成本影响的分析包括劳动生产率、原材料、能源动力消耗、生产设备能力、产品质量等各项经济指标对产品成本的影响分析。

三、成本分析的原则

成本分析是一项深入、细致的工作。为了使分析结果能够如实地反映成本管理工作的实际情况，为经营决策者提供有效的成本信息，在成本分析时要着重掌握下列原则：

（一）全面分析和重点分析相结合的原则

全面分析就是要着眼于整体，树立全局观念；要运用一分为二的观点分析问题。评估成绩和缺点时，对有利因素和不利因素要进行全面分析。全面分析并不意味着对与成本有关的所有因素不分巨细、面面俱到地分析，而应按照例外管理的原则，抓住重点问题，深入剖析。

（二）专业分析和职工分析相结合的原则

成本涉及企业的所有部门和每个职工的业绩。为了达到成本分析的目的，必须发动全体职工参与成本分析，把专业人员分析与生产经营第一线的广大职工分析结合起来。这样才能使成本分析产生有效作用，才能提出更多切实可行的降低成本的措施。

（三）经济分析和技术分析相结合的原则

成本的高低既受经济因素的影响，也受技术因素的影响。企业在进行成本分析时，既要组织经营管理人员，又要吸收生产技术人员，把企业经济分析和技术分析有效结合起来，通过改进技术寻求降低成本的有效途径。

（四）纵向分析和横向分析相结合的原则

纵向分析是指企业范围内纵向（不同时期）成本水平的对比分析。通过纵向分析，可以了解企业成本的变化趋势。横向分析是指把企业成本与其他相同行业的成本进行对比分析。通过横向分析可以发现自己的差距和存在的潜力，有利于激发职工工作的积极性。

第二节　成本分析程序与方法

一、成本分析的基本程序

第一，进行成本报表分析时，首先必须占有资料，掌握情况，这是正确进行分析的基础。为了系统、全面地分析成本报表，必须详细占有资料，包括成本报表资料和其他有关的计划、统计资料等。还要深入实际，调查研究，掌握“活”的情况。收集资料必须实事求是，并进行必要的审核和整理，去粗取精、去伪存真。只有根据客观的、相关的资料进行分析，才能得出正确的、有指导意义的结论。

第二，分析成本报表时，应从全部产品成本计划和各种费用计划（预算）完成情况的总评价开始，然后按照影响计划完成情况的因素逐步深入、具体地分析。从总评价开始可以防止“只见树木，不见森林”的片面性，并从复杂的影响因素中，找出需要进一步分析的问题。但是，分析又不能停留在对成本总体指标完成情况的总评价上，还必须在总评价的基础上，根据总括分析中发现的问题，例如重点产品的单位成本、重点成本项目或费用项目，进行深入具体的分析。这样做也是为了防止另外一种片面性，即“只见森林，不见树木”的表面化现象。

第三，在分析成本指标实际脱离计划差异的过程中，要研究确定影响成本指标变动的因素，将其按照不同的特征归类；并采用数量分析方法，从量上确定各类因素的影响程度；然后通过比较，从中找出起决定作用的主要因素。

第四，相互联系地研究企业内部条件和外部环境的变化，以及生产技术、生产组织和经营管理等方面的情况，查明各种因素变动的真正原因，以便采取措施，挖掘降低成本、提高经济效益的潜力。

第五，以战略、发展的观点，对企业工作进行评价。在市场经济下，评价一个企业工作的优劣，不能只看所分析的企业是否达到本身的目的，还要联系竞争对手，分析企业在市场竞争中是否具有优势。另外，企业的生产经营过程是一个持续不断的运动过程。因此，不能用静止的观点进行分析，要用发展的观点进行分析。也就是说，既要立足现在，又要放眼未来，要正确处理短期经济效益与长期经济效益的关系，防止只追求近期经济效益的短期行为。

从上述分析的一般程序中可以看出，成本报表分析的过程实际上是成本报表的分解和综合相结合的过程。

二、成本分析的方法

（一）比较分析法

比较分析法是将分析期的实际数同某些选定的基准数进行对比来揭示实际数与基准数之间的差异，借以了解成本管理中的成绩和问题的一种分析方法。

比较的基数由于分析的目的不同而有所不同，一般有计划数、定额数、前期实际数、以往年度同期实际数以及本企业的历史先进水平和国内外同行业的先进水平等。

（二）比率分析法

比率分析法是通过计算各项指标之间的相对数，即比率，借以考察成本活动的相对效益的一种分析方法。比率分析法主要有相关指标比率分析法和结构比率分析法两种。

1. 相关指标比率分析法

它是通过计算两个性质不同而又相关的指标的比率来进行数量分析的方法。在实际工作中，由于企业规模不同等原因，单纯对比销售收入或利润等绝对数的多少，不能准确说明各个企业经济效益的好坏，但如果计算出成本与销售收入或利润相比的相对数，即销售收入成本率或成本利润率，就可以较为准确地反映各企业经济效益的好坏。

2. 结构比率分析法

结构比率分析法又称比重分析法，或称构成比率分析法。它主要是通过计算某项成本指标的各个组成部分占总体的比重来分析其内容构成的变化。例如，把构成产品生产成本的各个成本项目（直接材料、直接人工、制造费用）与产品生产成本相比较，计算占总成本的比重；然后把不同时期同样产品的成本构成相比较，观察产品成本构成的变化与提高生产技术水平和加强经营管理的关系，就能为进一步降低成本指明方向。

（三）因素分析法

以上两种方法只能揭示实际数与基准数之间的差异，即揭示差距，但难以揭示产生差距的原因。因为一个经济指标的完成往往是多种因素影响的结果。只有把这种综合性的指标分解为各种构成，从中找出主要因素，分清责任，才能了解指标完成好坏的真正原因。这种把综合性指标分解为各个因素的方法，称为因素分析法。

由于各构成因素之间相互关系的复杂性不同，因素分析法又可分为定量因素分析法和定性因素分析法。

1. 定量因素分析法

定量因素分析法又称连环替代法，它是用来分析引起某个经济指标变动的各个因素影响程度的一种数量分析方法。

运用因素分析法的一般程序是：（1）确定某项指标是由哪几个因素构成；（2）确定各个因素与该指标的关系是加减关系还是乘除关系；（3）采用适当方法分解因素；（4）计算确定各个因素影响的数额。

【例 14-1】某企业 20××年原材料费用实际为 10 192 元，计划为 9 000 元，实际比计划增加了 1 192 元，其原材料消耗情况见表 14-1。

表 14-1　原材料消耗情况

项目	单位	计划	实际	差异
产品产量	件	50	52	+2
单位产品材料消耗量	千克	30	28	−2
材料单价	元	6	7	+1
材料费用总额	元	9 000	10 192	+1 192

从表 14-1 可知，原材料费用实际比计划多 1 192 元，是由产量、单耗、材料价格的因素所致。用连环替代法分析各因素的影响程度，计算如下：

计划指标 50×30×6=9 000

替　代(1) 52×30×6=9 360　　+360

(2) 52×28×6=8 736　　−624

(3) 52×28×7=10 192　　+1 456

合计　　+1 192

从分析结果可知，由于产量增加，原材料费用实际比计划增加 360 元；由于单耗下降，原材料费用实际比计划下降 624 元；由于材料价格提高，原材料费用实际比计划上升 1 456 元。因此，全部因素的影响为 360−624+1 456−1 192（元）。

2. 定性因素分析法

连环替代法是从数量上说明影响程度，但还有很多具体因素是无法用数量来加以说明的。如影响原材料费用因素之一的单位产品原材料消耗因素，使原材料费用上升 612 元。但影响单位产品原材料消耗量的因素还有很多，如工人的技术水平、机器设备的先进水平、材料的质量、管理水平等。为此，应在此基础上，结合实际情况查明影响该项指标变动的具体原因。

第三节　产品成本分析的具体内容

一、全部商品产品成本分析

如前所述，企业商品产品包括可比产品和不可比产品。由于不可比产品没有历史成本资料，所以全部商品产品成本的分析不能用实际总成本与上年成本比较，只能用实际总成本同计划总成本比较。

实际总成本是以实际产量乘实际单位成本计算得出的，而计划总成本是以计划产量乘计划单位成本计算得出的，总成本的升降除受单位成本变动的影响外，还受到产量的影响。为了使成本指标具有可比性，在分析商品产品成本计划完成情况时，应剔除产量变动对成本计划完成情况的影响，实际总成本、计划总成本一律按实际产量来计算。

商品产品成本计划完成情况的分析是一种总括性的分析，可以从以下三个角度进行：

（一）按产品种类分析商品产品成本计划完成情况

此项分析是将全部商品产品成本按产品品种汇总，将实际成本与计划成本对比，以确定每种产品的成本降低情况。现以某企业成本资料为例，进行商品产品成本的分析，见表14-2。

表14-2　商品产品成本

20××年　　　　单位：万元

产品名称	计量单位	产量		单位成本			计划总成本		本年总成本		
		计划	实际	上年实际	本年计划	本年实际	按上年实际平均单位成本计算	按本年实际平均单位成本计算	按上年计划单位成本计算	按本年计划单位成本计算	按本年实际平均单位成本计算
		(1)	(2)	(3)	(4)	(5)	(6)	(7)	(8)	(9)	(10)
一、可比产品											
甲产品	件	140	140	23.68	23	22.32	3 315.2	3 220	3 315.2	3 220	3 124.8
乙产品	件	90	100	50.54	50.52	54.76	4 548.6	4 546.8	5 054	5 052	5 476
小计							7 863.8	7 766.8	8 369.2	8 272	8 600.8
二、不可比产品											
丙产品	件	70	280		1.74	1.75		121.8		487.2	490
全部商品产品成本								7 888.6		8 759.2	9 090.8

根据表14-2资料编制分析表，详见表14-3。

表14-3　商品产品成本分析

20××年　　　　单位：万元

产品名称	计划总成本	实际总成本	降低额	降低率%
一、可比产品				
甲产品	3 220	3 124．8	+95．2	+2．96
乙产品	5 052	5 476	−424	−8．39

续表

产品名称	计划总成本	实际总成本	降低额	降低率%
二、不可比产品				
丙产品	4 87. 2	490	－2. 8	－0. 57
全部商品产品成本	8 759. 2	9 090. 8	－331. 6	－3. 79

从表 14-3 可以看出，该企业全部商品产品总成本实际比计划增加了 331.6 万元，上升了 3.79%，说明企业全部商品产品成本计划完成得相当不好。除甲产品的成本有一定下降外，乙产品和丙产品的成本都较计划有所上升，特别是乙产品较计划增加了 424 万元，上升了 8.39%，为此，应进一步分析乙产品成本上升的主要原因。

（二）按成本项目分析商品产品成本计划完成情况

此项分析是将全部商品产品的总成本按成本项目汇总，将实际总成本与计划总成本对比，确定每个成本项目的降低额和降低率。仍以上表引用企业为例进行分析，详见表 14-4。

表 14-4　商品产品成本分析

20××年 12 月　　　　单位：万元

成本项目	行次	商品产品成本		降低指标	
		计划	实际	降低额	降低率%
直接材料	1	4 554.78	5 039.8	－485.05	－10.65
直接人工	2	2 277.39	2 250.4	＋26.99	＋1.19
制造费用	3	1 927.03	1 800.6	＋126.43	＋6.56
产品生产成本	4	8 759.2	9 090.8	－311.6	－3.79

从表 14-4 可以看出，总成本实际比计划增加了 331.6 万元，上升了 3.79%。但从三个成本项目中可以看出，直接人工实际比计划下降了 1.19%，制造费用下降了 6.56%。但直接材料比计划增加了 485.02 万元，上升了 10.65%，说明总成本比计划上升是由直接材料成本上升所致。为此，下一步应重点分析直接材料上升的原因。

（三）按成本性态分析商品产品成本计划完成情况

此项分析是将商品产品成本按成本习性（性态）划分为变动成本和固定成本，以确定变动成本和固定成本的降低额和降低率。仍以上表引用企业为例进行分析，详见表 14-5。

表 14-5　商品产品成本分析

20××年 12 月　　　　单位：万元

成本项目	行次	商品产品成本		降低指标	
		计划	实际	降低额	降低率%
变动成本	1				
直接材料	2	4 554.78	5 039.8	－485.05	－10.65
直接人工	3	2 277.39	2 250.4	＋26.99	＋1.19
变动制造费用	4	793.94	820.7	－26.76	－3.37
固定成本	5				
固定制造费用	6	1 133.09	979.9	＋153.19	＋13.52
产品生产成本	7	8 759.2	9 090.8	－331.6	－3.79

从表 14-5 可以看出，该企业实际成本比计划有所上升，主要是由变动成本上升所造成的；变动成本上升又主要是由直接材料和变动制造费用上升所致。同时还可看出，实际制造费用虽比计划下降，但其中的变动制造费用却上升了 26.76 万元，上升了 3.37%。应引起重视，进一步分析其上升的原因。

二、可比产品的成本分析

（一）可比产品成本降低计划完成情况分析

可比产品成本降低计划是以上年实际平均单位成本为依据确定的，具体包括降低额和降低率两个指标。可比产品成本降低计划完成情况分析，就是将可比产品的实际降低额（按实际产量计算）和降低率与计划降低额（按计划产量计算）和降低率进行比较，来检查是否完成成本降低任务。

现根据表 14-2 资料计算降低额和降低率，并填入可比产品成本降低计划完成情况分析表，详见表 14-6。

表 14-6　可比产品成本降低完成情况分析

20××年　　　　单位：万元

可比产品名称	计划成本降低任务		实际成本降低情况	
	降低额	降低率%	降低额	降低率%
甲产品	95.2	2.87	190.4	5.74
乙产品	1.8	0.04	−422	−8.35
合计	97	1.23	−231.6	−2.77

表中有关数据计算如下：

计划降低额＝∑［计划产量×（上年实际单位成本－本年计划单位成本）］

＝140×（23.68－23）＋90×（50.54－50.52）

＝97（万元）

$$计划降低率=\frac{计划成本降低额}{\sum(计划产量\times上年实际单位成本)}\times100\%$$

$$=\frac{97}{140\times23.68+90\times50.54}\times100\%=1.2335\%$$

实际降低额＝∑［实际产量×（上年实际单位成本－本年实际单位成本）］

＝140×（23.68－22.32）＋100×（50.54－54.76）

＝－231.6（万元）

$$实际降低率=\frac{实际成本降低额}{\sum(实际产量\times上年实际单位成本)}\times100\%$$

$$=\frac{-231.6}{140\times23.68+100\times50.54}\times100\%=-2.77\%$$

从表 14-6 可知，该公司可比产品成本降低任务完成情况相当不好，实际成本降低额为－231.6 万元，不但未完成计划降低额，反而有很大的上升。分品种来看，甲产品实际降低额、降低率超额完成了计划，但乙产品的实际降低额和降低率都未完成计划，成本还有较大的上升，应进一步分析其原因。

（二）可比产品成本降低计划完成情况的因素分析

1. 产品产量因素

产品产量变动必然会直接影响成本降低额，但当产品品种结构和产品单位成本不变时，产量变动不会影响成本降低率。因为当品种结构不变时，说明各种产品的产量计划完成率都相同。在计算成本降低率时，因分子、分母都具有相同的产量增减比例，所以计算结果不变。产品产量变动对成本降低额影响的计算公式如下：

产量变动对成本降低额的影响＝［∑（实际产量×上年实际单位成本）－∑（计划产量×上年实际单位成本）］×计划成本降低率

根据表 14-2 资料计算如下：

产量变动对成本降低额的影响＝［（140×23.68＋100×50.54）－（140×23.68＋90×50.54）］×1.233 5%＝6.23（万元）

2. 产品品种结构因素

由于各种产品成本降低率不同，当产品产量不是同比例增长时，降低额和降低率就会同时发生变动。如果提高成本降低率大的产品在全部可比产品中的比重，就会使成本降低额绝对值增大，并使成本降低率相对值增大；相反，则会减少成本降低额的绝对额和降低率的相对值。

产品品种结构变动对成本降低额和降低率的影响的计算公式为：

品种结构变动对成本降低额的影响＝∑（实际产量×上年实际单位成本）－∑（实际产量×计划单位成本）－∑（实际产量×实际单位成本）×计划成本降低率

$$品种结构变动对成本降低率的影响=\frac{品种结构变动对成本降低额的影响数}{\sum（实际产量\times上年实际单位成本）}\times100\%$$

根据表 14-2 资料计算如下：

品种结构变动对成本降低额的影响＝（140×23.68＋100×50.54）－（140×23＋100×50.52）－（140×23.68＋100×50.54）×1.233 5%＝－6.03（万元）

品种结构变动对成本降低率的影响＝－6.03/8 369.2×100%＝－0.07%

3. 产品单位成本因素

可比产品成本降低计划和实际完成情况，都是以上年单位成本为基础计算的。这样，各种产品单位成本实际比计划降低或升高，必然引起成本降低额和降低率实际比计划相应地升高或降低。产品单位成本的变动与成本降低额和降低率呈反方向变动。

计算公式为：

$$\text{产品单位成本变动对成本降低额的影响}=\sum[\text{实际产量}\times(\text{计划单位成本}-\text{实际单位成本})]$$

$$\text{产品单位成本变动对成本降低率的影响}=\frac{\text{单位成本变动对成本降低的影响数}}{\sum(\text{实际产量}\times\text{上年实际单位成本})}\times100\%$$

根据表 14-2 资料计算如下：

产品单位成本变动对成本降低额的影响＝140×（23－22.32）＋100×（50.52－54.76）＝－328.8（万元）

产品单位成本变动对成本降低率的影响＝－328.8/8 369.2＝－3.93%

从以上计算可知，该公司未完成成本降低任务的主要原因是单位成本的上升。单位成本上升，使成本上升了 328.8 万元。因此，公司应进一步分析影响单位成本的因素。

三、主要产品的单位成本分析

（一）主要产品单位成本计划完成情况分析

产品单位成本计划完成情况分析，应采用比较分析法，计算单位成本实际比计划、比上期、比历史先进水平的升降情况；然后着重对某些产品进一步按成本项目对比研究其成本变动情况，查明影响单位成本升降的原因。

从商品产品成本计划完成情况表（表 14-2）和可比产品成本计划完成情况分析中可以看出，乙产品单位成本实际比计划有较大的上升，可作为深入分析的重点。现以某企业为例，对乙产品单位成本进行分析，详见表 14-7。

表 14-7　乙产品单位成本

20××年×月　　　　　　　　单位：万元

成本项目	行次	历史最好水平	上年实际平均	本年计划	本月实际	本年实际累计平均
直接材料	1	29.75	36.51	36.7	40.8	40.92
直接人工	2	6.96	7.8	7.8	7.81	7.81
制造费用	3	5.82	6.23	6.02	6.01	6.03
产品生产成本	4	42.53	50.54	50.52	54.71	54.76

从表 14-7 可以看出，该企业乙产品的单位成本较计划、较上年、较历史先进水平都有上升，且上升幅度较大，表现在：乙产品的单位成本较计划上升了 4.24 万元，上升了 8.39%；较上年上升了 4.22 万元，上升了 8.35%。分析表明，乙产品单位成本上升的主要原因是直接材料的上升。因此，企业应对材料上升的原因进行因素分析，看其是由单位产品材料消耗量上升所致，还是由材料采购价格上升或是其他原因所致。

（二）主要产品单位成本的成本项目分析

1. 直接材料费用分析

从表 14-7 可以看出，乙产品的原材料费用超过了本年计划、上年平均以及历史先进水平，因此应作为重点分析。

影响单位产品材料费用的因素有产量、单位产品的材料消耗和材料单价，可以用因素分析法计算这三个因素变动对直接材料费用的影响，具体分析可参见本章第二节因素分析法中的例子。

在对直接材料进行综合分析之后，还必须进一步分析材料消耗量变动和价格变动的影响因素。只有这样才能揭示直接材料发生差异的原因。

（1）影响直接材料消耗量的因素分析

影响直接材料用量变动的因素较多，主要有：

①产品设计的改进。在保证或提高产品功能的前提下，改进产品设计能减少材料的消耗量。

②材料质量的变化。材料质量高，可以减少材料消耗量；反之，则会增加材料的消耗量。

③加工操作技术的变化。加工操作技术高，可以充分利用材料的边角余

料，从而减少材料消耗量。

④代用材料的变化。以单价低廉的材料代替昂贵的材料，以国产材料代替进口材料，是减少材料用量、节约材料费用的有效措施。

⑤加强材料管理，回收利用废料，避免材料损失浪费也能相对地减少材料用量。

⑥材料的配比。

（2）影响直接材料价格变动的因素分析

影响直接材料价格的因素主要有：

①采购价格。

②运输费用，如运输距离的远近、运输方式的不同。

③运输途中的损耗。

④采购部门的管理水平。

⑤有关税金。

⑥材料采购批量的大小等。

2. 直接工资费用分析

直接工资费用的分析必须结合工资制度来进行，因为工资制度的不同会导致影响直接工资的因素不同。

在计件工资制度下，影响单位成本中工资费用的因素是计件单价；在计时工资制度下，产品单位成本中的费用受工时数和小时工资率变动的影响。现以某企业工资情况为例进行分析，有关资料见表 14-8。

表 14-8　工资分析

项目	行次	计划	实际	差异
单位产品耗用工时	1	400	410	＋10
小时工资单价（元/小时）	2	0.6	0.5	－0.1
单位产品工资费用（元）	3	240	205	－35

根据表 14-8 的资料，可以计算单位产品工时数量变动和小时工资单价变动对工资费用的影响程度。

单位产品工时数量变动影响＝（实际工时数量－计划工时数量）×计划小时工资单价＝（410－400）×0.6＝＋6（元）

小时工资单价变动影响＝（实际小时工资单价－计划小时工资单价）×实际工时数量＝（0.50－0.60）×410＝－41（元）

单位产品工资费用变动合计＝单位产品工时数量变动影响＋小时工资单价变动影响＝6＋（－41）＝－35（元）

从上面计算中可以看出，甲产品单位成本中工资费用实际比计划降低35元，主要是小时工资单价降低的结果。

在以上分析的基础上，还应该进一步分析影响工时数量变动和生产工人工资总额变动的因素。

（1）影响工时变动的因素分析

影响工时变动的因素主要有：

①生产组织、企业生产调度合理对提高劳动生产率、减少工时有很大的影响。

②材料的质量和规格。

③生产工艺和操作方法。

④生产工作质量。

⑤设备性能和保养。

⑥工人技术熟练程度和劳动态度。

（2）影响生产工人工资总额变动的因素分析

生产工人工资总额的高低直接影响了小时工资率的高低。影响生产工人工资变动的因素主要有：

①企业的工资制度、奖励制度。

②企业产品特点。

③企业的物质技术条件、企业工人的素质、企业的管理水平等。

3. 制造费用分析

产品单位成本中制造费用的分析，通常与计时工资制度下直接人工费用的分析类似，先要分析单位产品所耗工时变动和每小时制造费用变动两因素对制造费用变动的影响，然后查明这两个因素变动的具体原因。

对影响每小时制造费用的因素的分析，主要是通过对比制造费用总额实际数和计划数来进行的。现以某企业为例说明制造费用总额的分析过程，见表14-9。

表 14-9　制造费用明细

20××年 12 月　　　　单位：万元

项目	行次	本年实际	本年计划	降低额	降低率%
职工薪酬	1	668.07	651.95		
折旧费	2	80.42	30.8		
办公费	3	89.48	69.69		
水电费	4	282.89	261.72		
机物料消耗	5	60.18	68.92		
劳动保护费	6	22.51	20.4		
租赁费	7	25.81	34.64		
差旅费	8				
保险费	9	7.24	7.02		
其他	10	42.48	40.81		
制造费用合计	11	1 279.08	1 185.95	−93.13	−7.85

从表 14-9 可以看出，制造费用本年较上年增长了 93.13 万元，增长了 7.85%。对此，应结合产量的增长加以分析，看其是否合理。此外，从各费用项目来看，企业各项费用都有一定的上升。其中，人工费、办公费、水电费和修理费等所占数额较大，企业应重点加以关注。

【思考与练习】

一、思考题

1. 成本分析有何意义？

2. 成本分析有哪些原则？

3. 成本分析的程序如何？

4. 成本分析的方法有哪些？

二、选择题

1. 下列不属于成本分析的基本方法的是（　　）。

A. 比较分析法　B. 产量分析法　C. 因素分析法　D. 比率分析法

2. 影响某项成本指标高低的因素有 4 个，采用因素分析法时，需要计算的替代指标数量是（　　）。

A. 2个　　B. 3个　　C. 4个　　D. 5个

3. 在进行可比产品成本降低任务完成情况分析时，产品品种构成的变动（　）。

A. 只影响成本降低额，不影响成本降低率

B. 只影响成本降低率，不影响成本降低额

C. 既影响成本降低额，也影响成本降低率

D. 既不影响成本降低额，也不影响成本降低率

4. 影响可比产品成本降低任务完成情况的因素主要有（　）。

A. 产品单位成本　　B. 产品单位利润

C. 产品产量　　D. 产品品种结构

附：成本会计模拟实训

一、实验目的

通过本实验内容，将采用品种法计算成本的过程中所涉及的各种费用分配表、各种明细账结合起来，以便系统地掌握品种法的成本计算方法，理解产品成本计算的基本原理；将品种法的成本计算原理与实际操作结合起来，培养学生的理解能力和实际操作能力，训练其基本操作技能。

二、实验资料

（一）企业概况

东方股份有限公司是一家制造类企业。该企业设有一个基本生产车间（一车间），生产大量甲、乙、丙三种产品，其生产工艺过程属于单步骤生产。根据生产特点和管理要求，确定采用品种法计算产品成本。该企业还设有二车间、三车间两个辅助生产车间，辅助生产车间的制造费用通过制造费用核算。产品成本包括直接材料、燃料及动力、直接人工和制造费用四个成本项目。企业耗用材料25种。一、二车间人员工资采用计时工资，三车间工人工资采用计件工资。

（二）原始资料

1. 各项货币支出。

9月份付款凭证汇总表的各项货币支出（均为银行存款支出）见表15-1。

表15-1　各项货币支出　　单位：元

部门	办公费	劳动保护费	其他
一车间	1 200	800	550
二车间	650	850	500

续表

部门	办公费	劳动保护费	其他
三车间	500	500	550
管理部门	1 100	400	500

2. 甲、乙、丙三种产品共同领用A材料1 800千克，计4 500元。本月投产甲产品98件、乙产品70件、丙产品50件，产品材料消耗定额见表15-2。甲、乙、丙按原材料定额消耗量比例分配A材料费用。

表 15-2 产品材料消耗定额表

品种	甲产品材料消耗定额	乙产品材料消耗定额	丙产品材料消耗定额
A材料	10	6	8

表 15-3 领 料 单 NO. 01

领料单位：三车间　　2008年9月1日　　发料仓库：

编号	材料名称	规格	计量单位	数量		计划单价（元）	金额（元）
				请领	实发		
25	Y		件	50	50	1.70	85
用途	低值品耗用			备注			

批料：　保管员：　记账：　领料主管：　领料人：

表 15-4 领 料 单 NO. 02

领料单位：一车间　　2008年9月1日　　发料仓库：

编号	材料名称	规格	计量单位	数量		计划单价（元）	金额（元）
				请领	实发		
15	O		千克	200	200	1.00	200
用途	机物料消耗			备注			

批料：　保管员：　记账：　领料主管：　领料人：

表 15-5 领 料 单 NO. 03

领料单位：一车间　　2008年9月1日　　发料仓库：

编号	材料名称	规格	计量单位	数量		计划单价（元）	金额（元）
				请领	实发		
04	D		吨	1	1	3 000	3 000
用途	丙产品耗用			备注			

批料：　保管员：　记账：　领料主管：　领料人：

表 15-6　领　料　单　　NO. 04

领料单位：一车间　　2008 年 9 月 1 日　　发料仓库：

编号	材料名称	规格	计量单位	数量		计划单价（元）	金额（元）
				请领	实发		
03	C		升	5	5	1 400	7 000
用途	乙产品耗用			备注			

批料：　保管员：　记账：　领料主管：　领料人：

表 15-7　领　料　单　　NO. 05

领料单位：一车间　　2008 年 9 月 1 日　　发料仓库：

编号	材料名称	规格	计量单位	数量		计划单价（元）	金额（元）
				请领	实发		
02	B		吨	2	2	2 000	4 000
用途	甲产品耗用			备注			

批料：　保管员：　记账：　领料主管：　领料人：

表 15-8　领　料　单　　NO. 06

领料单位：一车间　　2008 年 9 月 1 日　　发料仓库：

编号	材料名称	规格	计量单位	数量		计划单价（元）	金额（元）
				请领	实发		
01	A		吨	0.8	0.8	2 500	2 000
用途	甲、乙、丙三种产品耗用			备注			

批料：　保管员：　记账：　领料主管：　领料人：

表 15-9　领　料　单　　NO. 07

领料单位：二车间　　2008 年 9 月 2 日　　发料仓库：

编号	材料名称	规格	计量单位	数量		计划单价（元）	金额（元）
				请领	实发		
14	N		升	300	300	1.50	450
用途	修理费			备注			

批料：　保管员：　记账：　领料主管：　领料人：

表 15-10 领 料 单 NO. 08

领料单位：三车间　　2008 年 9 月 2 日　　发料仓库：

编号	材料名称	规格	计量单位	数量		计划单价（元）	金额（元）
				请领	实发		
24	X		个	50	50	2.00	100
用途	低值易耗品			备注			

批料：　保管员：　记账：　领料主管：　领料人：

表 15-11 领 料 单 NO. 09

领料单位：三车间　　2008 年 9 月 2 日　　发料仓库：

编号	材料名称	规格	计量单位	数量		计划单价（元）	金额（元）
				请领	实发		
06	F		千克	2 000	2 000	1.00	2 000
用途	生产用材料			备注			

批料：　保管员：　记账：　领料主管：　领料人：

表 15-12 领 料 单 NO. 10

领料单位：二车间　　2008 年 9 月 2 日　　发料仓库：

编号	材料名称	规格	计量单位	数量		计划单价（元）	金额（元）
				请领	实发		
05	E		千克	2 000	2 000	2.00	4 000
用途	生产用材料			备注			

批料：　保管员：　记账：　领料主管：　领料人：

表 15-13 领 料 单 NO. 11

领料单位：一车间　　2008 年 9 月 2 日　　发料仓库：

编号	材料名称	规格	计量单位	数量		计划单价（元）	金额（元）
				请领	实发		
04	D		吨	0.6	0.6	3 000	1 800
用途	丙产品耗用			备注			

批料：　保管员：　记账：　领料主管：　领料人：

表 15-14 领 料 单 NO. 12

领料单位：一车间　　2008 年 9 月 2 日　　发料仓库：

编号	材料名称	规格	计量单位	数量		计划单价（元）	金额（元）
				请领	实发		
03	C		吨	2	2	1 400	2 800
用途	乙产品耗用			备注			

批料：　　保管员：　　记账：　　领料主管：　　领料人：

表 15-15 领 料 单 NO. 13

领料单位：一车间　　2008 年 9 月 2 日　　发料仓库：

编号	材料名称	规格	计量单位	数量		计划单价（元）	金额（元）
				请领	实发		
02	B		吨	1.5	1.5	2 000	3 000
用途	甲产品耗用			备注			

批料：　　保管员：　　记账：　　领料主管：　　领料人：

表 15-16 领 料 单 NO. 14

领料单位：一车间　　2008 年 9 月 2 日　　发料仓库：

编号	材料名称	规格	计量单位	数量		计划单价（元）	金额（元）
				请领	实发		
01	A		吨	1	1	2 500	2 500
用途	甲、乙、丙三种产品耗用			备注			

批料：　　保管员：　　记账：　　领料主管：　　领料人：

表 15-17 领 料 单 NO. 15

领料单位：三车间　　2008 年 9 月 3 日　　发料仓库：

编号	材料名称	规格	计量单位	数量		计划单价（元）	金额（元）
				请领	实发		
03	F		千克	3 000	3 000	1.00	3 000
用途	生产用材料			备注			

批料：　　保管员：　　记账：　　领料主管：　　领料人：

表 15-18 领 料 单 NO. 16

领料单位：二车间　　2008 年 9 月 3 日　　发料仓库：

编号	材料名称	规格	计量单位	数量		计划单价（元）	金额（元）
				请领	实发		
05	E		千克	2 000	2 000	2.0	4 000
用途	生产用材料			备注			

批料：　保管员：　记账：　领料主管：　领料人：

表 15-19 领 料 单 NO. 17

领料单位：二车间　　2008 年 9 月 3 日　　发料仓库：

编号	材料名称	规格	计量单位	数量		计划单价（元）	金额（元）
				请领	实发		
13	M		千克	100	100	1.00	100
用途	修理费			备注			

批料：　保管员：　记账：　领料主管：　领料人：

表 15-20 领 料 单 NO. 18

领料单位：三车间　　2008 年 9 月 3 日　　发料仓库：

编号	材料名称	规格	计量单位	数量		计划单价（元）	金额（元）
				请领	实发		
23	W		件	50	50	2.30	115
用途	低值易耗品			备注			

批料：　保管员：　记账：　领料主管：　领料人：

表 15-21 领 料 单 NO. 19

领料单位：二车间　　2008 年 9 月 4 日　　发料仓库：

编号	材料名称	规格	计量单位	数量		计划单价（元）	金额（元）
				请领	实发		
22	V		件	75	75	1.00	75
用途	低值易耗品			备注			

批料：　保管员：　记账：　领料主管：　领料人：

表 15-22 领 料 单 NO. 20

领料单位：二车间 2008 年 9 月 4 日 发料仓库：

编号	材料名称	规格	计量单位	数量		计划单价（元）	金额（元）
				请领	实发		
12	L		千克	200	200	0.50	100
用途	机物料消耗			备注			

批料： 保管员： 记账： 领料主管： 领料人：

表 15-23 领 料 单 NO. 21

领料单位：二车间 2008 年 9 月 5 日 发料仓库：

编号	材料名称	规格	计量单位	数量		计划单价（元）	金额（元）
				请领	实发		
21	U		件	60	60	2.00	120
用途	低值易耗品			备注			

批料： 保管员： 记账： 领料主管： 领料人：

表 15-24 领 料 单 NO. 22

领料单位：二车间 2008 年 9 月 5 日 发料仓库：

编号	材料名称	规格	计量单位	数量		计划单价（元）	金额（元）
				请领	实发		
11	K		升	200	200	1.50	300
用途	机物料消耗			备注			

批料： 保管员： 记账： 领料主管： 领料人：

表 15-25 领 料 单 NO. 23

领料单位：一车间 2008 年 9 月 6 日 发料仓库：

编号	材料名称	规格	计量单位	数量		计划单价（元）	金额（元）
				请领	实发		
20	T		件	50	50	2.00	100
用途	低值易耗品			备注			

批料： 保管员： 记账： 领料主管： 领料人：

表 15-26 领 料 单 NO. 24

领料单位：一车间 2008 年 9 月 6 日 发料仓库：

编号	材料名称	规格	计量单位	数量		计划单价（元）	金额（元）
				请领	实发		
10	J		千克	150	150	2.00	300
用途	修理费			备注			

批料： 保管员： 记账： 领料主管： 领料人：

表 15-27 领 料 单 NO. 25

领料单位：一车间 2008 年 9 月 7 日 发料仓库：

编号	材料名称	规格	计量单位	数量		计划单价（元）	金额（元）
				请领	实发		
19	S		千克	75	75	1	75
用途	低值易耗品			备注			

批料： 保管员： 记账： 领料主管： 领料人：

表 15-28 领 料 单 NO. 26

领料单位：一车间 2008 年 9 月 7 日 发料仓库：

编号	材料名称	规格	计量单位	数量		计划单价（元）	金额（元）
				请领	实发		
09	I		千克	100	100	1.25	125
用途	修理费			备注			

批料： 保管员： 记账： 领料主管： 领料人：

表 15-29 领 料 单 NO. 27

领料单位：一车间 2008 年 9 月 8 日 发料仓库：

编号	材料名称	规格	计量单位	数量		计划单价（元）	金额（元）
				请领	实发		
08	H		千克	125	125	2.00	250
用途	机物料消耗			备注			

批料： 保管员： 记账： 领料主管： 领料人：

表 15-30 领 料 单 NO. 28

领料单位：三车间 2008 年 9 月 8 日 发料仓库：

编号	材料名称	规格	计量单位	数量		计划单价（元）	金额（元）
				请领	实发		
18	P		千克	125	125	2.00	250
用途	机物料消耗			备注			

批料： 保管员： 记账： 领料主管： 领料人：

表 15-31 领 料 单 NO. 29

领料单位：一车间 2008 年 9 月 9 日 发料仓库：

编号	材料名称	规格	计量单位	数量		计划单价（元）	金额（元）
				请领	实发		
07	G		千克	400	400	1.00	400
用途	机物料消耗			备注			

批料： 保管员： 记账： 领料主管： 领料人：

表 15-32 领 料 单 NO. 30

领料单位：三车间 2008 年 9 月 9 日 发料仓库：

编号	材料名称	规格	计量单位	数量		计划单价（元）	金额（元）
				请领	实发		
17	Q		千克	200	200	1.40	280
用途	修理费			备注			

批料： 保管员： 记账： 领料主管： 领料人：

表 15-33 领 料 单 NO. 31

领料单位：三车间 2008 年 9 月 10 日 发料仓库：

编号	材料名称	规格	计量单位	数量		计划单价（元）	金额（元）
				请领	实发		
16	P		升	200	200	2.00	400
用途	机物料消耗			备注			

批料： 保管员： 记账： 领料主管： 领料人：

表 15-34 领 料 单

NO. 32

领料单位：三车间　　2008 年 9 月 11 日　　发料仓库：

编号	材料名称	规格	计量单位	数量		计划单价（元）	金额（元）
				请领	实发		
25	Y		件	100	100	1.70	170
用途	低值易耗品			备注			

批料：　　保管员：　　记账：　　领料主管：　　领料人：

表 15-35 领 料 单

NO. 33

领料单位：三车间　　2008 年 9 月 11 日　　发料仓库：

编号	材料名称	规格	计量单位	数量		计划单价（元）	金额（元）
				请领	实发		
15	O		千克	150	150	1.00	150
用途	机物料消耗			备注			

批料：　　保管员：　　记账：　　领料主管：　　领料人：

表 15-36 领 料 单

NO. 34

领料单位：二车间　　2008 年 9 月 12 日　　发料仓库：

编号	材料名称	规格	计量单位	数量		计划单价（元）	金额（元）
				请领	实发		
14	N		升	200	200	1.50	300
用途	修理费			备注			

批料：　　保管员：　　记账：　　领料主管：　　领料人：

表 15-37 领 料 单

NO. 35

领料单位：三车间　　2008 年 9 月 12 日　　发料仓库：

编号	材料名称	规格	计量单位	数量		计划单价（元）	金额（元）
				请领	实发		
24	X		件	100	100	2.00	200
用途	低值易耗品			备注			

批料：　　保管员：　　记账：　　领料主管：　　领料人：

表 15-38　领　料　单　　NO. 36

领料单位：二车间　　2008 年 9 月 13 日　　发料仓库：

编号	材料名称	规格	计量单位	数量		计划单价（元）	金额（元）
				请领	实发		
13	M		千克	200	200	1.00	200
用途	修理费			备注			

批料：　保管员：　记账：　领料主管：　领料人：

表 15-39　领　料　单　　NO. 37

领料单位：三车间　　2008 年 9 月 13 日　　发料仓库：

编号	材料名称	规格	计量单位	数量		计划单价（元）	金额（元）
				请领	实发		
23	W		件	100	100	2.30	230
用途	低值易耗品			备注			

批料：　保管员：　记账：　领料主管：　领料人：

表 15-40　领　料　单　　NO. 38

领料单位：二车间　　2008 年 9 月 14 日　　发料仓库：

编号	材料名称	规格	计量单位	数量		计划单价（元）	金额（元）
				请领	实发		
22	V		件	65	65	1.00	65
用途	低值易耗品			备注			

批料：　保管员：　记账：　领料主管：　领料人：

表 15-41　领　料　单　　NO. 39

领料单位：二车间　　2008 年 9 月 14 日　　发料仓库：

编号	材料名称	规格	计量单位	数量		计划单价（元）	金额（元）
				请领	实发		
12	L		千克	500	500	0.50	250
用途	机物料消耗			备注			

批料：　保管员：　记账：　领料主管：　领料人：

表 15-42 领 料 单

NO. 40

领料单位：二车间　　2008 年 9 月 15 日　　发料仓库：

编号	材料名称	规格	计量单位	数量		计划单价（元）	金额（元）
				请领	实发		
21	U		件	75	75	2.00	150
用途	低值易耗品			备注			

批料：　保管员：　记账：　领料主管：　领料人：

表 15-43 领 料 单

NO. 41

领料单位：二车间　　2008 年 9 月 15 日　　发料仓库：

编号	材料名称	规格	计量单位	数量		计划单价（元）	金额（元）
				请领	实发		
11	K		升	100	100	1.50	150
用途	机物料消耗			备注			

批料：　保管员：　记账：　领料主管：　领料人：

表 15-44 领 料 单

NO. 42

领料单位：一车间　　2008 年 9 月 16 日　　发料仓库：

编号	材料名称	规格	计量单位	数量		计划单价（元）	金额（元）
				请领	实发		
20	T		件	75	75	2.00	150
用途	低值易耗品			备注			

批料：　保管员：　记账：　领料主管：　领料人：

表 15-45 领 料 单

NO. 43

领料单位：一车间　　2008 年 9 月 16 日　　发料仓库：

编号	材料名称	规格	计量单位	数量		计划单价（元）	金额（元）
				请领	实发		
10	J		千克	100	100	2.00	200
用途	修理费			备注			

批料：　保管员：　记账：　领料主管：　领料人：

表 15-46 领 料 单 NO. 44

领料单位：一车间 2008 年 9 月 17 日 发料仓库：

编号	材料名称	规格	计量单位	数量		计划单价（元）	金额（元）
				请领	实发		
19	S		件	100	100	1	100
用途	低值易耗品			备注			

批料： 保管员： 记账： 领料主管： 领料人：

表 15-47 领 料 单 NO. 45

领料单位：一车间 2008 年 9 月 17 日 发料仓库：

编号	材料名称	规格	计量单位	数量		计划单价（元）	金额（元）
				请领	实发		
09	I		千克	200	200	1.25	250
用途	修理费			备注			

批料： 保管员： 记账： 领料主管： 领料人：

表 15-48 领 料 单 NO. 46

领料单位：一车间 2008 年 9 月 18 日 发料仓库：

编号	材料名称	规格	计量单位	数量		计划单价（元）	金额（元）
				请领	实发		
08	H		千克	150	150	2.00	300
用途	机物料消耗			备注			

批料： 保管员： 记账： 领料主管： 领料人：

表 15-49 领 料 单 NO. 47

领料单位：一车间 2008 年 9 月 19 日 发料仓库：

编号	材料名称	规格	计量单位	数量		计划单价（元）	金额（元）
				请领	实发		
07	G		千克	300	300	1.00	300
用途	机物料消耗			备注			

批料： 保管员： 记账： 领料主管： 领料人：

表 15-50 领 料 单

NO. 48

领料单位：三车间　　2008 年 9 月 19 日　　发料仓库：

编号	材料名称	规格	计量单位	数量		计划单价（元）	金额（元）
				请领	实发		
17	Q		千克	100	100	1.40	140
用途	修理费			备注			

批料：　　保管员：　　记账：　　领料主管：　　领料人：

表 15-51 领 料 单

NO. 49

领料单位：三车间　　2008 年 9 月 20 日　　发料仓库：

编号	材料名称	规格	计量单位	数量		计划单价（元）	金额（元）
				请领	实发		
14	R		千克	200	200	1.80	360
用途	修理费			备注			

批料：　　保管员：　　记账：　　领料主管：　　领料人：

表 15-52 领 料 单

NO. 50

领料单位：三车间　　2008 年 9 月 20 日　　发料仓库：

编号	材料名称	规格	计量单位	数量		计划单价（元）	金额（元）
				请领	实发		
07	P		升	100	100	2.00	200
用途	机物料消耗			备注			

批料：　　保管员：　　记账：　　领料主管：　　领料人：

表 15-53 领 料 单

NO. 51

领料单位：三车间　　2008 年 9 月 21 日　　发料仓库：

编号	材料名称	规格	计量单位	数量		计划单价（元）	金额（元）
				请领	实发		
25	Y		件	50	50	1.70	85
用途	低值易耗品			备注			

批料：　　保管员：　　记账：　　领料主管：　　领料人：

表 15-54 领 料 单 NO. 52

领料单位：三车间 2008 年 9 月 21 日 发料仓库：

编号	材料名称	规格	计量单位	数量		计划单价（元）	金额（元）
				请领	实发		
15	O		千克	250	250	1.00	250
用途	机物料消耗			备注			

批料： 保管员： 记账： 领料主管： 领料人：

表 15-55 领 料 单 NO. 53

领料单位：三车间 2008 年 9 月 22 日 发料仓库：

编号	材料名称	规格	计量单位	数量		计划单价（元）	金额（元）
				请领	实发		
14	N		升	100	100	1.50	150
用途	修理费			备注			

批料： 保管员： 记账： 领料主管： 领料人：

表 15-56 领 料 单 NO. 54

领料单位：三车间 2008 年 9 月 22 日 发料仓库：

编号	材料名称	规格	计量单位	数量		计划单价（元）	金额（元）
				请领	实发		
24	X		件	75	75	2.00	150
用途	低值易耗品			备注			

批料： 保管员： 记账： 领料主管： 领料人：

表 15-57 领 料 单 NO. 55

领料单位：二车间 2008 年 9 月 23 日 发料仓库：

编号	材料名称	规格	计量单位	数量		计划单价（元）	金额（元）
				请领	实发		
13	M		千克	300	300	1.00	300
用途	机物料消耗			备注			

批料： 保管员： 记账： 领料主管： 领料人：

表 15-58 领 料 单 NO. 56

领料单位：三车间　　2008 年 9 月 23 日　　发料仓库：

编号	材料名称	规格	计量单位	数量		计划单价（元）	金额（元）
				请领	实发		
23	W		件	50	50	2.3	115
用途	低值易耗品			备注			

批料：　保管员：　记账：　领料主管：　领料人：

表 15-59 领 料 单 NO. 57

领料单位：二车间　　2008 年 9 月 24 日　　发料仓库：

编号	材料名称	规格	计量单位	数量		计划单价（元）	金额（元）
				请领	实发		
22	V		件	60	60	1.00	60
用途	低值易耗品			备注			

批料：　保管员：　记账：　领料主管：　领料人：

表 15-60 领 料 单 NO. 58

领料单位：二车间　　2008 年 9 月 24 日　　发料仓库：

编号	材料名称	规格	计量单位	数量		计划单价（元）	金额（元）
				请领	实发		
12	L		千克	300	300	0.50	150
用途	机物料消耗			备注			

批料：　保管员：　记账：　领料主管：　领料人：

表 15-61 领 料 单 NO. 59

领料单位：二车间　　2008 年 9 月 25 日　　发料仓库：

编号	材料名称	规格	计量单位	数量		计划单价（元）	金额（元）
				请领	实发		
11	K		升	200	200	1.50	300
用途	机物料消耗			备注			

批料：　保管员：　记账：　领料主管：　领料人：

表 15-62 领 料 单 NO. 60

领料单位：二车间　　2008 年 9 月 25 日　　发料仓库：

编号	材料名称	规格	计量单位	数量		计划单价（元）	金额（元）
				请领	实发		
21	U		件	50	50	2.00	100
用途	低值易耗品			备注			

批料：　保管员：　记账：　领料主管：　领料人：

表 15-63 领 料 单 NO. 61

领料单位：一车间　　2008 年 9 月 26 日　　发料仓库：

编号	材料名称	规格	计量单位	数量		计划单价（元）	金额（元）
				请领	实发		
20	T		件	50	50	2.00	100
用途	低值易耗品			备注			

批料：　保管员：　记账：　领料主管：　领料人：

表 15-64 领 料 单 NO. 62

领料单位：一车间　　2008 年 9 月 26 日　　发料仓库：

编号	材料名称	规格	计量单位	数量		计划单价（元）	金额（元）
				请领	实发		
10	J		千克	200	200	2.00	400
用途	修理费			备注			

批料：　保管员：　记账：　领料主管：　领料人：

表 15-65 领 料 单 NO. 63

领料单位：一车间　　2008 年 9 月 27 日　　发料仓库：

编号	材料名称	规格	计量单位	数量		计划单价（元）	金额（元）
				请领	实发		
19	S		件	47	47	1	47
用途	低值易耗品			备注			

批料：　保管员：　记账：　领料主管：　领料人：

表 15-66　领　料　单　　NO. 64

领料单位：一车间　　2008 年 9 月 27 日　　发料仓库：

编号	材料名称	规格	计量单位	数量		计划单价（元）	金额（元）
				请领	实发		
09	I		千克	100	100	1.25	125
用途	修理费			备注			

批料：　　保管员：　　记账：　　领料主管：　　领料人：

表 15-67　领　料　单　　NO. 65

领料单位：一车间　　2008 年 9 月 28 日　　发料仓库：

编号	材料名称	规格	计量单位	数量		计划单价（元）	金额（元）
				请领	实发		
19	H		千克	100	100	2.00	200
用途	机物料消耗			备注			

批料：　　保管员：　　记账：　　领料主管：　　领料人：

表 15-68　领　料　单　　NO. 66

领料单位：三车间　　2008 年 9 月 28 日　　发料仓库：

编号	材料名称	规格	计量单位	数量		计划单价（元）	金额（元）
				请领	实发		
18	R		千克	100	100	1.80	180
用途	修理费			备注			

批料：　　保管员：　　记账：　　领料主管：　　领料人：

表 15-69　领　料　单　　NO. 67

领料单位：一车间　　2008 年 9 月 29 日　　发料仓库：

编号	材料名称	规格	计量单位	数量		计划单价（元）	金额（元）
				请领	实发		
07	G		千克	200	200	1.00	200
用途	机物料消耗			备注			

批料：　　保管员：　　记账：　　领料主管：　　领料人：

表 15-70 领 料 单 NO. 68

领料单位：三车间　　2008 年 9 月 29 日　　发料仓库：

编号	材料名称	规格	计量单位	数量		计划单价（元）	金额（元）
				请领	实发		
17	Q		千克	200	200	1.40	280
用途	修理费			备注			

批料：　保管员：　记账：　领料主管：　领料人：

表 15-71 领 料 单 NO. 69

领料单位：三车间　　2008 年 9 月 30 日　　发料仓库：

编号	材料名称	规格	计量单位	数量		计划单价（元）	金额（元）
				请领	实发		
16	P		升	150	150	2.00	300
用途	机物料消耗			备注			

批料：　保管员：　记账：　领料主管：　领料人：

3. 各车间及管理部门工资结算单见表 15-72 至表 15-75。

表 15-72 工资结算单

生产车间：一车间　　2008 年 9 月　　单位：元

姓名	班组别	工资级别	应付工资											
			月标准工资	日标准工资	计件工资	资金	津贴和补贴		扣缺勤工资					应付工资合计
							工资津贴	夜班津贴	病假			事假		
									天数	%	金额	天数	金额	
张丹	1	6	1 000	30	—	240	15	45						1 300
刘英	1	4	640	18	—	120	20	30						810
谢超	1	5	820	24	—	180	10	35						1 045
赵敏	1	3	460	12	—	60	10	29						559
刘艳华	1	4	640	18	—	120	16	46						822
李军	2	6	1 000	30	—	240	30	30	2	20%	12			1 288
张静	2	5	820	24	—	180	17	41						1058
王明	2	3	460	12	—	60	12	29						561
徐磊	2	4	640	18	—	120	17	28						805
石青	2	3	460	12	—	60	14	18						522

续表

姓名	班组别	工资级别	应付工资											
			月标准工资	日标准工资	计件工资	资金	津贴和补贴		扣缺勤工资					应付工资合计
							工资津贴	夜班津贴	病假			事假		
									天数	%	金额	天数	金额	
生产工人工资合计			6 940	—	—	1 380	161	331	—	—	12	—	—	8 800
孟冬			800	30	—	125		—						925
丁宁			750	25	—	120		—						870
李沫			750	25	—	130		—						880
杨军			450	15	—	135		—						585
阮勇			600	20	—	145		—				1	5	740
管理人员工资合计			3 350	—	—	655		—	—	—	—	—	5	4 000
车间合计			10 290	—	—	2 035	161	331	—	—	12	—	5	12 800

表 15-73 工资结算单

生产车间：二车间　　　　2008 年 9 月　　　　单位：元

姓名	班组别	工资级别	应付工资											
			月标准工资	日标准工资	计件工资	资金	津贴和补贴		扣缺勤工资					应付工资合计
							工资津贴	夜班津贴	病假			事假		
									天数	%	金额	天数	金额	
王兴	1	6	1 000	30	—	200	25	20	1	20%	6			1 239
李玉	1	5	820	24	—	180	20	32				1	5	1 047
单海涛	1	4	640	18	—	200	28	10						878
朱小明	1	3	460	12	—	220	15	11						706
王康	1	3	460	12	—	150	10	10						630
生产工人工资合计	—	—	3 380	—	—	950	98	93	—	—	6	—	5	4 500
龚华			900	30	—	180		—						1 080
郑洁			750	25	—	170		—						920
李志			480	15	—	150		—						600
管理人员工资合计			2 100	—	—	500		—	—	—	—	—		2 600
车间合计			5 480	—	—	1 450	98	83	—	—	6	—	5	7 100

表 15-74 工资结算单

生产车间：三车间　　　　2008 年 9 月　　　　单位：元

姓名	班组别	工资级别	应付工资											
			月标准工资	日标准工资	计件工资	资金	津贴和补贴		扣缺勤工资					应付工资合计
							工资津贴	夜班津贴	病假			事假		
									天数	%	金额	天数	金额	
刘强	1	6	—	—	1 100	200	30	40				1	5	1 365
张玲	1	5	—	—	900	150	25	35						1 110
黄义	2	4	—	—	700	150	20	40						910
陈东	2	3	—	—	500	100	25	60						685
金国强	2	3	—	—	500	100	10	20						630
生产工人工资合计	—	—	—	—	3 700	700	110	195	—	—	—	—	5	4 700
何刚			900	30	—	200	20	16						
徐兰			400	20	—	100	18	10						
张欣			400	20	—	100	20	16						
管理人员工资合计			1 700	—	—	400	58	42	—	—	—	—		2 200
车间合计			1 700	—	3 700	1 100	168	237	—	—		—	5	6 900

表 15-75 工资结算单

管理部门　　　　2008 年 9 月　　　　单位：元

姓名	班组别	工资级别	应付工资											
			月标准工资	日标准工资	计件工资	资金	津贴和补贴		扣缺勤工资					应付工资合计
							工资津贴	夜班津贴	病假			事假		
									天数	%	金额	天数	金额	
陆奇			750	30	—	150	8	—	1	20%	6			902
冯平			600	25	—	148	7	—						755
刘颖			450	20		120	6	—						576
刘波			300	15	—	160	7	—						467
管理人员工资合计			2 100	—	—	578	28	—	—	—	6	—		2 700

除第三车间生产人员工资是计件工资外，其他人员工资都是计时工资。一车间生产工人工资在甲、乙、丙三种产品之间按产品的实际工时比例分配。实际工时为：甲产品 1 800 小时，乙产品 1 800 小时，丙产品 800 小时。该企业社会保险缴纳比例为 24%，住房公积金为 10%，工会经费为 2%，职工教育经费为 2.5%，职工福利费为 1.4%。

4. 外购动力费用见表 15-76。

表 15-76　各部门用电明细　　单位：度

项目 / 部门	生产用电	其他用电
一车间	11 400	2 100
二车间	1 700	1 700
三车间	1 700	1 500
管理部门		1 100

9 月份电费共 10 600 元，通过应付账款科目核算。一车间的生产用电按生产工时在甲、乙、丙之间进行分配。

5. 9 月份的折旧额为：一车间 1 200 元，二车间 500 元，三车间 900 元，企业管理部门 400 元。

6. 该企业采用直接分配法分配辅助生产费用。本月二车间供水 21 000 立方米，其中为三车间供水 1 000 立方米，一车间供水 15 000 立方米，管理部门供水 5 000 立方米。三车间提供运输劳务 11 500 吨公里，其中为二车间提供运输 500 吨公里，为一车间提供运输 8 000 吨公里，为管理部门提供运输 3 000 吨公里。

7. 该企业制造费用按产品的实际工时比例在甲、乙、丙三种产品之间进行分配。

8. 完工产品和月末在产品。

该企业产品的消耗定额比较准确、稳定，甲、乙、丙产品各月在产品数量变动不大，采用在产品按定额成本计价法进行完工产品与在产品之间的费用分配。已知本月甲产品完工 98 件，乙产品完工 70 件，丙产品完工 50 件。

各产品月末在产品有关资料见表 15-77。

表 15-77　各产品月末在产品有关资料

<table>
<tr><th rowspan="2">产品名称</th><th rowspan="2">所有工序</th><th rowspan="2">在产品数量</th><th rowspan="2">原材料费用定额</th><th rowspan="2">在产品累计工时定额</th><th colspan="3">单位工时定额</th></tr>
<tr><th>动力</th><th>人工费用</th><th>制造费用</th></tr>
<tr><td rowspan="2">甲</td><td>1</td><td>35</td><td rowspan="2">95</td><td>10</td><td rowspan="6">0.60</td><td rowspan="6">0.90</td><td rowspan="6">4</td></tr>
<tr><td>2</td><td>25</td><td>25</td></tr>
<tr><td rowspan="2">乙</td><td>1</td><td>35</td><td rowspan="2">120</td><td>7</td></tr>
<tr><td>2</td><td>10</td><td>25</td></tr>
<tr><td rowspan="2">丙</td><td>1</td><td>13</td><td rowspan="2">100</td><td>7</td></tr>
<tr><td>2</td><td>8</td><td>25</td></tr>
</table>

三、实验要求

1. 根据货币支出资料，编制银行存款付款凭证汇总表。

2. 根据领料凭证，按旬编制领料凭证汇总表。

3. 根据按旬编制的领料凭证汇总表，编制月度领料凭证汇总表。

4. 根据领料凭证、领料凭证汇总表及其他相关资料，编制材料费用分配表，并编制记账凭证（记账凭证自备，下同）。

5. 根据工资结算单，编制职工薪酬分配表，并编制记账凭证。

6. 根据各部门用电明细表，编制外购动力费用分配表，并编制记账凭证。

7. 根据固定资产资料，编制固定资产折旧费用分配表，并编制记账凭证。

8. 根据前述各项分配表，登记辅助车间制造费用明细账、辅助生产成本明细账、基本车间制造费用明细账、产品成本明细账、管理费用明细账。

9. 根据辅助生产制造费用明细账、辅助生产成本明细账和其他相关资料，编制辅助生产费用分配表，并编制记账凭证。

10. 根据辅助生产费用分配表，登记辅助车间制造费用明细账。

11. 根据辅助车间制造费用明细账和其他相关资料，编制辅助车间制造费用分配表，并编制记账凭证。

12. 根据辅助车间制造费用分配表和辅助生产费用分配表，登记辅助车间制造费用明细账、辅助生产成本明细账、基本车间制造费用明细账、管理费用明细账。

13. 根据基本车间制造费用明细账和其他相关资料，编制基本车间制造费用分配表，并编制记账凭证。

14. 根据基本车间制造费用分配表，登记基本车间制造费用明细账、产品成本明细账。

15. 根据月末在产品相关资料，编制月末在产品定额成本计算表。

16. 根据产品成本明细账和其他相关资料，计算各种产品的完工产品成本。

17. 根据产品成本明细账，编制产品汇总表，并编制记账凭证。

18. 根据记账凭证，编制科目汇总表。

实验用表

表 15-78　银行存款付款凭证汇总

<table>
<tr><th colspan="3">应借科目</th><th rowspan="2">金额</th></tr>
<tr><th>总账科目</th><th>明细科目</th><th>成本或费用项目</th></tr>
<tr><td rowspan="10">制造费用</td><td rowspan="3">一车间</td><td>办公费</td><td></td></tr>
<tr><td>劳动保护费</td><td></td></tr>
<tr><td>其他</td><td></td></tr>
<tr><td rowspan="3">二车间</td><td>办公费</td><td></td></tr>
<tr><td>劳动保护费</td><td></td></tr>
<tr><td>其他</td><td></td></tr>
<tr><td rowspan="3">三车间</td><td>办公费</td><td></td></tr>
<tr><td>劳动保护费</td><td></td></tr>
<tr><td>其他</td><td></td></tr>
<tr><td colspan="2">小计</td><td></td></tr>
<tr><td rowspan="4">管理费</td><td rowspan="3"></td><td>办公费</td><td rowspan="3"></td></tr>
<tr><td>劳动保护费</td></tr>
<tr><td>其他</td></tr>
<tr><td colspan="2">小计</td><td></td></tr>
<tr><td colspan="3">合计</td><td></td></tr>
</table>

表 15-79　领料凭证汇总表（按旬汇总）

2008 年 9 月 1～10 日

		一车间	二车间	三车间
原材料	A			
	B			
	C			
	D			
	E			
	F			
	小计			
低值易耗品	S			
	T			
	U			
	V			
	W			
	X			
	Y			
	小计			
修理费	I			
	J			
	M			
	N			
	R			
	Q			
	小计			
机物料消耗	G			
	H			
	K			
	L			
	O			
	P			
	小计			

表 15-80　领料凭证汇总表（按旬汇总）

2008 年 9 月 11～20 日

		一车间	二车间	三车间
原材料	A			
	B			
	C			
	D			
	E			
	F			
	小计			
低值易耗品	S			
	T			
	U			
	V			
	W			
	X			
	Y			
	小计			
修理费	I			
	J			
	M			
	N			
	R			
	Q			
	小计			
机物料消耗	G			
	H			
	K			
	L			
	O			
	P			
	小计			

表 15-81　领料凭证汇总表（按旬汇总）

2008 年 9 月 21～30 日

		一车间	二车间	三车间
原材料	A			
	B			
	C			
	D			
	E			
	F			
	小计			
低值易耗品	S			
	T			
	U			
	V			
	W			
	X			
	Y			
	小计			
修理费	I			
	J			
	M			
	N			
	R			
	Q			
	小计			
机物料消耗	G			
	H			
	K			
	L			
	O			
	P			
	小计			

表 15-82 领料凭证汇总表（按月汇总）

2008 年 9 月

		1～10 日	11～20 日	21～30 日	合计
一车间	原材料				
	低值易耗品				
	修理费				
	机物料消耗				
二车间	原材料				
	低值易耗品				
	修理费				
	机物料消耗				
三车间	原材料				
	低值易耗品				
	修理费				
	机物料消耗				

表 15-83 领料费用分配表（分配表 1）

2008 年 9 月

应借科目			直接计入	分配计入		合计
总账科目	明细科目	成本或费用项目		定额消耗量	分配金额（分配率）	合计
基本生产成本	甲产品	原材料				
	乙产品	原材料				
	丙产品	原材料				
	小计					
辅助生产成本	二车间	原材料				
	三车间	原材料				
	小计					
制造费用	一车间	修理费				
		机物料消耗				
		低值易耗品				
	二车间	修理费				
		机物料消耗				
		低值易耗品				
	三车间	修理费				
		机物料消耗				
		低值易耗品				
	小计					
合计						

表 15-84　人工费用分配表（分配表 2）

应借科目			分配计入工资			直接计入工资	工资小计	职工福利	社会保险费	住房公积金	工会经费	职工教育经费	合计
总账科目	明细科目	成本或费用项目	生产工时	分配率	分配金额								
基本生产成本	甲产品												
	乙产品												
	丙产品												
	小计												
辅助生产成本	二车间												
	三车间												
	小计												
制造费用	一车间												
	二车间												
	三车间												
	小计												
管理费用													
合计													

表 15-85　外购动力费用分配表（分配表 3）

应借科目			数量		金额（元）
总账科目	明细科目	成本费用项目	生产工时（分配率）	度数（单价）	
基本生产成本	甲产品	燃料及动力费			
	乙产品	燃料及动力费			
	丙产品	燃料及动力费			
	小计				
辅助生产成本	二车间	燃料及动力费			
	三车间	燃料及动力费			
	小计				

续表

应借科目			数量		金额（元）
总账科目	明细科目	成本费用项目	生产工时（分配率）	度数（单价）	
制造费用	一车间	电费			
	二车间	电费			
	三车间	电费			
	小计				
管理费用		电费			
合计					

表 15-86　固定资产折旧费用分配表（分配表 4）

项目	生产车间				企业管理部门	合计
	一车间	二车间	三车间	小计		
折旧费用						

表 15-87　辅助生产车间制造费用明细账

车间名称：二车间　　　　　　　　　　　　　　　　　　　　单位：元

月	日	摘要	人工费用	机物料消耗	电费	折旧费	修理费	低值易耗品摊销	劳动保护费	办公费	其他	合计	转出	余额

表 15-88　辅助生产车间制造费用明细账

车间名称：三车间　　　　　　　　　　　　　　　　　　　　单位：元

月	日	摘要	人工费用	机物料消耗	电费	折旧费	修理费	低值易耗品摊销	劳动保护费	办公费	其他	合计	转出	余额

续表

月	日	摘要	人工费用	机物料消耗	电费	折旧费	修理费	低值易耗品摊销	劳动保护费	办公费	其他	合计	转出	余额

表 15-89　辅助生产成本明细账

车间名称：二车间　　　　单位：元

月	日	摘要	原材料	燃料及动力费	人工费	制造费用	合计	转出	余额

表 15-90　辅助生产成本明细账

车间名称：三车间　　　　单位：元

月	日	摘要	原材料	燃料及动力费	人工费	制造费用	合计	转出	余额

表 15-91 辅助生产成本明细账

（直接分配法）

项目			二车间	三车间	合计
待分配费用	“辅助生产成本”科目发生额				
	“制造费用”科目发生额				
	小计				
供应辅助生产以外单位的劳务数量					
费用分配率（单位成本）					
应借“制造费用”科目	一车间	耗用数量			
		分配金额			
应借“管理费用”科目		耗用数量			
		分配金额			
合计					

表 15-92 基本生产车间制造费用明细账

车间名称：一车间　　　　　　　　　　　　　　　　单位：元

月	日	摘要	人工费用	机物料消耗	低值易耗品推销	折旧费	修理费	电费	水费、运输费	办公费	劳动保护费	其他	合计

表 15-93 辅助生产车间制造费用分配表（分配表 5）

单位：元

应借科目		二车间	三车间	合计
总账科目	明细科目			
辅助生产成本	二车间			
	三车间			
合计				

表 15-94 基本车间制造费用分配表（分配表 6）

单位：元

应借科目		生产工时（小时）	分配金额（分配率）
总账科目	明细科目		
基本生产成本	甲产品		
	乙产品		
	丙产品		
合计			

表 15-95 产品成本明细账

产品名称	所在工序	在产品数量	原材料费用		在产品累计工时	在产品定额工时	燃料及动力费（每小时定额 0.6 元）	人工费用（每小时定额 0.9 元）	制造费用（每小时定额 4 元）	定额成本合计
			费用定额	定额费用						
甲	1									
	2									
甲产品合计										
乙	1									
	2									
乙产品合计										
丙	1									
	2									
丙产品合计										

表 15-96　月末在产品定额成本计算表

产品名称：甲　　　　　　　　　　　　　　　　　　单位：元

月	日	摘要		产量	直接材料	燃料及动力	直接人工	制造费用	成本合计
9	1	在产品成本（定额成本）			5 650	590	876.6	3 500	10 616.6
9	30	据分配表 1							
9	30	据分配表 2							
9	30	据分配表 3							
9	30	据分配表 6							
9	30	本月生产费用合计							
9	30	生产费用累计							
9	30	产成品成本	总成本						
9	30		单位成本						
9	30	在成品成本（定额成本）							

表 15-97　产品成本明细账

产品名称：乙　　　　　　　　　　　　　　　　　　单位：元

月	日	摘要		产量	直接材料	燃料及动力	直接人工	制造费用	成本合计
9	1	在产品成本（定额成本）			5 450	300	444.6	1 790	7 984.6
9	30	据分配表 1							
9	30	据分配表 2							
9	30	据分配表 3							
9	30	据分配表 6							
9	30	本月生产费用合计							
9	30	生产费用累计							
9	30	产成品成本	总成本						
9	30		单位成本						
9	30	在成品成本（定额成本）							

表 15-98　产品成本明细账

产品名称：乙　　单位：元

月	日	摘要		产量	直接材料	燃料及动力	直接人工	制造费用	成本合计
9	1	在产品成本（定额成本）			2 120	160	248.6	980	3 508.6
9	30	据分配表 1							
9	30	据分配表 2							
9	30	据分配表 3							
9	30	据分配表 6							
9	30	本月生产费用合计							
9	30	生产费用累计							
9	30	产成品成本	总成本						
9	30		单位成本						
9	30	在成品成本（定额成本）							

表 15-99　产成品成本汇总表

产成品名称	单位	产品数量	原材料	燃料及动力费	人工费用	制造费用	成本合计
甲产品	件						
乙产品	件						
丙产品	件						
合计	—						

表 15-100　管理费用明细账

2008 年 9 月　　单位：元

摘要	工资及福利费	动力费	折旧费	办公费	差旅费	其他	合计	转出	余额

表 15-101 科目汇总表

2008 年 9 月 1～30 日　　单位：元

会计科目	账页	本期发生额	
		借方	贷方
银行存款			
低值易耗品			
原材料			
基本生产成本			
辅助生产成本			
制造费用			
管理费用			
财务费用			
库存商品			
累计折旧			
应付账款			
应付职工薪酬			
本年利润			
合计			